edition suhrkamp 2589

Ob als theoretisches Konzept oder als polemische Formel – lange Zeit bestimmte der Begriff des Multikulturalismus die Debatte über die Einwanderungsgesellschaft. Die stellte man sich vor wie ein Stadtteilfest mit Würstchen, Falafel und Cevapcici – als unverbindlich-tolerantes Nebeneinander. Doch Autoren und Regisseure wie Vladimir Kaminer, Terézia Mora oder Fatih Akin wollen nicht länger auf ihre Herkunft reduziert werden und haben die Vorstellungen von deutscher Kultur verändert. Daher sollten wir, so Mark Terkessidis, die alten Konzepte überwinden. Er plädiert für eine radikale interkulturelle Öffnung. Alle Institutionen müssen darauf abgeklopft werden, ob sie Personen, egal welcher Herkunft, auch tatsächlich die gleichen Chancen auf Teilhabe einräumen. Nur so können wir die Potentiale einer vielfältigen Gesellschaft fruchtbar machen.

Mark Terkessidis (geboren 1966) arbeitet als Publizist mit den Schwerpunkten Popkultur und Migration. 2006 verfasste er zusammen mit Yasemin Karasoglu ein intensiv diskutiertes Plädoyer für mehr Rationalität in der Integrationsdebatte.

Mark Terkessidis
Interkultur

Suhrkamp

7. Auflage 2018

Erste Auflage 2010
edition suhrkamp 2589
© Suhrkamp Verlag Berlin 2010
Originalausgabe
Alle Rechte vorbehalten, insbesondere das
der Übersetzung, des öffentlichen Vortrags sowie der
Übertragung durch Rundfunk und Fernsehen,
auch einzelner Teile.
Kein Teil des Werkes darf in irgendeiner Form
(durch Fotografie, Mikrofilm oder andere Verfahren)
ohne schriftliche Genehmigung des Verlages reproduziert oder
unter Verwendung elektronischer Systeme verarbeitet,
vervielfältigt oder verbreitet werden.
Satz: Jung Crossmedia Publishing, Lahnau
Druck: Druckhaus Nomos, Sinzheim
Umschlag gestaltet nach einem Konzept
von Willy Fleckhaus: Rolf Staudt
Printed in Germany
ISBN 978-3-518-12589-2

Inhalt

Einleitung
7

Kapitel 1
Einführung in die Parapolis
11

Kapitel 2
Kritik der Integration
39

Kapitel 3
Der Umgang mit Rassismus
77

Kapitel 4
Das Programm Interkultur
111

Kapitel 5
Kulturinstitutionen für alle
169

Schluss
211

Einleitung

Es ist erstaunlich, wie viel man sich in Deutschland mit der Vergangenheit beschäftigt. Im Jahr 2009 waren die Besinnungsreden zum Thema 40 Jahre 1968 kaum verklungen, da wurde schon an 1989 erinnert, an jene Zeit, in der die Menschen auf den Straßen der DDR riefen: »Wir sind das Volk!« Das aktuelle Volk allerdings, das sich in den Straßen der Bundesrepublik tummelt, scheint man bei solchen Anlässen kaum zur Kenntnis zu nehmen. Dabei hat es sich dramatisch verändert. In den großen Städten sind heute mehr als ein Drittel der Bewohner nichtdeutscher Herkunft; bei den unter Sechsjährigen bilden die Kinder mit Migrationshintergrund sogar schon die Mehrheit. Das Volk der *Berliner Republik* ist weniger einheitlich, weniger berechenbar als früher. Es ist also höchste Zeit, über die Gestaltung der Zukunft zu sprechen.

Nun kann man schwerlich behaupten, in den letzten Jahren sei nicht intensiv über das Thema Einwanderung debattiert worden. Und es hat sich auch schon viel bewegt, seitdem 1998 die rot-grüne Regierung zum ersten Mal anerkannt hat, dass Deutschland ein Einwanderungsland ist. Allerdings stammen die Konzepte, die aktuell für die Gestaltung dieses Landes kursieren, einmal mehr aus der Vergangenheit. Der Begriff Integration ist nach über 30 Jahren wieder in Mode. Sehr sinnvoll ist das nicht. Denn in Deutschland verbergen sich hinter diesem Wort allerlei unausgesprochene Vorstellungen darüber, was »Deutschsein« bedeutet, wie Leute sich bei »uns« benehmen müssen und was sie nicht tun sollten, wer die richtigen Voraussetzungen hat und wer Defizite, für wen die Institutionen gemacht sind und wer da eigentlich nur zu Gast ist.

Nun sind die verbreiteten Ideen vom Deutschsein jedoch so altbacken, dass selbst die Einheimischen ihre Lebensweisen darin nicht mehr unterbringen können. Immer noch bringt man deutsch in Verbindung mit Organisationstalent, Ordnung, Fleiß, Zuverlässigkeit und romantischer Tiefe. Ein Streifzug durch die Hauptstadt, ein Termin mit einem Handwerker oder eine Fahrt mit der deutschen Bahn machen schnell klar, wie wenig diese Attribute heute noch mit dem wirklichen Leben zu tun haben. Seit 1989 wird fieberhaft nach neuen Ideen von Deutschsein geforscht, doch die Ergebnisse sind wenig beeindruckend. Diese Suche hat dabei etwas überaus Provinzielles. Viel fruchtbarer wäre es, die Vielheit auf den Straßen zum Ausgangspunkt zu nehmen für eine andere Idee der deutschen Bevölkerung. Das setzt aber den Willen zum Voranschreiten, zur Öffnung und zum Neuerfinden voraus. Für diesen Prozess ist der Begriff Interkultur wesentlich geeigneter. Bislang allerdings wurde Interkultur oftmals verstanden als eine Art eher praktisch orientierter Ersatzbegriff für Multikulturalismus. Es ging darum, wie man die eigene Perspektive relativiert, die Unterschiede der anderen anerkennt und wie man sich in anderen kulturellen Kontexten benimmt.

In Bezug auf die Verwaltung und andere Institutionen wird aber auch schon länger über interkulturelle Öffnung diskutiert. Tatsächlich ist der Umbau der Institutionen die entscheidende Aufgabe für die Zukunft. Durch die Einwanderung und den demographischen Wandel hat sich eine völlig neue Situation ergeben. Es wäre weltfremd zu glauben, man könne die Einwanderer ganz einfach einfügen in die bestehenden Strukturen. Staatliche oder durch staatliche Gelder finanzierte Institutionen – damit sind Ämter ebenso gemeint wie kommunale Unternehmen, Museen, Bibliotheken und Erziehungseinrichtungen – werden sich verändern müssen, um der zunehmenden Vielfalt gerecht zu werden. Dieser Wandel ist eine Überlebensaufgabe geworden.

In vielen großen Unternehmen ist das Bewusstsein für die Aufgabe unter dem Stichwort Diversity früher angekommen als in der Politik. Dabei geht es in der Politik auch um die Frage der demokratischen Legitimation. Angesichts des Wandels in der Zusammensetzung des »Volkes« ist der rechtliche und soziale Abstand zwischen Einheimischen und Personen mit Migrationshintergrund nicht länger hinzunehmen. Das akzeptieren auch die Konservativen. Doch in ihrer Version von Integration wird dieser Abstand schlicht als ein Abstand vom wie auch immer definierten Deutschsein betrachtet, den man durch eine individuelle Anpassungsleistung überwindet. Und wer das nicht schafft, der muss eben Ausländer bleiben, der ist nicht integrationsfähig.

Im Grunde birgt der Begriff Integration stets eine negative Diagnose. Es gibt Probleme, und die werden verursacht durch die Defizite von bestimmten Personen, die wiederum bestimmten Gruppen angehören. Der Ausgangspunkt ist dabei immer die Gesellschaft, wie sie sein soll, und nicht die Gesellschaft, wie sie ist. Die Idee von Interkultur, die in diesem Buch vorgeschlagen wird, geht von einer anderen Diagnose aus. Zu Beginn wird gefragt: Was ist Einwanderungsgesellschaft? Wo spielt sie sich ab? Wie funktioniert sie und was trägt sie an positiven Kräften in sich, die weiterentwickelt werden können? Dann wird der Versuch unternommen, besagten Abstand als ein spezifisches und strukturelles Ungleichheitsverhältnis zu verstehen, für das ohne moralische Implikationen der Begriff Rassismus verwendet wird. So ergeben sich andere Handlungsoptionen.

Das Ziel ist eine Evolution der Institutionen im Hinblick auf die neue Vielfalt der Gesellschaft. Dafür müssen vor allem strukturelle Hürden für die Individuen beseitigt werden – zumeist unsichtbare, unausgesprochene und unbemerkte Hindernisse. Die technische Statusbeschreibung für solche Hürden ist Diskriminierung. Und das technische Ziel heißt Barrierefreiheit. Dieser letzte Begriff wird zumeist in Bezug auf Menschen mit Behinderungen verwendet, doch er lässt sich verallgemeinern. Es geht tatsächlich, aber eben auch im übertragenen Sinne darum, ein Gebäude so umzubauen, dass es nicht nur für die »Normalen« gut funktioniert, die von vornherein die richtigen Voraussetzungen mitbringen, sondern für alle Bewohner oder Benutzer.

Gerade heute, wo Freiheit und Wettbewerb als zentrale gesellschaftliche Werte gelten, ist Barrierefreiheit eine unabdingbare Bedingung dafür, dass alle Individuen gleichermaßen ihre Möglichkeiten ausschöpfen können, gleich welche Eigenschaften oder Hintergründe sie mitbringen. Und wer denkt, strukturelle Diskriminierung betreffe nur sogenannte Minderheiten, der sollte daran denken, dass jeder einmal alt wird – und für ältere Menschen existieren viele Hürden. Im vierten Kapitel wird ein Programm Interkultur entwickelt, ein Vorschlag, wie der Umbau des Hauses funktionieren könnte. Dabei wird Interkultur als Verfahrensweise beschrieben. Denn im Gegensatz zu multikultureller Gesellschaft wird kaum einmal von interkultureller Gesellschaft gesprochen: Interkultur ist eben kein utopischer Entwurf, sondern eine Handlungsregel.

Der Begriff Kultur in Interkultur hat daher keine primär ethnische Bedeutung – er bedeutet, etwa im Sinne der frühen Cultural Studies, ein übergreifendes Prinzip der Organisation. Nicht die Unterschiedlichkeit der Kulturen oder der gegenseitige Respekt stehen im Vordergrund – es heißt nicht *Interkulturen*, sondern *Interkultur*, also Kultur-im-Zwischen. Und das ist eine treffende Beschreibung für den Ausgangspunkt und den Prozess: Es geht um das Leben in einem uneindeutigen Zustand und die Gestaltung einer noch unklaren Zukunft. In diesem Sinne geht es bei dem Programm der Interkultur, das ich in diesem Buch entwerfe, nicht darum, bestehende oder unterstellte Unterschiede einfach zu respektieren. Es geht vielmehr um das Knüpfen neuer Beziehungen.

Einwanderung wurde oft als eine Art Störung der Harmonie in Deutschland betrachtet. Doch diese Harmonie hat nie existiert. Und Harmonie muss auch nicht immer das Ideal sein – aktuell haben wir es mit Dissonanz und Brechung, mit Unreinheit und Improvisation zu tun. Das bedeutet nun nicht, dass sich langfristige Planung nicht mehr lohnt – im Gegenteil: Sie muss aber flexibler werden. Wir stehen vor der großen Aufgabe einer interkulturellen Alphabetisierung. Und dabei lernen wir alle eine neue Sprache.

Kapitel 1

Einführung in die Parapolis

Wenn ich morgens in Kreuzberg aus dem Fenster schaue, blicke ich auf ein Panorama totaler Urbanität: Auf dem Bürgersteig strömen die Berufsschüler vorbei, die gefühlt zu mindestens 70 Prozent Migrationshintergrund haben. Später kommen dann die Touristen, die in diesem Kiez in den letzten Jahren immer präsenter geworden sind. Es handelt sich meist um junge Leute, die alle möglichen Sprachen sprechen und offensichtlich mit dem Leben in der Großstadt vertraut sind. Viele kommen nach Berlin, um einen der angesagten Techno-Clubs in Kreuzberg oder Friedrichshain zu besuchen, und sind daher in der Regel weder mit Stadtplänen noch mit Fotoapparaten bewaffnet. Gegenüber meiner Wohnung ist ein Fahrradladen, der von Exalternativen betrieben wird, die in den wilden Achtzigern tiefe Falten bekommen haben. Daneben wiederum gibt es ein nicht eben billiges französisches Restaurant, einen stylishen Friseursalon à la turka und zwei Bars, die eher mediterran daherkommen. Fast das ganze mittelständische Business ist in der Hand von Geschäftsleuten nichtdeutscher Herkunft. Alle fünf Minuten rauscht die Hochbahn vorbei – eine Prozession äußerst individualisierter Personen auf ihrem Weg durch die Stadt.

Wenn ich auf der anderen Seite meiner Wohnung aus dem Fenster schaue, sehe ich eine große Wohnanlage für Senioren, die während der Internationalen Bauausstellung 1987 entstanden ist – der »postmodernen« Bauausstellung. Vielfalt war eines der Kernelemente des postmodernen Denkens, ein anderes war die Rückbesinnung auf die Geschichte bzw. auf das, was man in der Stadt vorfindet. Und daher bemühte man sich in der heute als erfolgreich geltenden IBA in Kreuzberg darum, nichts abzureißen.

Die Substanz der vorhandenen Gebäude wurde umgestaltet; bei Bedarf etwas angebaut. So entwickelte sich auch das Seniorenwohnheim aus einem Altbau. Am beeindruckendsten gelang eine solche »kritische Rekonstruktion« bei einer Kindertagesstätte in der Dresdner Straße, gleich hinter dem modernistischen Bau des Neuen Kreuzberger Zentrums am Kottbusser Tor – hier haben die Architekten ein Parkhaus umgestaltet.

Tatsächlich bringt mich der Blick aus dem Fenster auf zwei Prinzipien, die in diesem Buch eine zentrale Rolle spielen – Vielheit und Evolution. Zum einen soll es darum gehen, die vorhandene Vielheit anzuerkennen. Vielheit ist kein lästiges importiertes Problem, sondern schlicht die Ausgangslage, die es zu gestalten gilt. Auf der anderen Seite geht es um die Evolution des Vorhandenen. Als Ausgangspunkt von Politik dient der Wunsch nach der Entwicklung von Potentialen und nicht jener nach der Feststellung von Defiziten. In Deutschland folgt man auf den höheren Ebenen der Regierung, im Bund und in den Ländern, einer anderen Logik. Die Politiker entwerfen, immer noch im schlecht modernistischen Sinne, Strategien am grünen Tisch der Bürokratie. Die Grundlage wurde dabei häufig bereits vorher normativ gesetzt. Man baut nicht auf die Erfahrung oder die empirische Untersuchung der Verhältnisse; es ist vielmehr von vornherein klar, dass es seit jeher ein »Wir« gab und immer noch gibt: die »Deutschen«. Dieses »Wir« hat angeblich eine bestimmte Lebensweise, es herrscht Konsens über bestimmte Werte, und vom Ort des »Wir« aus wird die Position der anderen definiert.

Gewöhnlich entdeckt man an den »Hinzugekommenen« allerlei Mängel – deshalb gilt es, sie an »unsere« Lebensweise heranzuführen. Und so liegt seit der Verabschiedung des »Zuwanderungsgesetzes« der Schwerpunkt der Maßnahmen auf Kursen für Integration und Sprache bzw. auf Tests, die auf die Beherrschung der deutschen Sprache, Geschichte und »Werte« zielen. Vielfach hört man aber auch davon, die anderen hätten »uns« bereichert.

Das kulinarische Spektrum wurde erweitert, das Grillen im Park hoffähig gemacht. Dabei bleiben auch solche naiven Vorstellungen von »Multikulti« der Idee des »Wir« verhaftet. Allerdings hat dieses »Wir« mittlerweile jede Selbstverständlichkeit verloren; es ist heute eine Schimäre, ein Phantasma oder auch ein strategischer Einsatz in gesellschaftlichen Auseinandersetzungen.

Das zeigt sich vor allem an den Positionen der Konservativen in Deutschland. Bekanntlich rufen Vertreter von CDU und CSU immer wieder nach einer »Leitkultur«. Während sie suggerieren, diese »Leitkultur« sei etwas, das »wir« bereits besitzen und das bloß restauriert und verteidigt werden müsse, definieren sie jedoch den Inhalt dieser Kultur neu. Als der damalige Fraktionsvorsitzende Friedrich Merz 2000 das Thema aufbrachte, da betrachtete er auch »die in Jahren und Jahrzehnten erkämpfte Stellung der Frau in unserer Gesellschaft« als Bestandteil der »Leitkultur«.* Das ist durchaus erstaunlich, denn historisch hat die Union nur maßvoll zu diesem Kampf beigetragen; sie war zuvor sicher nicht als Partei der Emanzipation bekannt.

Tatsächlich haben auch die Konservativen begriffen, dass sie mit Vielfalt als Grundlage umgehen müssen, selbst wenn sie darauf immer noch mit Vorschlägen zur Wiederherstellung der Einheit antworten. Im Alltag ist Vielfalt ohnehin ganz einfach Lebenspraxis. Eines Nachts während der Fußball-Europameisterschaft 2008 saß ich mit Freunden auf der Straße vor einem Kiosk, dessen Betreiber einen Fernseher und ein paar Bänke, Stühle und umgedrehte Bierkisten vor die Tür gestellt hatte. Ein großer blonder Mann saß mitten im Gewühl und reagierte barsch, als eine junge Frau ihn bat, sich doch ein wenig zur Seite zu setzen – sie könne einfach nichts sehen. Daraufhin hielt ihm der Kioskbesitzer einen kleinen Vortrag über kleine und große

---

* Ein alphabetisches Literaturverzeichnis, Links sowie weitere Informationen und ein Videointerview mit Mark Terkessidis zum Buch finden Sie unter www.editionsuhrkamp.de/interkultur.

Leute und über den Kiez. »Weißt du«, meinte er, »das ist hier Kreuzberg, hier versuchen alle, miteinander auszukommen.« Ich erzähle das nicht, um ein Idyll zu konstruieren. Der Kioskbesitzer sprach davon, man müsse *versuchen*, miteinander auszukommen. In den neunziger Jahren hätte man diese Geschichte vielleicht dazu benutzt, die »multikulturelle Gesellschaft« zu illustrieren, doch heute handelt es sich schlicht um großstädtische Normalität. Und dort bedeutet Vielfalt eben nur manchmal Idylle, oft genug aber auch Konflikt.

Vor einiger Zeit hat der US-amerikanische Politikwissenschaftler Robert Putnam eine Reihe von Untersuchungen zum Zusammenhang von Vielfalt und Gemeinschaft ausgewertet und kam schließlich zu einem nicht besonders viel versprechenden Ergebnis: In allen ethnisch gemischten Nachbarschaften könne man feststellen, dass das Vertrauen zu anderen Menschen kurzfristig nachlasse (auch zu denen mit demselben ethnischen Hintergrund): Kooperationen in der Gemeinde und Freundschaften würden weniger, Erfolge stellten sich in Einwanderungsgesellschaften erst ein, wenn die Fragmentierung durch neue Querschnittsformen von Solidarität und durch erweiterte, umfassende Angebote zur Identifikation gemildert werde.[2] Tatsächlich bieten der eigene Kiez, der eigene Bezirk, manchmal auch die eigene Stadt solche Angebote. Wie oft habe ich von Einwanderern gehört, sie seien zwar keine Deutschen, Kölner (zum Beispiel) aber auf jeden Fall. Zweifellos haben sich vor Ort allerlei Formen der Zusammenarbeit oder zumindest des kommoden Zusammenlebens etabliert. Aber Vielfalt braucht unbedingt Gestaltung.

Die Frage ist, wo die Gestaltung ansetzen muss. Am Anfang steht also die Suche nach dem Ausgangspunkt, nach der empirischen »Normalität«, die man weiterentwickeln möchte. Wovon genau sprechen wir eigentlich, wenn wir vom Einwanderungsland sprechen? Ist ganz Deutschland gleichmäßig konfrontiert mit den Folgen der Migration? Tatsächlich ist das nicht der Fall. Zunächst lebt der ganz überwiegende Teil der Menschen mit Migrationshintergrund im Westen des Landes. Zwar hatte auch die DDR ausländische Arbeitskräfte angeworben – und daher gibt es noch heute eine vietnamesische Community in den neuen Bundesländern. Doch seit der Wiedervereinigung zogen Einwanderer im Grunde genommen nur dann in den Osten, wenn die Behörden ihnen dort Wohnraum zuwiesen – das gilt sowohl für Aussiedler als auch für Asylbewerber.

De facto bilden die neuen Bundesländer sogar Auswanderungsgebiete: 2,3 Millionen Menschen sind zwischen 1989 und 2005 gen Westdeutschland aufgebrochen,[3] und aufgrund der teilweise schwierigen ökonomischen Lage geht dieser Exodus nach wie vor weiter. 2,3 Millionen sind eine gewaltige Zahl, die aber erstaunlicherweise nie in die Debatte über das hiesige Wanderungsgeschehen mit einbezogen wird. Das ist nicht nachvollziehbar, denn überall sonst auf der Welt tragen die Forscher auf der Karte der Mobilität auch die sogenannte Binnenmigration ein.

Einwanderungsland ist also maßgeblich der Westen der Republik. Aber auch dort gibt es Regionen, in denen der Anteil von Menschen mit Migrationshintergrund verschwindend gering ist – vor allem in ländlichen Gebieten, etwa in Bayern. Auffälligerweise sind es gerade diese Regionen in Ost wie West, in denen die Ablehnung der Einwanderungsgesellschaft besonders verbreitet ist. 2008 hat die Friedrich-Ebert-Stiftung an der Universität Leipzig eine Untersuchung über »rechtsextreme Einstellungen« in Auftrag gegeben, die einen interessanten Vergleich zwischen den Bundesländern präsentierte: In der Studie ging es unter anderem darum, ob die Befragten Aussagen zustimmten wie: »Die Bundesrepublik ist durch die vielen Ausländer in einem gefährlichen Maße überfremdet.« Den höchsten Wert auf dieser Skala erzielte Sachsen-Anhalt mit 39,3 Prozent Zustimmung, dicht darauf folgte jedoch kein weiteres ostdeutsches Bundesland, sondern Bayern mit einem Wert von 39,1. Zum Vergleich: Thüringen lag bei 24,4, Nordrhein-Westfalen bei 19,9 Prozent, Baden-Württemberg und Hamburg bei 17,8 bzw. 13,6 Prozent.[4]

Zweifellos ist es in den ländlichen Teilen von Bayern, wo wenige oder keine Personen mit Migrationshintergrund leben, deutlich einfacher, die »Überfremdung« zu beklagen, als in einer Stadt wie München, wo die Anzahl der Personen mit Migrationshintergrund bei rund einem Drittel liegt. Wenn man nicht gerade im Speckgürtel einer solchen Stadt lebt, dann stammen die Nachbarn eben mit einiger Wahrscheinlichkeit aus der Türkei, aus Serbien oder Russland, und man muss auf die eine oder andere Weise mit ihnen umgehen und auskommen.

Jedenfalls ist es Unsinn, pauschal vom Einwanderungsland zu sprechen – der Fokus aller Überlegungen über die Gestaltung von Vielfalt müssen die Städte sein. Nicht nur die großen Städte wie Berlin, Hamburg, Köln, Frankfurt oder Stuttgart, auch wenn dort der Anteil von Einwohnern mit Migrationshintergrund wie im Fall von Stuttgart bis zu 40 Prozent gehen kann. Auch kleinere Städte können in puncto Vielfalt wie regelrechte Metropolen erscheinen, im schwäbischen Heilbronn, einer Stadt mit 120 000 Einwohnern, machen die Bürger mit Einwanderungsgeschichte 46 Prozent der Bevölkerung aus, bei den Kindern in der Altersgruppe zwischen zehn und 14 sind es sogar 63. Die deutschen Städte befinden sich in einem dramatischen Wandlungsprozess, was die demographische Zusammensetzung betrifft. Bei den unter Sechsjährigen sind die Kinder mit Migrationshintergrund fast durchweg in der Mehrheit. Angesichts solcher Zahlen hat die Vorstellung eines »Wir«, an das sich die »Zuwanderer« anpassen sollen, längst keinen Sinn mehr. Es geht um die Gestaltung von Vielfalt, und im Hinblick auf die Herkunft sind die Bewohner deutscher Abstammung heute lediglich eine Gruppe unter vielen anderen und längst nicht mehr die Norm.

Doch diese Gestaltung betrifft keineswegs nur »Ausländer«, die in Deutschland leben oder die nach Deutschland kommen wollen, sondern die zunehmende Beweglichkeit der Bevölkerung insgesamt. Von der innerdeutschen Wanderung habe ich bereits gesprochen. Für das Jahr 2008 meldete das Statistische Bundesamt zudem, dass mehr Menschen aus Deutschland wegzogen, als neue ins Land kamen, was vor allem an der großen Anzahl autochthoner Deutscher lag, die das Land verlassen hatten. Vor allem die Hauptstadt Berlin zeichnet sich durch eine immense Bevölkerungsdynamik aus. Seit dem Mauerfall hat fast die Hälfte der Einwohnerschaft Berlin verlassen, während nahezu die gleiche Zahl an Personen neu hinzukam. Noch heute ziehen jährlich zirka 120 000 Menschen dorthin und nahezu ebenso viele ziehen fort.[5] In jedem Jahr wird also über die Grenzen von Berlin quasi eine kleinere Großstadt umgesiedelt, wobei die meisten Personen, die hier zu- und fortziehen, deutscher Herkunft sind. Es geht also nicht nur um Vielfalt, sondern auch um neue Formen der Mobilität.

Städte in Bewegung

Wenn nun in Deutschland über Migration und Stadt nachgedacht wird, dann wie so oft unter normativen Gesichtspunkten. Tatsächlich erscheint die Stadt bzw. die »europäische Stadt« in solchen Überlegungen oftmals als ein wohl definiertes Biotop, in dem sich über Jahrhunderte ein stimmiges Verhältnis zwischen dem kompakten Zentrum und dem lockeren Stadtrand sowie eine soziale und funktionale Mischung in den einzelnen Quartieren entwickelt hat. Nach diesem Verständnis muss die kommunale Verwaltung im Einklang mit nationalen Politiken nur durch geeignete Maßnahmen, die »ursprüngliche Integration«, die durch zu viel Wanderungsbewegungen gestört wird, regelmäßig wiederherstellen. Dass dieses Bild kaum noch mit der Realität übereinstimmt, führt in der Regel nicht zu Korrekturen am ideellen Anspruch, sondern zu einer Erzählung vom Niedergang der Stadt. Im Zusammenhang mit der Migration geht es häufig um soziale Probleme oder Segregation, und dann hört man gewöhnlich Warnungen vor »amerikanischen Verhältnissen«.

Nun wünschen sich gerade viele einheimische, bürgerliche Bewohner der Städte durchaus ein metropolitanes Flair – zumal jene, die zur »kreativen Klasse« gehören. Der auch hierzulande viel gelesene US-amerikanische Autor Richard Florida hat sogar behauptet, urbane Vielfalt stelle heute eine Bedingung für die Ansiedlung von »Kreativunternehmen« dar und sei somit auch eine Voraussetzung für wirtschaftliches Wachstum.[6] Allerdings erscheint vielen Angehörigen der Mittelschicht die Vielfalt auch als schleichende »Desintegration« und vor allem als Indiz für einen als höchst unangenehm empfundenen Kontrollverlust. Und zur Veranschaulichung dieses Verlustes eigenen sich dann die Einwanderer. »Sie« sondern sich ab, hat man in den letzten Jahren vielfach gehört, »sie« kümmern sich nicht um die Bildungschancen ihrer Kinder, »sie« gründen sogenannte Parallelgesellschaften, »sie« wollen sich nicht integrieren.

Diese Imago des Migranten gibt Teilen der politischen und bürgerlichen Eliten die Möglichkeit, weiterhin Souveränität über die Stadt zu behaupten, auch wenn sie diese längst verloren haben. Die zunehmende Mobilität, aber auch zahlreiche neoliberale Strukturmaßnahmen haben aus der Stadt ein höchst kompliziertes Gebilde gemacht, dessen »Gestalt« nur noch vage zu erkennen und festzulegen ist – vor allem, weil die Verhältnisse von Nähe und Ferne nicht mehr von der rein geographischen Nachbarschaft bestimmt werden. Die Stadt ist in sich durchlöchert und beweglich und besitzt gleichzeitig eine Reihe von weit entfernten und quasi unsichtbaren Vororten. Auch das betrifft keineswegs nur Millionenstädte, man kann das am Beispiel einer Stadt illustrieren, die dem Bild der »europäischen Stadt« noch weitgehend zu entsprechen scheint: Düsseldorf. Ich werde anhand einiger Bewohnerinnen und Bewohner ausloten, wie Migration, oder allgemeiner gesagt, wie Mobilität die Stadt real verändert.

Ahmed B. ist vor 41 Jahren nach Düsseldorf gekommen. Wie viele andere Marokkaner aus der Rif-Region hat er damals den Ruf der Bundesrepublik vernommen – 1965 schloss sein Heimatland mit den Deutschen einen Anwerbevertrag. Obwohl er schon so lange in Düsseldorf lebt, ist Ahmed kein Deutscher. 2008 wollte er zwar die deutsche Staatsangehörigkeit erwerben, aber das erwies sich als schwierig. Er musste nachweisen, dass er fünf Jahre Rentenbeiträge bezahlt hatte, dass er sich und seine Familie ernähren konnte, ausreichend Wohnraum zur Verfügung stand und er nicht straffällig geworden war. Schließlich sollte es auch noch eine Regelanfrage beim Verfassungsschutz geben. All diese Voraussetzungen hätte er erfüllen können, doch als er die neuen Anforderungen für den Sprachtest sah, da hat er aufgegeben. In seinem Alter sei das nicht mehr drin.
Eigentlich wollte Ahmed nur ein oder zwei Jahre in Deutschland bleiben. Bereits in den ersten Ferien in Marokko begann er daher,

sich in seinem Heimatdorf in der Nähe der Stadt Nador ein Haus zu bauen. Richtig gewohnt haben er, seine Frau und seine drei Kinder dort nie, aber die Familie verbringt in dem Haus mehrere Wochen im Jahr – gewöhnlich im Juli und August. Dort treffen die B.s die marokkanischen Familienmitglieder, und eine von Ahmeds Töchtern hat bei einem solchen Aufenthalt ihren späteren Mann kennengelernt. Viel Zeit verbringt die Familie mit anderen »Deutschen«, weiteren Auswanderern, die in der Nähe gebaut haben. Ahmed ist zwar Marokkaner, aber mit dem Alltag der Kommune in der »Heimat« oder der lokalen Politik hat er im Grunde überhaupt nichts zu tun.

Im Gegensatz zu Ahmed B. ist Lisa G. in Düsseldorf geboren. Offiziell lebt sie mit ihrem Mann im gemeinsamen Haus in Oberbilk. Tatsächlich wohnt Familie G. jedoch nur einige Wochen im Jahr in Düsseldorf. Seit fünf Jahren besitzen die G.s ein Haus in Torrevieja an der spanischen Costa Blanca. Lisa und Ralf sind agile Frührentner und haben sich hier zur Ruhe gesetzt. Ihr Sozialleben verbringen sie vorwiegend mit Deutschen, Schweizern und einigen Skandinaviern. Viele der Nachbarn stammen sogar aus Düsseldorf oder dem Umland – den Tipp mit Torrevieja hatte Lisa von einer Freundin bekommen, die dort ebenfalls ein Haus besitzt. Mit den einheimischen Spaniern haben sie wenig Kontakt, vom Alltagsleben bekommen sie kaum etwas mit, die spanische Politik interessiert sie selten. Beide sprechen auch kein Spanisch – so wie die meisten ihrer Nachbarn. Mit Deutsch käme man schließlich überall durch. Wie die anderen Residenten fliegen die G.s öfter mal »nach Hause«. Seitdem ein »Billigflieger« die Strecke Düsseldorf–Alicante abdeckt, sogar noch häufiger. Manchmal weiß Lisa gar nicht mehr, was die Bezeichnung »fester Wohnsitz« eigentlich bedeutet.

Charlotte T. ist seit zwei Jahren Managerin innerhalb der Strategic Information Technology Practice Central Europe im Büro von A. T. Kearney im Düsseldorfer »Medienhafen« – jener »Meile der Kreativen« im umgebauten Hafen der Rheinmetropole. Die Firma wurde 1926 in Chicago gegründet und Düsseldorf war der erste Standort in Europa. Charlotte kommt eigentlich vom Haupthaus; die Versetzung nach Düsseldorf bedeutete für sie einen Karrieresprung. Nun berät sie deutsche Firmen in Sachen IT. Wie lange sie in Düsseldorf bleiben wird, weiß sie nicht genau. Ihre Arbeit ist zeitraubend und die meiste Zeit verbringt sie mit ihren Kollegen oder anderen US-»Expatriates«, die bei benachbarten Firmen arbeiten. Vom Alltagsleben in Düsseldorf bekommt sie daher nicht wirklich viel mit. Im letzten Sommer ist sie am Abend gerne noch auf ein Getränk zu *Monkey's Island* hinübergegangen, zur Affeninsel. Der aufgeschüttete Strand befand sich gleich vis-à-vis von ihrem Büro auf einer kleinen Landzunge im Rhein – leider wurde er wegen Streitigkeiten mit der Stadt geschlossen. An warmen Abenden war das Gefühl karibisch: Sie kam sich vor sich wie eine

Urlauberin am eigenen Arbeits- und Wohnort. Zumal der Ausblick wirklich spektakulär war: Gleich gegenüber, im Abendlicht, konnte sie die Linien, Schatten und Lichtreflexe dreier Gebäude betrachten, die der Stararchitekt Frank O. Gehry in den neunziger Jahren entworfen hat: die Tanzenden Bürotürme.

Gerade mal zwei Kilometer weiter, im Hafenbecken C, sitzt Mamadou K. in seinem winzigen Zimmer. Es befindet sich auf dem fest vertäuten ehemaligen Hotelschiff Siesta. Dieses Schiff ist nicht leicht zu finden, es ist versteckt inmitten des Industriehafens. Bei der Siesta handelt es sich um die sogenannte Erstaufnahmeeinrichtung des Landes Nordrhein-Westfalen. Mamadou stammt aus Kamerun und er hat in Deutschland einen Antrag auf Asyl wegen politischer Verfolgung gestellt. Auf dem Boot muss er eine Reihe von Formalitäten erledigen. Mamadous Hauptbeschäftigung ist Warten. Er wartet darauf, erkennungsdienstlich behandelt und befragt zu werden. Er wartet darauf, wie es mit ihm weitergeht, denn wie er weiß, wird hierzulande nur ein Bruchteil der Asylanträge positiv beschieden. Immerhin haben Kameruner keine schlechten Aussichten. Und er hat sich eine gute »Geschichte« über seine politische Verfolgung zurechtgelegt. Allerdings ging es bei seiner Auswanderung gar nicht um Politik. Er hatte zwar einen Job als Lastwagenfahrer in Yaoundé, doch das Geld reichte hinten und vorne nicht, um seine dreiköpfige Familie zu ernähren. Das Schlimmste an den Verhältnissen in seinem Heimatland war der Mangel an Perspektive: Sozial, politisch, persönlich gab es einfach kein Weiterkommen. Und so ist er nach langer Überlegung gen Deutschland aufgebrochen, jenem Land, aus dem vor über hundert Jahren die weißen Kolonisatoren kamen.

Ahmed, Lisa, Charlotte und Mamadou leben alle auf die eine oder andere Weise in Düsseldorf. Dabei haben ihre Leben auf den ersten Blick kaum etwas gemeinsam. Das verbindende Charakteristikum dieser Personen ist ihre Mobilität. Bei dieser Mobilität handelt es sich nicht einfach um eine Bewegung von A nach B. Die vier Personen wohnen an einem Ort, aber eigentlich noch an einem anderen, sie sind an einem Ort anwesend, doch zugleich auch abwesend – sie sind im Zustand der Bewegung gleichsam erstarrt. Um so zu leben, benötigen diese Personen eine Infrastruktur der anwesenden Abwesenheit. Und diese schlägt sich nicht zuletzt in der Architektur nieder. So unterschiedlich die »Tanzenden Bürotürme« und die Siesta sein mögen: Beide Einrichtungen versuchen eine Immobilie in Bewegung zu halten und beide bilden so etwas wie Löcher im Gewebe der Stadt. Und so unterschiedlich die Siedlungen nahe Nador und in Torrevieja sein mögen, auch sie haben etwas gemeinsam: Sie bilden geheime Außenbezirke einer deutschen Stadt.

Schon der Ort selbst garantiert im Düsseldorfer Medienhafen ein Gefühl der Bewegung, schließlich symbolisieren Häfen Handel und Wandel. Die ansässigen Unternehmensberatungen oder Produktionsfirmen sind nur lose mit dem »Standort« Düsseldorf verbunden – sie bilden eher kleine Knoten im Netz der globalen Wirtschaft. Tatsächlich soll dieser Hafen die oft nur vorübergehend in Deutschland tätigen *flexicutives* gar nicht einheimisch werden lassen, er soll ihnen vielmehr die Stadt, in der sie leben, als touristisches Objekt darbieten. Bauten wie jene von Gehry sollen nicht die Qualität des »Zuhause-Seins« erhöhen, sondern den Wiedererkennungswert der Stadt für »Fremde«. Gemäß dem Vorbild Bilbao: Der vormaligen Industriestadt im Baskenland bescherte das ebenfalls von Gehry geplante Guggenheim-Museum eine erstaunliche Profilierung und einen ungeahnten Besucher-Boom. Und so scheint es nur logisch, dass Frank O. Gehry versucht hat, die Bürotürme zum Tanzen zu bringen.

Die Mobilität, die im Medienhafen ein Privileg darstellt, verwandelt sich auf der Siesta in eine Strafe. Das Gefühl der Bewegung wird zu einem Menetekel: Man darf nie ankommen. Personen wie Mamadou sind auf der Suche nach Arbeit zu Freizeit verurteilt worden. Die ungewohnte Umgebung wirkt hier nicht spektakulär, sondern beängstigend. Es ist eine böse Ironie, dass oft ehemals touristische Infrastrukturen zur Internierung von Flüchtlingen genutzt werden: In Kroatien etwa ist das geschlossene Aufnahmelager für »Illegale« im ausrangierten Flachbau des Motels Jesevo untergebracht, in der Nähe einer Tankstelle an der Autobahn von Zagreb nach Belgrad. Eine der wichtigsten Einrichtungen für den »temporären Aufenthalt« von Flüchtlingen in Italien, das Lager in Bari, besteht aus Wohnwagen, die man auf der Landebahn eines ehemaligen Militärflughafens geparkt hat. Solche Formen der Unterbringung (Hotels, Wohnwagen, Zelte oder in Deutschland oft auch Container) an Orten des Transits (Flüsse, Küsten, Flughäfen) sollen den Bewohnern verdeutlichen, dass sie trotz ihrer derzeitigen Immobilität weiterhin unterwegs sind, dass sie nicht ankommen sollen und eigentlich woanders hingehören. Bei solchen Wohnprovisorien handelt es sich um eine Infrastruktur und Architektur der Mobilisierung, oder genauer: der »erstarrten Bewegung«.

Die mobilisierten Räume innerhalb der Stadt liegen geographisch in der Nachbarschaft, aber tatsächlich sind sie sowohl durch die Zusammensetzung ihrer Bewohner als auch durch den architektonischen Anspruch eingebettet in globale Netzwerke. Diesen Räumen entsprechen solche außerhalb der Stadt, die geographisch zwar weit entfernt sind, tatsächlich aber eher wie eine Nachbarschaft funktionieren. So ein Ort ist die Siedlung, in der das Haus von Ahmed B. steht. Die Häuser der Auswanderer erkennt man auf den ersten Blick: Sie wurden in einem Stil gebaut, den man als »Auswanderer-Postmoderne« bezeichnen könnte. Sie sind vage modernistisch und funktional, doch sie unterscheiden sich von der Umgebung durch teilweise spektakuläre ornamentale Verschönerungen: aufgemalte Linien oder Flächen in häufig grellen Farben, auffällige Verzierungen, kleine Türmchen oder auch prächtig gekachelte Eingangstüren. All diese Applikationen sollen einen Verweis auf das Regionale, auf »Arabizität« darstellen – freilich ohne eine spezifische architektonische Epoche zu zitieren.

Wie erwähnt halten sich die Bewohner oftmals nur einige Wochen im Jahr in ihren Häusern auf. Sie leben in einem Raum, der sich weitgehend auf familiäre Netzwerke beschränkt und mit dem realen Alltag kaum etwas zu tun hat. Man kann dieses paradoxe Raumgefühl als »touristische Intimität« charakterisieren. Auswanderer wie Ahmed B. stellen in Marokko und vielen anderen Gesellschaften mittlerweile eine eigene soziale Gruppe dar. Durch ihre Rücküberweisungen an die Familien und ihre Investitionen im Land bilden sie einen wichtigen ökonomischen Faktor. Wenn man die vielen kleinen Beträge, die von den marokkanischen Auswanderern nach Hause überwiesen werden, zusammenrechnet, dann übersteigt der Gesamtbetrag die Summe sämtlicher Direktinvestitionen von ausländischen Unternehmen in allen nordafrikanischen Staaten. Dabei haben die Auswanderer bei den Einheimischen ein wenig das Image von Urlaubern: Sie gelten als Leute mit viel Geld und lockeren Sitten. Sie sind auf einflussreiche Weise anwesend und doch hauptsächlich abwesend – und eben das dokumentieren auch die Häuser und Quartiere, in denen sie leben. In der Hafenstadt Tanger existieren am Stadtrand ganze Viertel, die nur im Sommer zum Leben erwachen. Eines davon heißt *Hammet Belgique*, und wie schon der Name signalisiert, handelt es sich dabei um einen entfernten und unsichtbaren Vorort von Brüssel.

In solchen Vororten leben aber nicht nur besagte Auswanderer, die man von Touristen nur noch schwer unterscheiden kann, sondern auch Touristen, die wie Lisa G. immer mehr Migranten ähneln. Früher einmal war Tourismus eine Sache der »großen Ferien« – der Urlaub dauerte im Durchschnitt zwei oder drei Wochen im Sommer. Doch die touristische Anwesenheit hat sich flexibilisiert. Seit es die sogenannten Billigflieger gibt, schwellen viele Städte in

und rund um Europa an den Wochenenden merklich an. Immobilienmakler bieten neben Häusern in der regionalen Umgebung auch Domizile in entfernten Ferienregionen an. Viele Westeuropäer besitzen wie die G.s Wohnungen in Spanien, die sie mehrfach im Jahr ansteuern, den ganzen Winter hindurch bewohnen oder in denen sie ihren Lebensabend verbringen.

An der spanischen Küste haben großflächige, endlose Ansammlungen von Siedlungen die verdichtete »Hotelburg« als städtebauliches Modell abgelöst. Diese »Urbanisationen« werden von Developern aus einem Guss geplant und gebaut. Angeordnet sind die Häuser stets in einer Art dörflicher Struktur, nach außen wirken sie verschlossen; sie haben keine Verbindung zu anderen Siedlungen. Angebunden sind sie aber stets an die nächste Schnellstraße, die meist zum nahegelegenen Flughafen führt. Obwohl die Planer die Form von Dörfern nachahmen, gibt es kaum öffentlichen Raum – keine Plätze, Kirchen, Denkmäler und oft nicht einmal Kneipen. Die Störgeräusche der sozialen Realität, wie Klassenkonflikte, Kriminalität oder Obdachlosigkeit, bleiben ohnehin draußen. Die Fassaden sind immer neu, die Existenzform ist gänzlich privat und das Leben verläuft ohne Höhepunkte und Schwierigkeiten. All das wird bezahlt mit der kompletten Abwesenheit von Erinnerung – diese Orte besitzen kein Gedächtnis. Allerdings bedeutet das nicht, dass es an solchen Orten keine Gemeinschaft gäbe. Tatsächlich bleiben die Briten, Niederländer oder Deutschen zumeist unter sich – sie bilden veritable »Parallelgesellschaften«.

Politik in der Parapolis

Angesichts der Mobilität, der Verschiebung von geographischen Nähe- und Ferneverhältnissen, der Durchlöcherung und Erweiterung der Stadt sowie der Entwicklung einer neuen architektonischen Morphologie der »erstarrten Bewegung« erscheint die normative Bindung an Vorstellungen von einem »Wir« oder von einer funktionierenden »europäischen Stadt« wenig zukunftsweisend. Wenn Personen mit Migrationshintergrund dazu aufgerufen werden, sich zu »integrieren«, dann stellt sich angesichts der skizzierten Entwicklungen die Frage, in welches Gebilde sie sich eigentlich eingliedern sollen. Traditionell war das der Nationalstaat. Aber die biographischen Beispiele sprechen von einer anderen Realität. Immer mehr Menschen leben an mehreren Orten zugleich und an diesen Orten sind sie jeweils keine »vollen« Rechtssubjekte mehr. Die Ausübung von Rechten ist immer noch an Sesshaftigkeit gebunden, und in diesem Sinn dürfen die erwähnten Personen an ihren aktuellen »Lebensmittelpunkten« nicht am Leben der Polis teilnehmen. Tatsächlich ist jene Polis längst auseinandergefallen. Die Stadt hat sich zu einer vielgliedrigen Parapolis entwickelt.
In diesem Sinne ist die Bezeichnung Düsseldorf nur noch eine Art Label für einen losen Zusammenhang. Würde man Personen mit

unterschiedlichen Hintergründen dazu auffordern, eine Karte der Stadt zu zeichnen mit den für sie wichtigen Orten, dann würde man schnell feststellen, dass sich mehrere imaginäre Städte überlagern. Offenbar ist Düsseldorf, um es mit Jean-François Lyotard auszudrücken, eine »Vielheit, die sich nicht zusammenfügen lässt«.[7] Tatsächlich war Vielheit in den siebziger Jahren ein zentraler Begriff im Denken der Postmoderne. Die damals emphatisch begrüßte Vielheit stand allerdings noch mit Kämpfen in Verbindung. In jener Zeit begannen nämlich zahlreiche Gruppen, die bislang nicht auf dem Plan der Revolution gestanden hatten, für ihre spezifische Version der Gleichberechtigung zu kämpfen: die Frauen, die Schwarzen, die Prostituierten, die Gefängnisinsassen, die Homosexuellen, die »Gastarbeiter« etc. Sie gingen ausgehend von ihren Problemen im Alltag auf die Barrikaden.

Lyotard brachte diese »kleinen Kämpfe« damals sowohl gegen das »Zentrum«, also die zu jener Zeit allgemein vorherrschende technokratische und autoritäre Regierungsform, als auch gegen den Marxismus in Stellung, der gewöhnlich solche »Nebenwidersprüche« unter dem Klassenkampf begrub. Doch die »Minderheiten ohne Mehrheit«, die Lyotard und andere beschworen, sind heute als solche keine politische Perspektive mehr. Tatsächlich hat das »Zentrum« durch besagte Kämpfe, aber auch durch die Dominanz der neoliberalen Doktrin seit den mittleren siebziger Jahren massiv an Einfluss verloren – mal gewollt, mal ungewollt sind die Staaten heute nicht mehr »Herr im eigenen Haus«.

So haben sich zum einen enorme Spielräume ergeben für individualisierte Lebensentwürfe und kollektive Lebensweisen. Zum anderen jedoch lässt sich eine Zunahme von sogenannten horizontalen Konflikten beobachten – zwischen Minderheiten, die oft einen sehr unklaren Anspruch auf Repräsentation und Ordnung haben. Und die – das wissen wir spätestens, seitdem der islamische Fundamentalismus ein ständiger medialer Begleiter geworden ist – keineswegs grundsätzlich emanzipatorische Ideale verfolgen.

Bei den deutschen Propagandisten des Integrationskonzeptes ist die Vielheit in den letzten Jahren in Verruf geraten. Vielheit wird dabei gleichgesetzt mit der Existenz von »Parallelgesellschaften«, in denen das hiesige Recht oftmals nicht mehr gelte, insbesondere für Frauen. Für diese Zustände verantwortlich machte man die Vertreter von »Multikulti« – sozusagen die Nachhut des Denkens der Postmoderne. Als Watschenmänner haben sie jene abgelöst, die in den neunziger Jahren angeblich »politische Korrektheit« forderten. Freilich sind beide Gruppen merkwürdig gesichtslos geblieben – in den zahlreichen Invektiven ging und geht es kaum einmal um konkrete Personen. Die Kritiker zeichneten vielmehr ein Bild von irgendwelchen Träumern, die in Sachen kultureller Unterschiede eine Gesellschaft des Laissez-faire etablieren wollten und dabei gescheitert seien.

Man kann die Autoren, die sich in den späten achtziger Jahren und frühen neunziger Jahren für den Multikulturalismus einsetzten, etwa Heiner Geißler, Claus Leggewie, Daniel Cohn-Bendit und Thomas Schmid, mit Fug und Recht für ihre Auffassungen kritisieren, doch man kann ihnen nicht vorwerfen, sie hätten für schlichtes Nichtstun in Sachen Einwanderungsgesellschaft plädiert oder die Probleme beschönigen wollen. Im Gegenteil: Ein wichtiger Ansatzpunkt für ihre Überlegungen waren ja Konflikte, zumal kultureller Natur, und die Frage, wie man diese Konflikte moderieren kann.

Nun stammt der Begriff Integration aus den mittleren siebziger Jahren – darum wird es später noch ausführlicher gehen. Bei der derzeitigen Renaissance des Begriffs handelt es sich um eine Angstreaktion auf die Realität der Vielheit. Spät, sehr spät, 1998 unter der Ägide der rot-grünen Bundesregierung, wurde die Bundesrepublik erstmals offiziell als Einwanderungsgesellschaft definiert. 2000 folgte dann die Änderung des Staatsangehörigkeitsrechtes aus dem Jahr 1913. Auch wenn das Gesetz viele Tücken besitzt, so war es doch eine substantielle Abkehr vom Jus sanguinis, jenem Prinzip, welches das Deutschsein ausschließlich ans Blut, an die direkte Abstammung knüpfte. Für jene, die sich schon länger mit Migration befasst hatten, erschienen diese Neuerungen als Anerkennung der Realität – einer Realität, die vielen Beobachtern längst bekannt war. Doch für den überwiegenden Teil der Bevölkerung, insbesondere für konservative Politiker jeglicher Couleur, begann eine Neujustierung der Wahrnehmung.

Diese neue Wahrnehmung habe ich bei vielen Gelegenheiten selbst erleben dürfen. Als jemand, der sich mit Migration beschäftigte und Forderungen aus der Perspektive der Einwanderer erhob, erntete man noch in den neunziger Jahren überwiegend wahlweise barsche Ablehnung oder achselzuckende Ignoranz, manchmal auch paternalistisches Verständnisgetue. Dass die Einwanderung eine Tatsache war, war im Grunde allen völlig klar, doch implizit hielt man den Mythos am Leben, die »Ausländer« würden einmal in ihr »Heimatland« zurückkehren. Und so wurde lange eine Politik des Provisoriums betrieben – irgendwo zwischen Sondergesetzgebung, der Förderung von Folklore, Appeasement im Namen von Traditionen und dem gleichzeitigen Anprangern unzivilisierter Sitten und der »Überfremdung«. Nach 2000 mussten viele erstmals begreifen, dass die »Ausländer« nicht mehr fortgehen würden und dass sie längst Teil der deutschen Bevölkerung geworden sind. Das war durchaus ein epochaler Moment. Und exakt in diesem Moment setzte die Angst vor dem Verlust der Kontrolle ein. Die Souveränität sollte so schnell wie möglich restauriert werden, und dazu diente das Hervorholen des Begriffes Integration, der suggerierte, man könne die Gesellschaft immer noch steuern und zusammenhalten.

Doch gerade dieses Vermögen wurde durch die neoliberale Wende der Politik weitgehend sabotiert. Die Steuerungsfähigkeit der Regierungen, ob nun auf der kommunalen oder der nationalen Ebene, hat im Zuge der Privatisierung abgenommen. Ohne Zweifel sind die sozialen Unterschiede in den Städten größer geworden. Überdurchschnittlich häufig von Armut bedroht sind dabei Arbeitsmigranten und ihre Nachkommen. Die allgemeine Klage über die »Ghettobildung« scheint daher oftmals gar nicht vom Willen zur Veränderung motiviert, sondern als moralisierender Diskurs, der die Benachteiligten persönlich für ihre Situation verantwortlich macht. Im Fall von Personen mit Migrationshintergrund werden oft gerade jene Formen der familiären und ethnischen Hilfeleistung denunziert, die die Folgen der Armut mildern. Doch die Kritik an der »Ghettobildung« richtet sich stets gegen die Armen und nur selten gegen die Enklaven der Wohlhabenden. Warum berichten die Medien nicht häufiger skandalisierend über das neue Bürgertum von Berlin, das in Bezirken wie Prenzlauer Berg unter sich bleiben möchte?

In der Parapolis ist Steuerung nicht einfach. Auf einer Tagung zum Thema »Städte Sprachen Kulturen«, die 2008 in Mannheim stattfand, bemerkte Simon Bekker, ein südafrikanischer Soziologe, er verspüre auf solchen Konferenzen im Westen stets ein gewisses Befremden. Der Ausgangspunkt sei bei allen Rednern stets die Idee einer starken Regierung, die Prozesse beeinflussen könne, doch das sei in Städten in Afrika praktisch nirgendwo möglich. Belege für Bekkers These lieferte dann später Nat Nuno-Amarteifio, der ehemalige Bürgermeister von Accra, der Hauptstadt von Ghana. Während seiner Amtsperiode hatte er es mit einem hohen Grad an Vielfalt zu tun, wobei ihm kaum Ressourcen zu ihrer Gestaltung zur Verfügung standen. Er berichtete vom Fall einer Priesterin, die ihn im Namen eines Flussgottes, der ihr im Traum erschienen war, aufforderte, den Fluss bei ihrem Dorf zu reinigen. Da er wusste, dass die Stadt diese Reinigung kurzfristig nicht in Angriff nehmen konnte, begann er, mit dem Flussgott über Ausgleichsmaßnahmen zu verhandeln. Wie viele Schafe würden den Gott bis zur Säuberung seiner Gewässer beschwichtigen? Nun würde die Verhandlung mit Flussgöttern jedem westlichen Lokalpolitiker als absurde Angelegenheit erscheinen, doch Nuno-

Amarteifio benutzte diese Episode, um angesichts unterschiedlicher Vorstellungswelten und des eklatanten Mangels an Mitteln für mehr Flexibilität zu werben.

So viel Flexibilität ist in deutschen Städten sicher nicht nötig – im Gegensatz zu Accra sind die Mittel zur Steuerung immer noch immens. Aber es wäre verheerend, wenn man diese Mittel ausgehend von abstrakten Vorstellungen von Integration, also letztlich von so etwas wie Einheit oder Einigkeit, verschwenden und nicht für die Gestaltung der Vielheit verwenden würde. Auf der kommunalen Ebene haben die Akteure in Deutschland ohnehin verstanden, dass mehr Flexibilität gefragt ist. Hört man heute den Bürgermeistern von Stuttgart, Frankfurt, Mannheim oder Nürnberg zu, so lamentieren diese in der Regel nicht über irgendwelche schlimmen Probleme, die die Einwanderung verursacht. Das hätte auf der kommunalen Ebene auch überhaupt keinen Sinn, schließlich wird die Zusammensetzung der Bevölkerung auch durch Klagegesänge nicht wieder so wie früher. Das ist nun einmal die Lage, und mit der muss man umgehen.

Wie früher wird ohnehin nichts mehr werden. Überhaupt stellt sich die Frage, ob es früher wirklich so schön war, wie viele es heute in Erinnerung haben. Die schöne Welt der Vollbeschäftigung war auch eine Welt, in der man Jugendliche mit den schärfsten Verhaltenszumutungen quälte; in der Frauen als kochende Gebärmaschinen fungierten, die schlecht bezahlt etwas »dazuverdienen« durften; und in der Migranten für Flexibilität auf dem Arbeitsmarkt sorgten, indem sie das untere Jobsegment auffüllten und in der Krise als Erste entlassen wurden. Die Stadtplanung war vielfach ganz einfach autoritär und ging an den Bedürfnissen der Bewohner vorbei. Der soziale Ausgleich wurde erkauft durch Intoleranz (gegenüber »abweichendem« Verhalten), Ignoranz (etwa gegenüber der Umwelt) und die Ausgrenzung etwa von Migranten – genau an diesen Punkten setzten auch die »kleinen Kämpfe« der »Neuen sozialen Bewegungen« an.

Zwar hat die Wirtschaftskrise seit 2007/2008 viel Kritik am Neoliberalismus ausgelöst, eine scharfe Richtungsänderung ist jedoch nicht zu beobachten – in manchen Bereichen wurden in der neoliberalen Ära schlicht Fakten geschaffen. Zudem lässt sich am Horizont auch keine soziale Bewegung ausmachen, die eine grundsätzliche Alternative zum globalen Kapitalismus präsentiert. Insofern ist es in einer Zeit, in der urbane Probleme eher »gemanagt« als gelöst werden, realistisch und sinnvoll, die Paradoxien des Neoliberalismus zu entfalten. Denn der Neoliberalismus birgt auch ein positives Angebot – jenes der Eigenverantwortung. Dieses Versprechen der Freiheit kann aber nicht eingelöst werden, wenn seine Voraussetzungen nicht erfüllt sind – ein gesicherter Aufenthaltsstatus, die Vermeidung von Diskriminierung, Chancengleichheit und Zugang zu den vom Staat zur Verfügung gestellten Ressourcen. Insofern ist die Ausgangsfrage für städtische, für metropolitane Politik nicht mehr die nach der »Eingliederung«, sondern die nach den Voraussetzungen der Partizipation.

Es gibt im diffusen Gebilde Stadt mittlerweile eine Vielzahl von Personen, deren Status unfreiwillig oder privilegiert eine »anwesende Abwesenheit« darstellt, manche sind nur »geduldet«, manche saisonale Pendler, andere warten in einem global agierenden Unternehmen auf ihre Versetzung, wiederum andere wird die Jobsuche demnächst an einen anderen Ort führen. Daher erscheint es unsinnig, weiterhin eine vollständige Eingliederung ins Leben der Gemeinschaft zu fordern. Unsere Vorstellungen der Polis sind geprägt von Sesshaftigkeit, doch je mobiler das Leben wird, desto mehr werden Personen auch zu vorübergehenden »Benutzern« des Gemeinwesens. Das heißt jedoch nicht, dass sie kein Interesse an der Gestaltung der Stadt haben – etwa im Hinblick auf die Infrastruktur.

In den Kommunen versucht man sich derweil auf eine mobile, vielfältige Bevölkerung einzustellen. So spielt die Staatsangehörigkeit für die lokalen Angelegenheiten oft nur noch eine untergeordnete Rolle. Der Aufenthaltsstatus einer Person ist etwa für Berechnung der Auslastung des öffentlichen Nahverkehrs irrelevant: Wichtig ist, wer aktuell da ist, und nicht, unter welchen Bedingungen die Person da ist oder ob sie da sein darf. Auf einer Tagung erklärte der Bürgermeister von Nürnberg sinngemäß, es sei ihm letztlich gleichgültig, ob sich jemand »illegal« in Nürnberg aufhalte oder nicht. Diese Person lebe in der Stadt, würde Infrastruktur und Leistungen in Anspruch nehmen, und es sei seine Aufgabe, diese zur Verfügung zu stellen – das sei in erster Linie ein praktisches und kein moralisches Problem. So hat eine Reihe von Städten kommunale Fonds für erkrankte Menschen ohne Papiere gegründet, denen die Angst genommen werden soll, nach einem Arztbesuch bei der Ausländerbehörde gemeldet zu werden. Denn weder aus humanen noch aus schier finanziellen Erwägungen ist es sinnvoll, Einwohner ohne Papiere so lange von der Behandlung fernzuhalten, bis sie buchstäblich sterbenskrank sind.

Auf einer Veranstaltung anlässlich der Internationalen Bauausstellung in Hamburg Wilhelmsburg Ende 2007 meinte Hamburgs Oberbaudirektor Jörn Walter, es erscheine ihm nicht wichtig, wer die Staatsangehörigkeit besitze oder ob jemand Migrationshintergrund habe; entscheidend für ihn sei die »Zukunft Hamburgs«, und genau im Dienste dieser Zukunft müsse man so viele Menschen wie möglich an ihrer Gestaltung beteiligen. Da der Zugang zur Staatsangehörigkeit in Deutschland in den letzten Jahren wieder deutlich erschwert wurde, werden nun in vielen Städten wieder Forderungen nach dem kommunalen Wahlrecht für »Ausländer« laut, die nicht aus Mitgliedsländern der Europäischen Union stammen. In vielen Kommunen oder Stadtteilen sind schließlich bis zu einem Viertel der Bewohner von den demokratischen Prozessen ausgeschlossen, was die Legitimation der lokalen Politik gefährdet. Wenn es den Politikern etwa in Hamburg darum geht, dass sich möglichst viele Menschen an der Gestaltung der Stadt beteiligen, dann werden niedrigschwellige Angebote zur Partizipation benötigt. Tatsächlich könnten allein an das »Da-Sein« von Personen schon bestimme Rechte gekoppelt werden, die so etwas ermöglichen wie eine Teilhabe im Vorübergehen, das »Recht auf einen Ort«.

Die Entstehung der Parapolis bedeutet nicht den Niedergang der

Stadt. In *The Man in the Street*, seiner Polemik gegen die modernistische Stadtplanung, hat der Architekt Shadrach Woods im Jahr 1975 geschrieben, die Stadt sei im 20. Jahrhundert ein neues Phänomen gewesen. Und die Kräfte der Mobilität und der Urbanisierung hätten dafür gesorgt, dass wir nun alle im selben Boot säßen.[8] Allerdings hätten wir primär ein Gefühl des gemeinsamen Unglücks, und genau dagegen schlug er den Stadtplanern vor, vom buchstäblichen »Menschen auf der Straße« auszugehen, und dieser Mensch sei in erste Linie »viele«. In diesem Sinne ist die Parapolis nicht nur die illegitime Schwester der Polis, sondern auch der Ort des »sehr viel« – das bedeutet »para poli« nämlich auf Neugriechisch. Eine Gestaltung der Stadt, die sich des Menschen auf der Straße annehme, schrieb Woods weiter, müsse »sich anpassen an die vielfältigen Wahrheiten seiner widersprüchlichen Bedürfnisse, Wünsche, Ambitionen, Motivationen, Leidenschaften und Gleichgültigkeiten, weil es eben keine einfache Wahrheit gibt, die zu ihm passt«.[9] Das ist ein völlig anderes Verständnis von Politik als jenes, das der Forderung nach Integration zugrunde liegt, denn bei Integration geht es stets auch um die Wiederherstellung eines Ganzen. Doch »unser« Weg kann nicht in eine Vergangenheit führen, die »wir« bereits zu kennen glauben, sondern in eine noch weitgehend unbekannten Zukunft.

Anmerkungen

1 Friedrich Merz: »Einwanderung und Identität. Unionsfraktionschef Friedrich Merz zur Diskussion um die ›freiheitliche deutsche Leitkultur‹«, in: *Die Welt* (25. Oktober 2000); online verfügbar unter: {www.welt.de/printwelt/article540438/Einwanderung_und_Identitaet.html} (Stand Oktober 2009).

2 Robert Putnam: »E Pluribus Unum: Diversity and community in the twenty-first century«, in: *Scandinavian Political Studies* 30/2 (2007), S. 137-174.

3 Statistisches Bundesamt (Hg.): »Wanderung von Ost- nach Westdeutschland schwächt sich weiter ab«, Pressemitteilung vom 29. September 2006,

online verfügbar unter {www.sowiport.de/ThemenDoku/Gesellschaft/Materialien/Zum%20Tag%20der%20deutschen%20Einheit%20(3.10.)_%20Ost-West-Wanderungen%201991-2005.pdf} (Stand August 2009).
4 Oliver Decker/Elmar Brähler: »Bewegung in der Mitte. Rechtsextreme Einstellungen in Deutschland 2008 mit einem Vergleich von 2002 bis 2008 und der Bundesländer«, Berlin 2008, S. 46, online verfügbar unter {http://library.fes.de/pdf-files/do/05864.pdf} (Stand August 2009).
5 Vgl. Ralf Schönball: »Berlin baut um«, in: *Der Tagesspiegel* (04. November 2007).
6 Vgl. Richard Florida: *The Rise of the Creative Class. And How It's Transforming Work, Leisure, Community and Everyday Life*, New York: Basic Books 2002.
7 Jean-François Lyotard: »Über eine Figur des Diskurses«, in: Ders.: *Intensitäten*, Berlin: Merve 1978, S. 65.
8 Vgl. Shadrach Woods: *The Man in the Street. A Polemic on Urbanism*, Harmondsworth: Penguin 1975, S. 18.
9 Ebd., S. 27f.

Kapitel 2

Kritik der Integration

Eine Kollegin vom Hörfunk steht zusammen mit einer Freundin im Foyer eines Veranstaltungssaales, kurz vor Beginn einer Podiumsdiskussion zum Thema Integration. Es ist das Jahr 2006 – die Diskussionen über Ehrenmorde, Zwangsehen und das Scheitern von »Multikulti« befinden sich auf ihrem Höhepunkt. Meine Kollegin ist türkischer Herkunft und sie unterhält sich mit ihrer Begleiterin ganz selbstverständlich auf Türkisch. Doch plötzlich stürzt eine einheimische Dame mittleren Alters auf die beiden zu und fährt sie im Befehlston an: »Sprechen Sie gefälligst Deutsch – da fängt doch die Integration an.« Die beiden Frauen sind, gelinde gesagt, überrascht.

Im gleichen Jahr steht in meinem Tennisverein in Köln ein Mann in den Fünfzigern vor mir und zeigt sich ebenfalls besorgt über den Stand der Integration. Zur Orientierung: Der Verein liegt im Stadtwald, im Stadtteil Lindenthal. In diesem Viertel ist die Universität angesiedelt, weshalb ich vor über 20 Jahren dort hingezogen bin und dort noch heute eine Wohnung habe. Die Kölner bezeichnen das Viertel gerne als gutbürgerlich – tatsächlich ist das Einkommensniveau relativ hoch. Der Anteil der Menschen mit Migrationshintergrund liegt (selbstverständlich auch im Tennisclub) weit unter dem Kölner Durchschnitt. Mit dem Netzwerk Kanak Attak, bei dem ich lange aktiv war, haben wir 2002 ein Video über Lindenthal gedreht mit dem Titel *Weißes Ghetto*. In diesem Kurzfilm ging es darum, die gewöhnliche Wahrnehmung einmal umzudrehen und Lindenthal als »Problemviertel« darzustellen – eben als eine Art Ghetto, als Abweichung vom demographischen Querschnitt der Stadtbevölkerung.[1]

Zurück zum Tennisclub. Besondere Sorgen bereiteten jenem

Mann damals die Geschlechterverhältnisse bei den Muslimen – es könne doch nicht angehen, dass in bestimmten Teilen der Gesellschaft »unsere« Vorstellungen von der Gleichheit zwischen Mann und Frau nicht gelten würden. Ich war erstaunt darüber, wie sehr er sich bei dem Thema echauffierte – schließlich hatte er in Lindenthal so gut wie keinen persönlichen Kontakt zu Muslimen. Darüber hinaus waren die Geschlechterrollen in seinem Umfeld sehr konventionell geprägt, wie in den gutbürgerlichen Kreisen Deutschlands üblich. Ich habe mich gefragt, ob sich der Mann wohl mit der gleichen Anteilnahme für die Emanzipation seiner eigenen Frau engagiert hat. Sicherlich nicht.

Die beiden Episoden zeigen grundsätzliche Schwierigkeiten mit dem hiesigen Verständnis von Integration. Häufig wird Integration im Alltagsverständnis als etwas betrachtet, wofür es bestimmte Standards gibt, an die sich die anderen anzupassen haben. Außerdem wird angenommen, man müsse diese anderen zur Einhaltung dieser Standards aufrufen oder gar zwingen. Viele Personen machen dabei keinerlei individuelle Unterschiede – so will die erwähnte Dame zwei hochgebildeten, bilingualen Frauen vorschreiben, welche Sprache sie zu sprechen haben. Das Beispiel wirkt extrem. Wenn man sich jedoch an die Mediendebatte über die »Deutschpflicht« auf dem Schulhof erinnert, die im Jahr 2006 losbrach, dann erscheint die Episode in einem anderen Licht.

Die Diskussion entzündete sich am Beispiel der Herbert-Hoover-Realschule im Berliner Stadtteil Wedding, an der die Kinder angehalten sind, sich in den Pausen auf Deutsch zu unterhalten. Dies verführte eine Reihe konservativer Politiker zu der Forderung, ein Zwang zum Deutschsprechen müsse an allen Schulen durchgesetzt werden, notfalls durch die Androhung entsprechender Strafen. Nun bin ich kein Anhänger dieser Maßnahme der Herbert-Hoover-Schule, doch wie auch immer man dazu stehen mag – wichtig für die Durchsetzungskraft des Beschlusses war, dass es sich nicht um einen Befehl von oben handelte, sondern um einen Schritt, der mit Schülern und Eltern diskutiert und dann von der Schulkonferenz beschlossen wurde, also dem basisdemokratischen Gremium in der Schulpolitik.

Die hartnäckige Vorstellung, man müsse die Menschen mit Migrationshintergrund zur Einhaltung von Standards zwingen, geht meist einher mit der Anwendung doppelter Standards. Das illustrieren die Aussagen des Mannes im Tennisclub. Er sorgt sich um die Geschlechtergleichheit bei den Migranten und legt dabei einen Standard an, der in Deutschland gar nicht realisiert ist. Tatsächlich landet die Bundesrepublik, was die Geschlechtergerechtigkeit betrifft, im europäischen Vergleich stets auf einem der hinteren Plätze. Der Einkommensunterschied etwa zwischen Männern und Frauen liegt bei über 20 Prozent. Realistisch betrachtet, sind die hiesigen Verhältnisse erstaunlich konventionell. Nun gibt es keinen Anlass, die Situation bei manchen Familien mit Migrationshintergrund schönzureden. Tatsächlich gibt es viele Ehefrauen, deren Bewegungsspielraum über die eigene Wohnung kaum hinausgeht, und Töchter, die abends nicht mehr allein auf die Straße dürfen – selbst wenn es das berufliche Fortkommen erfordert.

Allerdings lassen sich solche Beobachtungen keineswegs verallgemeinern. Und man muss die Frage stellen, ob die angriffslustige öffentliche Thematisierung dieses Problems zur Verbesserung der Situation dieser Mädchen und Frauen führt, oder ob durch die Anwendung doppelter Standards der Unterschied zwischen »uns« und »ihnen« zementiert wird. Wie schon erwähnt, erscheint die »weibliche Emanzipation« mittlerweile häufig als Bestandteil der »Leitkultur«. So heißt es etwa in einem Beschluss des Landesverbandes Braunschweig der Jungen Union: »Weil es im Deutschen Volk kein Geschlecht zweiter Klasse gibt. Frauen sind Männern auf allen Ebenen gleichwertig.«[2] Das sind große Worte, doch zweifellos war die Emanzipation der Frau in den letzten Jahrzehnten kein vorrangiges Anliegen der Union, im Gegenteil: Wie groß die

Vorbehalte noch immer sind, haben die Widerstände gegen die veränderte Familienpolitik von Ursula von der Leyen nach 2005 gezeigt. Schon der Ausbau von Kindertagesstätten ging manchen zu weit – dabei lässt sich das kaum als revolutionäre Idee bezeichnen.

Interessant an dem zitierten Passus ist auch die Erwähnung des »Deutschen Volkes«, die anklingen lässt, die »weibliche Emanzipation« würde von Kräften in Frage gestellt, die nicht zu diesem Volk gehören. Tatsächlich können bei diesem Thema berechtigte Anliegen schnell umschlagen in renovierte Versionen von Ressentiments – insbesondere gegen Personen türkischer Herkunft bzw. gegen »die Muslime«: Musste bei »denen« die arme verschleierte Frau nicht schon immer stumm einen Meter hinter ihrem Mann herlaufen? Das kann für alle Frauen *Fatale Effekte* haben – so der Titel einer Untersuchung von Margarete Jäger über die »Kritik am Patriarchat im Einwanderungsdiskurs«:[3] Einerseits scheint es, als müsse man an den einheimischen Geschlechterverhältnissen überhaupt nicht mehr arbeiten; schließlich wirkt in Sachen Gleichberechtigung bei »uns« im Vergleich zu den zurückgebliebenen »anderen« alles perfekt. Andererseits wird die berechtigte Kritik am Sexismus in den Migranten-Communities plötzlich Teil der Ausgrenzung – denn »deren« Kultur und Religion scheinen dafür verantwortlich zu sein.

Offenbar wird der Begriff Integration von willkürlichen und verallgemeinernden Normvorstellungen bestimmt, die auch die »deutsche« Gesellschaft nicht erfüllt. Insofern stellt sich die Frage, was mit Integration eigentlich gemeint ist. Ein Blick in Langenscheids Fremdwörterbuch zeigt drei Bedeutungen des Begriffs: 1. Herstellen eines Ganzen aus Einzelteilen, 2. Zustand nach der (Wieder)Herstellung einer Einheit, 3. Eingliederung in eine gesellschaftliche oder soziale Ordnung. Wenn man die hier zusammengestellten Bedeutungen liest und sie mit den historischen Assoziationen zusammendenkt, die der Begriff des »deutschen

Volkes« weckt, dann wäre das implizite Ziel einer Politik der Integration die Schaffung von Einheit, oder wie es in der Nationalhymne heißt, von Einigkeit. Der Text des Liedes sagt, nach der solle man »brüderlich« streben »für das deutsche Vaterland«, und zumindest in der Aufzählung kommt die Einigkeit noch vor Recht und Freiheit. Geschichtlich ist dieser Vorrang durchaus nachvollziehbar in einem Nationalstaat, der aus einer Vielzahl unabhängiger Fürstentümer entstand.

Nun gibt es außerdem die Bedeutung der »Wiederherstellung« eines Ganzen. Tatsächlich war die Idee der Nation in Deutschland auch stark geprägt von der Vorstellung, es habe schon immer ein deutsches Volk gegeben, das aus seiner Zersplitterung wieder zu sich selbst kommen müsse. Nach dieser Auffassung entsteht im Zuge dieses Prozesses nichts Neues, vielmehr wird nur eine frühere, quasi unvergängliche Einheit wiederhergestellt. Aufgrund dieses Beharrens auf Einheit und Einigkeit kann das Zusammenleben mit jenen, die »hinzugekommen« sind, auch nicht als wesentliche Veränderung begriffen werden. Das prägt auch das Verständnis von Integration. Dieser Begriff, schrieb Alfred Reichwein von der Kommunalen Gemeinschaftsstelle für Verwaltungsmanagement (KGSt), dem maßgeblichen deutschen Thinktank in diesem Bereich, noch im Jahr 2007, »bezeichnet die Eingliederung (neuer) Bevölkerungsgruppen in bestehende Sozialstrukturen einer Aufnahmegesellschaft und die Art und Weise, wie diese [...] mit dem bestehenden System wirtschaftlicher, sozialer, rechtlicher, kultureller und politischer Beziehungen verknüpft werden.«[4]

In diesem Konzept von Integration erschienen die Einwanderer als Störung im Normalablauf der Gesellschaft, im Funktionieren der »bestehenden Sozialstrukturen«; eine Störung, die man durch Eingliederung und damit quasi die Wiederherstellung der »Einigkeit« beseitigen kann. Diese Auffassung kollidiert allerdings mit den empirischen Erkenntnissen zur Veränderung der Gesellschaft, die ich im ersten Kapitel beschrieben habe. Angesichts der

derzeitigen demographischen und sozialen Situation stellt Einwanderung ein Moment dar, dessen Gestaltung die »bestehenden Sozialstrukturen« nachhaltig verändern muss – es wäre völlig naiv zu glauben, man könne mit einigen Maßnahmen jener Störung zu Leibe rücken und dann werde wieder alles so, wie es einmal war. Letztlich ist das auch Alfred Reichwein klar, der in einer Handreichung für Kommunen betont, Integration sei »ein individueller und sozialer Prozess«, »der sich über mehrere Generationen erstrecken kann. Er ist nicht determiniert, besitzt vielmehr eine hohe Anzahl von Freiheitsgraden und kennt wechselnde Zielsetzungen und Einflussfaktoren«.[5] Das ist eine recht wolkige, aber realistischere Darstellung dessen, was an Arbeit bevorsteht.

Definitionen von Integration

Es mag ein wenig langweilig sein, Definitionen des Begriffs Integration zu erörtern. Doch zum einen wird dadurch deutlich, dass es, zumeist auf der Grundlage des beschriebenen Alltagsverständnisses, eine teilweise verwirrende Vielzahl von Bedeutungen dieses Wortes gibt – und kein einheitliches Konzept. Zum anderen sind die Definitionen deswegen relevant, weil mit dem Begriff Integration abgesteckt wird, was man vorzufinden glaubt und was man tun möchte. Dabei lohnt sich ein Blick in die Geschichte des Konzeptes Integration. Schließlich stammt der Begriff aus den siebziger Jahren und erlebte nach 2000 eine Renaissance. Das öffentliche Gedächtnis ist kurz, ansonsten hätten die Politiker, Reporter und Kommentatoren bemerkt, dass die Problemagenda, die sie in den letzten Jahren bearbeitet haben, fast exakt dieselbe ist wie vor 30 Jahren.

Auch damals ging es bereits um mangelnde Erfolge in der Schule und die hohe Quote von Drop-Outs – all das ist heute immer noch Thema. Vielfach wurden die Schwierigkeiten der Jugend begründet mit den Defiziten in der Beherrschung der deutschen Sprache auf der einen Seite und mit den »dysfunktionalen« patriarchalen Familienstrukturen auf der anderen – auch daran hat sich nicht viel geändert. Als große Gefahr galt in den siebziger Jahren die Entstehung von Ghettos – aktuell heißt es, man müsse dringend Parallelgesellschaften verhindern. Selbst über »Ehrenmorde« und Zwangsehen wurde früher schon einmal diskutiert, dasselbe gilt für die Kriminalität von Jugendlichen mit Migrationshintergrund. Allerdings hat in jenen Tagen noch niemand behauptet, »die Mischung aus Jugendkriminalität und muslimischem Fundamentalismus« sei heute potentiell das, was »den tödlichen Ideologien des zwanzigsten Jahrhunderts am nächsten kommt«.[6] Das fiel erst 2008 dem FAZ-Herausgeber Frank Schirrmacher ein.

Wie kann es sein, dass in den 30 Jahren, in denen nun von Integration die Rede ist, nicht eines der angeblich so brennenden Probleme gelöst werden konnte? Wenn man heute noch einmal das sogenannte »Kühn-Memorandum« aufschlägt – den ersten Bericht zum »Stand der Integration« des ersten »Ausländerbeauftragten« Heinz Kühn aus dem Jahr 1979 –, dann wirkt die Lektüre teilweise erschütternd aktuell.[7] Kühn drang damals darauf, endlich anzuerkennen, dass die Migranten sich in Deutschland angesiedelt haben, und forderte deshalb die konsequente Ausweitung politischer Rechte, die Neuorientierung des Erziehungsbereiches und die Verbesserung der Wohnsituation. Doch erst in den letzten Jahren kam es in diesen Bereichen zu nennenswerten Reformen. Zweifellos hat sich viel verändert, aber in vielen Fällen haben die Migranten einfach selbst Fakten geschaffen. Italienische und jugoslawische Familien kämpften für besseren Wohnraum; die spanischen Elternvereine für eine Schule ohne segregierende »Nationalklassen«; die Griechischen Gemeinden für griechisch-deutsche Schulen und koreanische Frauengruppen gegen die »Rückführung« der angeworbenen Krankenschwestern. Die Behörden aber blieben beim Provisorium. Die Regierungen vor 1998 hatten sich schlicht geweigert, Deutschland als Einwanderungsland zu sehen, und diese Auslegung der Realität führte dazu, dass viele Probleme gar nicht bearbeitet werden konnten. Man musste ja das Erziehungssystem im Hinblick auf Vielfalt nicht reformieren, da man damit rechnete, die »Ausländer« würden sich nur vorübergehend hier aufhalten und irgendwann »nach Hause« zurückkehren. Erst seit 1998, seit der späten Anerkennung der Tatsache, dass die Bundesrepublik ein Einwanderungsland ist, lassen sich die Probleme anpacken.

Der Begriff Integration, der seit 2000 wieder die Debatte beherrscht, transportiert also bereits bestimmte historische Wahrnehmungen und macht damit bestimmte Handlungsoptionen möglich bzw. unmöglich. Tatsächlich trägt der Begriff immer noch schwer am Erbe des Provisoriums. Denn noch heute werden die Personen mit Migrationshintergrund als eine Sondergruppe in der Gesellschaft betrachtet, die an die herrschenden Standards herangeführt werden muss. Die Eingliederung in das Bestehende gilt als eine zusätzliche kompensatorische Leistung der Gesellschaft, die nicht im »Normalbetrieb« von Kitas, Schulen, Behörden und anderen Einrichtungen geleistet wird, sondern nebenher im Rahmen von allerlei Maßnahmen. Diese Sichtweise hat dazu geführt, dass sich in Deutschland tatsächlich so etwas entwickelt hat wie eine »Integrationsindustrie« – ein Heer von Sozialbetreuern steht bereit, um den defizitären Einwanderern zu helfen, die dadurch wiederum entmündigt werden. Insofern ist es nicht verwunderlich, dass die Problemagenda unverändert geblieben ist.

Wie wurde nun Integration nach 2000 definiert? Für den damaligen Innenminister Otto Schily war die beste Form der Integration schlicht die »Assimilierung«.[8] Als leuchtendes Beispiel nannte er stets das Aufgehen der sogenannten »Ruhrpolen« in der einheimischen Bevölkerung in den zwanziger Jahren. Den historischen Unterschied überging Schily dabei geflissentlich: Die Ruhrpolen besaßen sowohl eine gesicherte Aufenthaltsperspektive als auch gute Arbeitsplätze. Ihre kulturelle »Assimilierung« wiederum bestand in der brutalen Unterdrückung all dessen, was die Behörden auch nur entfernt mit Polen in Verbindung brachten.

Wenn von Assimilierung die Rede ist, dann geht es selten um Rechte oder Arbeitsplätze, sondern primär um Kultur. Allerdings ist diese Bezeichnung Assimilation unterdessen aus der Mode gekommen. Auch die Union hat in einem Beschluss von 2001 festgehalten, das Ziel von Integration sei »nicht die vollständige Anpassung der Zuwanderer an die Kultur und die Lebensformen des Aufnahmestaates«.[9] Armin Laschet, seit 2005 in Nordrhein-Westfalens schwarz-gelber Regierung als Minister ausdrücklich auch für den Bereich Integration zuständig, betont: »Integration bedeutet, das Zusammenleben unterschiedlicher Kulturen in diesem Land friedlich zu ermöglichen. Jeder erhält seine eigene Kultur – aber auf einer gemeinsamen Wertebasis. Grundlage einer solchen gemeinsamen Leitkultur ist die Verfassung. [...]. Integration bedeutet, die unterschiedlichen Kulturen nebeneinander und miteinander leben zu lassen und den Austausch zu fördern. Interkulturelle Begegnung lässt keine Ghettos zu und ist auch keine Assimilation.«[10]

Es bleibt zum einen undeutlich, wie sich diese Vorstellung eigentlich von den ansonsten in der Union verhassten »Multikulti«-Ideen unterscheide (es sei denn, man würde Leuten wie Heiner Geißler, Daniel Cohn-Bendit oder Thomas Schmid unterstellen, sie hätten die Verfassung als Basis des Zusammenlebens nicht akzeptiert). Zum anderen betrachtet Laschet, und das ist eine Formulierung, die sich in vielen Papieren zum Thema Integration findet, die Verfassung nicht als Grund- und Bürgerrechtekatalog, sondern implizit als Besitz einer bestimmten Gruppe, nämlich als »unsere Werteordnung«.[11] In diesem Sinne betont auch die Bundesregierung in ihrer Erklärung zum 2007 aufgestellten »Nationalen Integrationsplan«, Integration baue auf »unseren Wertvorstellungen und unserem kulturellen Selbstverständnis« auf.[12] Die Frage ist eben, wer das eigentlich ist, dieses »Wir«. Tatsächlich fühlen sich die meisten Menschen mit Migrationshintergrund bei der Anrufung dieses »Wir« ausgeschlossen. Zudem wird in den Medien und den öffentlichen Debatten über Einwanderung häufig der Eindruck erzeugt, es seien primär die Einwanderer, die aufgrund ihrer Traditionen und fundamentalistischen Einstellungen eine Bedrohung für jene »Werteordnung« darstellen würden. So erhält die Verfassung eine ethnische Einfärbung – sie wird zum Eigentum einer bestimmten Gruppe mit einem bestimmten Kodex, den man gewöhnlich als christlich-abendländisch bezeichnet.

Der Theorie nach war es das »Deutsche Volk«, das sich das Grundgesetz gegeben hat und das es sich durch Zustimmung zu den demokratischen Verfahren immer wieder aufs Neue gibt. Dieses Volk jedoch hat sich stark verändert. Im Grundgesetz gibt es auch keine starre Vorstellung von diesem Volk. Die damaligen Verfasser gingen aufgrund der historischen Situation davon aus, dass »Volkszugehörige« außerhalb des Bundesgebietes lebten, die in dieses Gebiet kommen würden. Damit waren die Flüchtlinge aus dem Osten gemeint, von denen nach Kriegsende etwa zwölf Millionen in die Bundesrepublik eingewandert sind. Außerdem wurde mit der Reform des Staatsangehörigkeitsrechts im Jahr 2000 die strikte Geltung des Jus sanguinis relativiert, das die Einbürgerung ausschließlich an die Abstammung knüpfte. Seitdem befindet sich das »Volk« per se in einem Übergang – es ist nicht länger ethnisch determiniert. Zwar hat auch das Bundesverfassungsgericht im sogenannten Lüth-Urteil von 1958 das Grundgesetz als »objektive Wertordnung« bezeichnet, doch damit waren keineswegs die kulturellen Sitten einer Gruppe gemeint. Das Grundgesetz bildet die Basis der Demokratie, deren kleinste Einheit das Individuum darstellt. Die Verfassung erfordert nicht die bloße Eingliederung der scheinbar Nicht-Zugehörigen, sondern das »tägliche Plebiszit« eines jeweils neuen »Wir«.

Wenn aber in der deutschen Integrationsdebatte von »Wir« die Rede ist, dann wie gesagt zumeist nicht in verbindendem, sondern in trennendem Sinne. So werden etwa auf Konferenzen – und es gibt viele, sehr viele Konferenzen zu diesem Thema – Statistiken zum Stand der Integration präsentiert, die ausschließlich den Anteil der »Ausländer« oder der »Menschen mit Migrationshintergrund« zeigen. Wenn aber ein Vertreter der Stadt Amsterdam Auskunft gibt über die Zusammensetzung seiner Stadt, dann zeigt er ein Kuchendiagramm, das die gesamte Bevölkerung zeigt: die Menschen niederländischer Herkunft bilden hier eine Gruppe unter vielen verschiedenen Herkunftsgruppen. Während die deutschen Statistiken die Bevölkerung mit Migrationshintergrund als Ausgangspunkt für die Bemühung um Gestaltung identifizieren, verweisen die niederländischen auf die ganze Bevölkerung: Die Einheimischen bilden also nicht die Norm, die man gar nicht erst zu thematisieren braucht.

In Deutschland sprechen selbst die Grünen in ihrem Grundsatzpapier von 2006, in dem sie einen neuen »Integrationsvertrag« fordern, stets von der »aufnehmenden Gesellschaft«, in der »unsere Gesellschaftsordnung« gilt, und »den Migrantinnen und Migranten«[13] – ohne zu betonen, dass es längst ein neues »Wir« gibt. Denn was heißt das heute – die »aufnehmende Gesellschaft«? Zweifellos kommen weiterhin neue Einwanderer nach Deutschland, doch nach über 50 Jahren Migration in die Bundesrepublik hat die fraglose Verwendung des Ausdrucks »aufnehmende Gesellschaft« im Hinblick auf eine Personengruppe, die pauschal »Migrantinnen und Migranten« heißt, eine gespenstische Qualität.

Integration als Angleichung

Auch die Wissenschaft hat sich mit dem Thema Integration befasst. Allerdings wurden die zentralen Texte von Forschern wie Hartmut Esser, Friedrich Heckmann oder Hans-Joachim Hoffmann-Nowotny teilweise schon vor 30 Jahren geliefert. Es ist hier nicht möglich, diese Literatur ausführlich zu diskutieren. Wenn man sich jedoch die aktuelle Forschung zu Integration anschaut, dann zeigen sich teilweise ähnliche Argumentationslinien wie die bereits beschriebenen. In einer Untersuchung zur Lage der Integration in Deutschland des Berlin-Instituts für Bevölkerung und Entwicklung heißt es – im Übrigen ganz ähnlich wie im Grundsatzpapier der Grünen: »Integration lässt sich allgemein als ein gegenseitiger Prozess der Angleichung zwischen Menschen mit Migrationshintergrund und der schon ansässigen Bevölkerung beschreiben. Dieser Prozess muss mit einer Öffnung der Aufnahmegesellschaft sowie dem Integrationswillen der Migranten einhergehen. Annäherungen sind dabei vor allem bei dem rechtlichen und sozialen Status, dem Bildungsstand, der Erwerbsbeteiligung, dem Einkommen und dem gesellschaftlichen Engagement anzustreben.«[14]

Das Konzept des Institutes kreist um drei Begriffe: »Angleichung«, »Öffnung« und »Integrationswille«. Allerdings gehen die Autoren der Frage nach der Öffnung in ihrer Untersuchung kaum systematisch nach. Zwar gibt es einen Vergleich zwischen einzelnen Bundesländern und Städten, doch im Fokus stehen klar die Personen mit Migrationshintergrund, deren Situation wiederum nach Herkunftsländern aufgeschlüsselt wird.[15] Dabei entsteht eine Art Rangliste: Ganz oben landen die Aussiedler, denen die Forscher in einer Überschrift attestieren, sie seien »auf dem Weg zur Normalität«. Die »türkischen Migranten« finden sich – erwartungsgemäß – unten in der Tabelle: »Obwohl sie zum großen Teil schon lange in Deutschland leben und knapp die Hälfte von ihnen bereits hier geboren wurde, schneiden sie im Integrationsvergleich am schlechtesten ab.«[16]

Doch wer ist für den Erfolg oder Misserfolg der Integration verantwortlich? Ist es der Mangel an Öffnung oder der fehlende »Integrationswille«? Dass die Öffnungsleistungen des Staates im Falle der Aussiedler deutlich höher ausgefallen sind, erwähnt der Bericht nur beiläufig. So erhalten Aussiedler den deutschen Pass aufgrund der »Volkszugehörigkeit« bereits vor dem eigentlichen Integrationsprozess. Die Angebote für Spracherwerb und Orientierung waren und sind besser. Im Falle der Einwanderer türkischer Herkunft dagegen wird zwar rhetorisch darauf hingewiesen, Integration sei keine Einbahnstraße; die Leistungen sollen jedoch in erster Linie die Einwanderer erbringen. Die Medienberichte nach der Veröffentlichung der Untersuchung haben vielfach das suggeriert, was der Alltagsverstand vieler Menschen ohnehin weiß: »Die Türken, seien wir ehrlich, die wollen sich doch gar nicht integrieren …«

Es ist erstaunlich, wie die Vorstellung von Integration als Anglei-

chung plötzlich in die Bestätigung von Ressentiments umschlagen kann. Nun stammt der Begriff Integration aus der Zeit des »sozialdemokratischen« Nachkriegskonsenses, in dem die Verteilungsgerechtigkeit im Zentrum stand. Damals galt Integration allgemein als Allheilmittel. Es handelte sich dabei allerdings um die Reaktion auf eine Krise. Bestimmte Gruppen waren damals als neue Akteure auf die politische Bühne getreten – etwa die »Dritte Welt« oder die Frauen. Solange deren untergeordnete Position in der Gesellschaft als selbstverständlich galt, hatte kein Handlungsbedarf bestanden. Mit dem Begriff Integration wurde damals ein nicht zu rechtfertigender sozialer Abstand thematisiert, so etwas wie eine »Unterentwicklung«, und die galt es durch geeignete Hilfs- und Ausgleichsmaßnahmen zu überwinden oder zumindest zu verringern. Oftmals war die Rede von der Integration jedoch weniger von dem Ziel der Gerechtigkeit getragen als vielmehr von einem eher sozialtechnischen Wunsch nach dem Erhalt des sozialen Friedens.

Die Maßnahmen zur Integration der »Ausländer« fielen in Deutschland eher bescheiden aus – Papiere, Reparaturmaßnahmen und viele Worte. Ich selbst bin in Nordrhein-Westfalen aufgewachsen und weiß aus eigener Erfahrung, dass die Politiker der zeitweise omnipotenten SPD die Aktivisten in Sachen Migration stets paternalistisch-jovial in den Arm nahmen und signalisierten: »Ihr habt ja so recht mit euren Anliegen, wir müssen da was machen und wir können über alle eure Forderungen reden.« Geschehen ist jedoch wenig, ganz besonders in dem vom Berlin-Institut prominent erwähnten Bereich der »Erwerbsbeteiligung«.

Bereits 1973 äußerte Marios Nikolinakos aus ökonomischer Sicht eine interessante Kritik am Integrationskonzept. Falsch sei es, schrieb er, »von einer anzustrebenden Integration bzw. Eingliederung der Gastarbeiter (zu) sprechen, zumal die Gastarbeiter schon wirtschaftlich und sozial objektiv in der deutschen Wirtschaft integriert sind, nämlich als Hilfsarbeiter und als eine soziale Schicht, die die Funktion des Proletariats und Subproletariats des 19. Jahrhunderts erfüllen muss«.[17] Aus heutiger Sicht mag das grobschlächtig und polemisch klingen, doch es kann kein Zweifel daran bestehen, dass die damaligen »Gastarbeiter« bei ihrer Ankunft auf dem Arbeitsmarkt »unterschichtet« wurden – man warb sie nicht an, weil man Ingenieure oder Manager suchte, sondern um unqualifizierte, schwere und unsichere Industriearbeit zu verrichten, also Arbeit, für die sich in den Boomzeiten der Republik keine einheimischen Bewerber mehr fanden.

So war die Einbeziehung auf dem deutschen Arbeitsmarkt bereits eine spezifische Form der Ausgrenzung. Diese Version der »Integration« hat sich bei einem beträchtlichen Teil der eingewanderten Bevölkerung »vererbt«. Das ist nicht verwunderlich, denn die deutsche Gesellschaft ist entgegen ihrem Selbstbild sozial wenig durchlässig. Das gilt nicht nur für Personen mit Migrationshintergrund, aber für diese aufgrund der historischen Eintrittsbedingungen auf dem Arbeitsmarkt proportional häufiger. Daher war das Konzept Integration im Grunde dazu gedacht, die schon bestehenden diskriminierenden Formen der Einbeziehung zu korrigieren. Doch arbeitsmarktpolitische Maßnahmen lagen nicht mehr auf der historischen Route des ökonomischen Denkens – seit den späten siebziger Jahren setzte sich immer mehr das neoliberale Credo vom Rückzug des Staates durch. Im Durchschnitt hat sich die Lage der Arbeitnehmer mit Migrationshintergrund, so heterogen sich die Situation auch darstellen mag, nicht verbessert. Im Gegenteil: Vor 15 Jahren hatten »Ausländer« ein doppelt höheres Risiko, arbeitslos zu werden, als die Deutschen, heute ist es fast dreimal so hoch.

Nun hätte der Staat trotz der neoliberalen Orientierung dennoch Möglichkeiten gehabt, für die Korrektur solcher Schieflagen zu sorgen. Das zeigt das Beispiel der Vereinigten Staaten, die ansonsten sicher nicht im Verdacht stehen, Sozialismus zu praktizieren. Dort gibt es die sogenannte *affirmative action*. Selbstverständlich greift der Staat in den USA nicht in den privaten Arbeitsmarkt ein, aber er stellt dort Forderungen, wo er selbst als Arbeit- und Auftraggeber auftritt. Zum einen wurden Quoten für den öffentlichen Dienst eingeführt, zum anderen verlangen die Behörden überprüfbare Maßnahmen von jenen Unternehmen, die vom Staat Aufträge bekommen wollen. In Deutschland dagegen gibt es keine derartigen Quoten – im öffentlichen Dienst ist der Anteil von Personen mit Migrationshintergrund verschwindend gering. Und obwohl die »Staatsquote« höher ist als in den USA, nimmt der deutsche Staat die Unternehmen nicht in die Pflicht – das betrifft im Übrigen in ähnlicher Weise die Gleichstellung von Frauen oder von Personen mit Behinderungen.

Zweifellos ist »Angleichung« ein hehres Ziel. Doch wie realistisch klingen diese Forderungen im Zusammenhang mit Integration, wenn in den letzten 30 Jahren fast nur geredet wurde? Der oben erwähnte Bericht des Berlin-Instituts muss in Bezug auf die Einwanderer türkischer Herkunft schließlich seltsame Begriffe bemühen wie »nachholende Integration«.[18] Zwar hat sich in den letzten Jahren sehr viel verändert, und die Länder und Kommunen versuchen durch pragmatische Integrationskonzepte und ständige Monitoring-Verfahren einen Prozess der Angleichung zu steuern, doch immer noch gibt es etwa für die öffentliche Verwaltung, wo viel die Rede ist von »interkultureller Öffnung«, kein für ganz Deutschland geltendes Programm mit klaren Zielvorgaben. Gerade hier hätte es der Staat aber in der Hand. Auch der »Nationale Integrationsplan« von 2007, in dem Integration ausdrücklich als gesamtgesellschaftliche Aufgabe vorgestellt wird, enthält bei näherem Hinsehen wenig mehr als eine Reihe von Absichtserklärungen und vagen Selbstverpflichtungen.

Tatsächlich führt die Gemengelage aus Angleichungswünschen und dem Fehlen eines konsequenten Programms und dem eklatanten Mangel an geeigneten Maßnahmen zur Durchsetzung dieser Angleichung am Ende dazu, dass die betreffenden Personen selbst für ihre Lage verantwortlich gemacht werden. Es liegt an ihnen, »sie« wollen offenbar nicht ... Nun würde die Gegenfrage lauten: Warum eigentlich sollte es jemand vorziehen, auf Arbeit, hohen Sozialstatus, Bürgerrechte und gute Bildungsperspektiven für die eigenen Kinder zu verzichten? Was wären das für Leute? Tatsächlich wird gerade den Einwanderern türkischer Herkunft oftmals nicht nur ein Mangel an »Integrationswille« unterstellt, sondern auch an »Integrationsfähigkeit«. Als Begründung kommt dabei häufig die Kultur ins Spiel, die als Ursache des sozialen Abstandes erscheint. In einem Grundsatzpapier der CDU aus dem Jahr 2001 hieß es, die Erfolgsaussichten für die Integration seien umso größer, »je geringer die kulturellen und religiösen Unterschiede zwischen Zuwanderern und Aufnahmegesellschaft sind«.[19]

Nach solchen Auffassungen war es im Grunde schon immer klar, dass »die Türken« in der Integrations-Rangliste den letzten Platz einnehmen würden. Solche Auffassungen haben in Deutschland eine erstaunliche Kontinuität. Bereits nach dem Anwerbestopp von 1973, als die Behörden zum ersten Mal von der Integration der »Gastarbeiter« sprachen, stellte man in der Politik und den Medien Skalen der kulturellen Nähe bzw. Ferne auf. 1980 schrieb der Bochumer Professor Theodor Schmidt-Kaler, später dann Mitverfasser des rassistischen »Heidelberger Manifestes«, in der *Frankfurter Allgemeinen Zeitung*: »Unser Problem sind nicht die Gastarbeiter schlechthin, sondern ihr asiatischer Anteil.«[20] Jenseits solch extremer Formulierungen war diese grundsätzliche Ausrichtung auch manchen Vertretern des Multikulturalismus keineswegs unbekannt. »Es bringt ja«, meinte Heiner Geißler über zehn Jahre später, »für den ›normalen‹ Deutschen keine Schwierigkeiten mit sich, mit Franzosen und Spaniern zusammenzuleben, bei Portugiesen und Griechen wird das schon ein bisschen schwieriger. Das Problem sind die Muslime, diejenigen, die aus anderen Kulturkreisen kommen.«[21]

Die Norm

Die Idee der Angleichung im Begriff der Integration war bereits in den siebziger Jahren abhängig von impliziten Normvorstellungen. Das Ziel der Angleichung sollte das »volle« Subjekt sein – der mittelständische, heterosexuelle und einheimische Mann. Diese Normorientierung von Begriffen wie Entwicklung und Integration stand jedoch schon zu jener Zeit unter Beschuss, weil die vielen Aktivisten dieses »volle« Subjekt keineswegs als Endpunkt ihrer »kleinen Kämpfe« ansahen, sondern dagegen Differenz, eine eigenständige Subjektivierung einforderten. Selbstverständlich ging es um Gleichheit, aber nicht um eine, bei der sich alle einem bestimmten Modell von Subjektivität unterwerfen mussten – die Unterschiede sollten nicht ausgelöscht werden.
Nun sind traditionelle Normvorstellungen auch in Deutschland

ziemlich durcheinandergewirbelt worden, doch im Bereich Migration erweisen sie sich als äußerst stabil. Das hat auch mit den mentalen Überresten der alten Staatsangehörigkeitsregelung zu tun, die ja ein sehr ausschließliches Verständnis vom Bürger der Bundesrepublik transportierte. Im Grunde konnte man ohne eine durch Verwandtschaft übertragene »Volkszugehörigkeit« niemals »richtiger« Deutscher werden. In den späten siebziger Jahren hatte sich die Realität durch die Einwanderung so verändert, dass der Gesetzgeber sich dazu entschloss, erstmals Einbürgerungsrichtlinien und somit einigermaßen verbindliche Äquivalente für das »Blut« festzulegen. Die endgültige Entscheidung über die Einbürgerung blieb allerdings der Willkür der Behörden überlassen; erst zu Beginn der neunziger Jahre wurde im Ausländerrecht ein Anspruch auf Einbürgerung verankert. Ein Blick in diese historischen Richtlinien kann dabei helfen, das heutige Fortwirken von obsoleten Normvorstellungen zu verstehen.[22] Vom Bewerber wurde damals eine »freiwillige und dauernde Hinwendung zu Deutschland« sowie eine langfristige »Einordnung in die deutschen Lebensverhältnisse« verlangt. Die Hinwendung sollte sich aus »der nach dem bisherigen Gesamtverhalten zu beurteilenden grundsätzlichen Einstellung zum deutschen Kulturkreis« erschließen lassen. Wer damals Deutscher werden wollte, der musste Prüfungen seines »Lebensweges« und sogar seines »Persönlichkeitsbildes« in Kauf nehmen. Die Tätigkeit in einer »politischen Emigrantenorganisation« galt per se als Ablehnungsgrund.

Gemäß diesen Richtlinien waren die relevanten Kriterien der Mitgliedschaft in der deutschen Nation die »Bejahung« (der Kultur) und die »Einordnung« (in das Alltagsleben). Dabei wird offenbar alles, was mit dem Attribut »deutsch« versehen ist, mit Wohlverhalten assoziiert. Mit Blick auf die »deutschen Lebensverhältnisse« am Ende der siebziger Jahre erscheinen solche Auffassungen geradezu absurd. Erstaunlich ist auch die ausschließliche Definition der »Hinwendung« – das Herkunftsland darf als politischer Resonanzraum keine Rolle mehr spielen. »Deutsch« konnte das Individuum nur werden, wenn es sich entpolitisierte und auf eine gänzlich passive Rolle beschränkte: bejahen und einordnen.

Nun haben sich nach 1977 die Kriterien für die Mitgliedschaft zweimal maßgeblich verändert: Einmal mit der Einführung von Anspruchseinbürgerungen im »Ausländergesetz« von 1990 und schließlich mit der Neufassung des Staatsangehörigkeitsrechtes im Jahr 2000. Der letztlich totalitäre Anspruch auf Assimilation wurde aufgegeben. Der Anspruch der Ausschließlichkeit blieb allerdings teilweise erhalten – sogenannte Drittstaatsangehörige, also etwa Türken oder Serben, müssen ihren alten Pass aufgeben, wenn sie Deutsche werden wollen. Das Gleiche gilt für Personen, deren Eltern aus Drittstaaten stammen und die bei ihrer Geburt eingebürgert wurden – sie müssen sich zwischen 18 und 23 für eine Staatsangehörigkeit entscheiden.

Tatsächlich hat die alte institutionelle Regelung dazu geführt, dass »Deutschsein« noch heute eine statische Kategorie ist, die mit Wohlanständigkeit in Verbindung gebracht wird und als etwas gilt, das man passiv, als Schicksal, in Empfang nimmt. Das konnte der Ethnologe Jens Schneider 2001 in einer interessanten Studie über das »Deutschsein« zeigen. Er interviewte 35 Personen, die er zur »Diskurselite« zählte: Menschen unterschiedlicher Herkunft, die zwischen 1957 und 1970 auf die Welt kamen und in den Bereichen Medien, Politik und Kultur arbeiteten. Dabei fand er heraus, dass die Befragten »Deutschsein« vor allem mit zwei Eigenschaften in Verbindung brachten: Zum einen assoziierten sie mit »deutsch« die sogenannten Sekundärtugenden (Zuverlässigkeit, Pünktlichkeit, Ordnung, Pflichtbewusstsein etc.); zum anderen so etwas wie die »deutsche Tiefe«, also eine Art romantische Nachdenklichkeit in Abgrenzung zur mediterranen Leichtigkeit und zur US-amerikanischen Oberflächlichkeit.[23]

Nun besitzt dieses Bild vom Deutschsein, wie Schneider feststellen musste, eine erstaunlich »geringe Definitionstiefe«. Die interviewten Personen konnten weder die Tugenden noch die Tiefe mit den eigenen Lebenserfahrungen in Übereinstimmung bringen – obwohl sie sich als »deutsch« verstanden, sagten die Befragten, sie selbst würden diese Eigenschaften nicht besitzen. Insofern fiel ihnen das Bekenntnis zum »Deutschsein« schwer.[24] Dennoch ist das »Deutsche«, wie Schneider es nennt, definitorisch abgeschottet, denn »Deutschsein« gilt als etwas Unentrinnbares, als eingepflanzt durch Abstammung und Sozialisation.[25] Das macht es für Menschen nichtdeutscher Herkunft so schwierig, als Deutsche wahrgenommen zu werden und sich selbst so zu sehen.

Dieses tradierte Verständnis des »Deutschseins« bildet eine immense Blockade für die Entwicklung der Bundesrepublik. Wenn selbst die Einheimischen ihre Erfahrungen im Begriff des »Deutschseins« nicht unterbringen können, also Probleme haben, sich zu »integrieren«, wie sollte das eine Person mit Migrationshintergrund können? Was soll diese Person bejahen, in was soll sich diese Person einordnen? Dennoch muss nach Auffassung der Union der individuelle Prozess der Integration abgeschlossen sein, bevor das Individuum voller Bürger werden kann. »Die Einbürgerung«, so heißt es im Beschluss von 2001, »ist Ausdruck des Erfolges des Integrationsprozesses.«[26]

Wann aber ist es so weit? Tatsächlich sind viele Erleichterungen in Sachen Einbürgerung seit 2000 wieder eingeschränkt worden. Die Anforderungen waren stets hoch – Nachweise über mindestens fünf Jahre gezahlte Rentenbeiträge, ausreichenden Wohnraum und Einkünfte gehörten ebenso dazu wie etwa eine Regelanfrage beim Verfassungsschutz über das politische Betragen. In jüngerer Zeit wurden dabei die Erwartungen bei den Deutschkenntnissen erheblich angehoben. Das Innenministerium in Nordrhein-Westfalen etwa organisiert Sprachtests basierend auf dem »Zertifikat Deutsch (B1 des Gemeinsamen europäischen Referenzrahmens für Sprachen)«. Darin wird das Leseverstehen, die Verwendung

von Sprachbausteinen, das Hörverstehen und das Briefeschreiben abgefragt; den Abschluss bildet eine mündliche Prüfung. Für den ganzen Test benötigt ein Bewerber etwa drei Stunden, inklusive 20 Minuten Pause. Hinzu kommen die nach heftigen Debatten eingeführten »Einbürgerungstests«, also Wissenstests vor allem über die deutsche Geschichte. Diese Verschärfungen haben dazu geführt, dass die Einbürgerungszahlen seit 2000 mit Ausnahme des Jahres 2006 gesunken sind.[27]

Nun gilt die Einbürgerungsquote als Indikator für das Gelingen von Integration. Nach herrschender Auffassung sind für dieses Scheitern allerdings die Einwanderer selbst verantwortlich. Nach dem Motto: Warum müssen sie denn auch »Parallelgesellschaften« bilden? Tatsächlich ist es in Deutschland der Staat, der vor allem auf Bundesebene weder bezüglich der »Öffnung« noch der »Angleichung« irgendwelche konsequenten Anstrengungen unternommen hat – von symbolischen Kampagnen wie etwa der *Charta der Vielfalt* einmal abgesehen. Im Gegenteil, könnte man sogar sagen. Wie die Verschärfungen bei der Einbürgerung zeigen, legt die Politik die Latte für die Integration offenbar immer dann höher, wenn eine beträchtliche Zahl an Bewerbern sie nehmen kann. Die Kriterien für gelungene Integration können also je nach Gusto verändert werden. Psychologisch haben viele Maßnahmen und Debatten seit 2000 eine verheerende Wirkung auf die Einwanderer gehabt – daher kommen die zahlreichen Aussagen von Jugendlichen mit Migrationshintergrund, die stolz behaupten, sie seien gar keine Deutschen und wollten auch keine werden. Integration gilt vielen als unmöglich, als die Mohrrübe, die man dem Esel vorhält, damit er läuft, die er aber nie bekommt.

Im Grunde muss man nach einer genauen Analyse des Begriffs sagen: Die verbreitete Vorstellung von Integration führt real keineswegs zu einer »Angleichung«, sondern zu einer Perpetuierung der rechtlichen, sozialen und kulturellen Unterschiede. Mit böser Zunge könnte man sogar behaupten, dass dies das eigentliche Ziel darstellt. Denn dieser Unterschied, das Bild von »dem Ausländer« bzw. »dem Türken«, wird benötigt, um die erwähnte geringe Definitionstiefe des »Deutschseins« auszugleichen. Spätestens im neuen Jahrtausend ist dann endlich einigen aufgefallen, dass es an Inhalt mangelt. Die Entdeckung »der Muslime« hat dazu geführt, dass sich das wenige Positive, was man in Deutschland mit dem »Deutschsein« in Verbindung bringt, häufig imaginär aus den negativen Eigenschaften ableitet, die dieser Gruppe unterstellt werden.

Integration praktisch

Ein Zwischenstopp mit Zusammenfassung: Als Konzept ist Integration heillos überholt. Der Begriff ist belastet mit Prämissen und Problem-Agenden aus den siebziger Jahren, die in der heutigen Situation überhaupt nicht als angemessen erscheinen. Während der

Staat kaum etwas unternommen hat in puncto Öffnung und Angleichung, mutet man die Integration den Individuen zu, die sich dabei an unklaren und veränderlichen Normvorstellungen orientieren sollen. Wenn eine große Zahl von Individuen die eigene Angleichung nicht organisieren kann, dann wird der Herkunftsgruppe kollektives Versagen bescheinigt: Die Personen wollen sich eben nicht integrieren oder können es nicht aufgrund ihrer kulturellen Prägungen. Zudem hat sich, wie im ersten Kapitel beschrieben, das Wanderungsgeschehen extrem verändert – es geht nicht mehr um die Eingliederung von sesshaften, marginalisierten Gruppen, sondern um die Gestaltung der Vielheit in der Parapolis.

Nun hat in jüngerer Zeit eine andere Definition von Integration Verbreitung gefunden, die für diesen Prozess doch eine gewisse Relevanz haben könnte Auf der Homepage des Bundesamtes für Migration und Flüchtlinge etwa heißt es: »Zuwanderinnen und Zuwanderern soll eine gleichberechtigte Teilhabe am gesellschaftlichen, politischen, kulturellen und wirtschaftlichen Leben in Deutschland ermöglicht werden. Im Mittelpunkt aller Bemühungen zur Integration steht daher der Gedanke der Chancengleichheit.«[28] Allerdings ist Chancengleichheit ein anderer Ansatzpunkt als »Angleichung«. Nicht nur die neuen sozialen Bewegungen haben die normativen Voraussetzungen der traditionellen Idee der Gleichheit kritisiert, auch der neoliberale Strukturwandel der letzten Jahrzehnte brachte andere Vorstellungen von Gerechtigkeit mit sich.

Als Aufgabe des Staates gilt nun nicht mehr primär die Reparation vorhandener Ungleichheiten durch eine erhöhte Verteilungsgerechtigkeit, sondern die Schaffung gleicher Startvoraussetzungen für die miteinander konkurrierenden Individuen – ganz gleich welchen Geschlechts, welcher Schichtzugehörigkeit, Herkunft, Altersgruppe oder sexuellen Orientierung. Das erfordert eine neue Gerechtigkeit bei der Verteilung staatlicher Ressourcen. Zwar wurde auch schon früher in Deutschland über Chancengleichheit diskutiert, doch ausdrücklich auf die Fahnen schrieb sich das Konzept hierzulande die deutsche Sozialdemokratie unter Gerhard Schröder nach dem Wahlsieg der rot-grünen Koalition 1998. Die SPD lehnte sich dabei an die Regierung Tony Blairs in Großbritannien an, die in Sachen Chancengleichheit damals durchaus Erfolge vorzuweisen hatte.

1999 wurde das sogenannte »Schröder-Blair-Papier« veröffentlicht. »Für unsere Gesellschaften«, konnte man darin lesen, »besteht der Imperativ der sozialen Gerechtigkeit aus mehr als aus der Verteilung von Geld. Unser Ziel ist die Ausweitung der Chancengleichheit, unabhängig von Geschlecht, Rasse,[29] Alter oder Behinderung – um sozialen Ausschluss zu bekämpfen und die Gleichheit zwischen Mann und Frau sicherzustellen.« Die »höchste Priorität« wurde dabei dem Bereich der Bildung eingeräumt, also dem Bereich per se, in dem die Voraussetzungen für den Wettbewerb geschaffen werden. »Zugang […] zu Bildungsmöglichkeiten und lebenslanges Lernen stellen die wichtigste Form der Sicherheit in der modernen Welt dar. Die Regierungen sind deshalb dafür verantwortlich, einen Rahmen zu schaffen, der es den Einzelnen ermöglicht, ihre Qualifikationen zu steigern und ihre Fähigkeiten auszuschöpfen.«[30]

Schon der Sprachgebrauch zeigt, dass dieses Papier maßgeblich von Vertretern der Labour Party verfasst wurde, und tatsächlich hat die Regierung unter Tony Blair sehr konsequent am Umbau des Bildungsbereiches gearbeitet. In Deutschland dagegen sind die jüngsten Reparaturarbeiten im Bildungssystem ein gutes Beispiel dafür, wie negativ sich der normorientierte und kompensatorische Ansatz in Sachen Integration bemerkbar macht. Die Reformbemühungen können nicht für Chancengleichheit sorgen, weil sie nicht auf die Reform der gesamten Institution Schule im Hinblick auf die Berücksichtigung von unterschiedlichen Voraussetzungen der Kinder zielen, sondern nur auf die ausgleichende Anpassung der Kinder mit Migrationshintergrund an die Norm.

Die Diskussionen um Bildung wurden in Deutschland durch den »PISA-Schock« von 2000 ausgelöst. Denn die Ergebnisse des von der OECD angeregten PISA-Tests und anderer Vergleichsstudien wie der Internationalen Grundschul-Lese-Untersuchung (IGLU) signalisierten einen erheblichen Veränderungsbedarf. Nicht nur, dass Deutschland bei den Rankings bloß im Mittelfeld landete: Das eigentliche Problem war und ist der Zusammenhang zwischen der sozialen und ethnischen Herkunft der Schüler und ihrem Abschneiden in der Schule. Kinder, die von Haus aus nicht die richtigen Voraussetzungen mitbringen, laufen mit weit höherer Wahrscheinlichkeit Gefahr, in der Schule nicht die entsprechenden Kompetenzen zu erwerben, keine Empfehlung für eine weiterführende Schule zu erhalten oder gar die Schule ganz abzubrechen. Diesen Aspekt hatten Frank-Olaf Radtke und Mechthild Gomolla bereits 2002 mit begrüßenswerter Deutlichkeit als »institutionelle Diskriminierung« bezeichnet.[31]

Aufgrund der unhaltbaren Zustände im deutschen Bildungssystem haben die Vereinten Nationen einen Berichterstatter zum Thema »Recht auf Bildung« in die Bundesrepublik geschickt. Nach seiner Reise im Februar 2006 hat Vernor Muñoz in seinem Rapport die Ergebnisse früherer Untersuchungen zusammengefasst. Zudem wies er auf eine der Ursachen für die Benachteiligung armer sowie behinderter Schüler und von Schülern mit Migrationshintergrund hin: das stark auf frühe Selektion setzende dreigliedrige Schulsystem.[32] Die Reaktionen aus den Kultusministerien der Länder konnten einem die Schamesröte ins Gesicht treiben, die Verleugnung war allgegenwärtig. Besonders extrem fiel die Bewertung eines Ministeriumssprechers im größten Bundesland Nordrhein-Westfalen aus, der dem Berichterstatter der Vereinten Nationen vorwarf, er habe das deutsche Bildungssystem schlicht »nicht verstanden« und seine Ergebnisse seien »völlig unbrauchbar«. Ähnlichen Angriffen sah sich auch der Koordinator der PISA-Studie bei der OECD in Paris, Andreas Schleicher, ausgesetzt – nach PISA 2007 forderte der niedersächsische Kultusminister Bernd Busemann gar dessen Rücktritt.

Beim Thema Einwanderung hat es stets eine erhebliche Ignoranz gegenüber der Realität gegeben, doch im Bildungssektor werden neue Maßstäbe gesetzt. Jeder Reformvorschlag löst offenbar in den siebziger Jahren antrainierte Reflexe aus, was ständig zu halbgaren Kompromissen führt. So hat man in Berlin alle Schulformen zusammengelegt – mit Ausnahme der heiligen Kuh des deutschen Bildungsbürgertums, des Gymnasiums. Dabei hätten die in den siebziger Jahren schon anvisierten Veränderungen – konsequent zu Ende geführt – viele der heutigen Probleme gar nicht entstehen lassen. Die Fronten sind aktuell wieder so verhärtet, dass die nordrhein-westfälische Landesregierung sogar den Willen und die Eigeninitiative der Bürger missachtet. Seit Jahren gibt es dort einen Run auf die Gesamtschulen, weil viele Eltern das gemeinsame Lernen, das Ganztagsangebot und die weiterhin 13-jährige Schulzeit bis zum Abitur schätzen. Doch die Regierung verhindert die Gründung neuer Gesamtschulen, indem sie teilweise absurde bürokratische Hürden errichtet.

Nun würde ein Blick auf die Praxis in einzelnen Schulen zeigen, wie viele sehr fortschrittliche Ansätze es gibt – die Schulen haben ja heute viel mehr Gestaltungsspielraum. Allerdings kommt es dabei auf die Initiative der Direktoren, des Kollegiums oder auch der Eltern an – an den Problemen des Systems ändern sie mit ihrem Engagement freilich nichts. Viele Bildungspolitiker sehen schließlich nicht in der viel zu frühen Auslese und der krassen Bevorzugung von Mittelstandskindern bei der höheren Bildung das Problem, sie machen vielmehr die Verlierer des Systems für diese Mängel verantwortlich. Hinter verschlossenen Türen, manchmal auch davor, interpretieren sie die PISA-Ergebnisse oftmals so: Wenn wir »die« rausrechnen, stehen wir eigentlich gar nicht so schlecht da, insbesondere wenn man sich die Gymnasien ansieht.[33]

»Die« sind eben unsere »Sorgenkinder«. Und an dieser Stelle kommt dann wieder einmal die ganze Problematik der Rede von der Integration zum Tragen, denn die Logik lautet nun: »Die« müssen einfach nur vernünftig integriert werden. Die herrschende Vorstellung von Integration richtet den Blick auf die Verbesserung der »Sorgenkinder« und verhindert auf diese Weise die Konzentration auf die Reform des Bildungssystems. Wenn sie nur alle Deutsch lernen, wenn sie damit aufhören, ihre Kinder zu schlagen, wenn sie Mädchen und Jungen gleich behandeln und endlich aus der »Parallelgesellschaft« ausziehen – wenn sie also so werden, wie »wir« denken, dass wir sind, dann kommt schon alles wieder in Ordnung. Dann wird alles wieder so, wie es früher einmal war, früher, als die Bundesrepublik Deutschland noch der »Klassenprimus« der ganzen Welt war.

Die Konsequenz dieser Denkweise sind hektische Reparaturarbeiten, vor allem im Vorschulbereich. Tatsächlich erwarten die Bildungspolitiker bei der Einschulung eine Art »Fünfziger-Jahre-Deutsches-Normkind« in der Grundschule. Kinder, die von dieser Norm abweichen, sollen bereits im Kindergarten identifiziert werden und durch geeignete kompensatorische Maßnahmen dann zur Stunde Null, dem Schuleintritt, der Norm entsprechen. Zu diesem Zweck führt man seit Anfang 2007 in Nordrhein-Westfalen und anderen Bundesländern sogenannte »Sprachstandsfeststellungsverfahren« durch. Der entsprechende Test heißt »Delfin 4« – »Diagnostik, Elternarbeit und Förderung der Sprachkompetenz Vierjähriger in NRW«. Dieser Test wurde unter Hochdruck an der Universität Dortmund konzipiert und dann den Kindergärten erstaunlich kurzfristig, teilweise zwei Wochen vor dem Erhebungstermin, zugestellt.

Ich habe Psychologie studiert und mich sehr über die Einführung des Tests gewundert. Denn zum einen hätte man einen so kurzfristig entwickelten Test gar nicht einsetzen dürfen, weil die formalen testtheoretischen Gütekriterien nicht geklärt sind. Einfach ausgedrückt: Man weiß nicht, was der Test misst und wie genau er es misst. Zum anderen müssen die Personen, die solche Tests leiten sollen, selbst hochstandardisierte Verfahren üben, um unerwünschte Effekte oder gar grobe Fehler zu vermeiden. Die Einführungszeit in den Kindergärten war insofern deutlich zu kurz. Diese dilettantische Implementierung schien mir unbegreiflich, bis interne Quellen aus dem Ministerium berichteten, der Test sei vergessen worden. Medien und Politiker waren so begeistert über die Sprachstandsfeststellung, dass man gar nicht mehr darüber nachdachte, ob es überhaupt ein vernünftiges Verfahren gab. Und so war es auch nicht verwunderlich, dass in der ersten Runde eine nachgerade groteske Zahl von Kindern durchfiel: 40 Prozent zeigten »Auffälligkeiten«, an manchen Kölner Einrichtungen wurde von Quoten bis zu 80 Prozent berichtet.

Wie die massive Diskussion über das »Durchfallen« nach der ersten Runde zeigt, handelt es sich hier keineswegs um eine spielerische Feststellung des Sprachniveaus, vielmehr wurde Delfin 4 tatsächlich als Prüfung wahrgenommen. Das ist auch kein Wunder, schließlich dauerte der Test in der Praxis zwischen 45 und 60 Minuten – ein Zeitrahmen, der für Vierjährige nach gesundem Menschenverstand schon eine Überforderung darstellt. Tatsächlich mag der Test aus der Sicht von Sprachwissenschaftlern angemessen sein, aus pädagogischer Perspektive handelt es sich um eine Katastrophe. Konzipiert als »Besuch im Zoo«, werden die Aufgaben schnell völlig undurchsichtig – unendlich viele Gründe können die Kinder davon abhalten, in diesem seltsamen Spiel zu kooperieren. Kinder, die auch in der zweiten Stufe des Testes mit dem Titel »Besuch im Pfiffikus-Haus« kein hinreichendes Niveau aufwiesen, sollten später in den Kindergärten bzw. in der Schule speziell gefördert werden. Hier waren die »Durchfallquoten« dann niedriger, doch manche Kritiker behaupten, die Regierung habe die Ansprüche in der zweiten Runde herabgesetzt, als klar wurde, welches Finanzvolumen für Fördermaßnahmen überhaupt zur Verfügung stand.

Der ermittelte Förderbedarf betraf zu 80 Prozent Kinder mit Migrationshintergrund. Für jeden Beobachter, der ein wenig über deren Familien weiß, waren die Resultate der Erhebung allerdings vorhersagbar. Viele Eltern nichtdeutscher Herkunft lehren ihre Kinder zunächst ihre Muttersprache, damit diese in der Familie erhalten bleibt und die Kinder später mit den Verwandten im Herkunftsland sprechen können. Ein solches Verhalten ist aber auch pädagogisch keineswegs irrational, denn für die Eltern ist es sinnvoll, den eigenen Kindern zunächst die Sprache beizubringen, die sie selbst am besten beherrschen.

Allerdings gehen Eltern davon aus, dass Institutionen wie Kindergarten und Schule den Kindern dann anschließend die deutsche Sprache beibringen. Wenn man den Sprachstand in NRW im Alter von vier Jahren testet, haben die betreffenden Kinder jedoch maximal ein Jahr lang den Kindergarten besucht – im größten deutschen Bundesland gibt es so gut wie keine Tagesstätten für Kinder unter drei. Die Defizite waren also absehbar. In einem solchen Fall würde jede moderne Pädagogik empfehlen, auch Testanteile in der Muttersprache einzuplanen, um zu erfahren, was ein Kind kann, wo seine Entwicklungspotentiale liegen und worauf man beim Spracherwerb des Deutschen aufbauen kann.

Da keine Änderungen in dieser Richtung geplant sind, sollen offenbar bestimmte Kinder als »Problemkinder« identifiziert werden, wie es sogar in der *Süddeutschen Zeitung* ganz selbstverständlich heißt.[34] Und für sie geht es dann weiter in der antiquierten Logik der siebziger Jahre. Sie bekommen an Kindergärten und Schulen eine kompensatorische Sprachförderung. Wie diese Sprachförderung aussieht, darüber weiß man vergleichsweise wenig, weil es jeder Einrichtung – und viele sind ja in privater Trägerschaft – selbst überlassen ist, wie sie den Unterricht organisiert. Einheitliche Lehrpläne gibt es nicht. Allerdings weiß man, dass in Deutschland nur wenige Konzepte für die Förderung kursieren, zumal für den Bereich der Jüngsten, was doch erstaunlich ist für einen Staat, der seit über 30 Jahren über die Sprachprobleme seiner Einwanderer lamentiert.

Auch das Land Baden-Württemberg hat den Spracherwerb in Tageseinrichtungen für Kinder finanziell unterstützt – die Einrichtungen konnten sich bei der Landesstiftung um Gelder bewerben. Dieser Prozess wurde an den Pädagogischen Hochschulen Heidelberg und Weingarten evaluiert, und die Ergebnisse sind alles andere als zufriedenstellend.[35] Die Forscher verglichen drei Gruppen: eine ohne Unterstützungsbedarf, eine mit Unterstützungsbedarf, aber ohne besondere Sprachförderung im Kindergarten und schließlich eine mit Unterstützungsbedarf und spezifischer Förderung. Die Forscher konnten zeigen, dass die Sprachförderung zwar Verbesserungen brachte, dass aber die Kinder ohne Förderung die gleichen Fortschritte erzielt hatten. Der Abstand zur Gruppe ohne Sprachschwierigkeiten, die im Übrigen zu 64 Prozent aus einkommensstarken Verhältnissen stammte, konnte allerdings in keiner der beiden anderen Gruppen signifikant verringert werden.

Woran liegt das? Ein Grund, den die Heidelberger Forscher anführen, ist die mangelnde Qualifikation des Personals. Die Mitarbeiter konnten unter drei Programmen zum Spracherwerb auswählen, da sie sich aber mit den zugrundeliegenden Annahmen und Theorien nicht auskannten, vermittelten sie den Kindern die Inhalte vorgabengetreu, teilweise sogar unter Ausblendung der eigenen pädagogischen Kompetenzen und Erfahrungen. »Wie erste Videoanalyen zeigen, ist der Sprechanteil der Erzieherinnen meist deutlich größer als der aller Kinder zusammen. Während der Sprachförderung sitzen die Kinder in der Regel im Kreis um die Sprachförderperson herum, die die gesamte Situation lenkt und dominiert. Die Kinder beantworten Fragen, produzieren Sprache rezeptiv nach Vorgabe und Erlaubnis der Erzieherin. Für eigene, selbstgesteuerte und kreative Sprachproduktionen ist nur wenig Platz. An klassischen Schulunterricht erinnernde Lernsituationen führen dazu, dass sich die Kinder langweilen und ihnen die Sprechfreude und Motivation verloren geht.«[36]

Daraus kann man den Erziehern selbstverständlich keinen generellen Vorwurf machen. Das Problem liegt zum einen in der Ausbildung für pädagogisches Personal allgemein, in der man sich noch immer nicht auf die unterschiedlichen Voraussetzungen der Klientel eingestellt hat, zum anderen in der bildungspolitischen Ausrichtung der Länder, die solche Qualifikationen bei der Einstellung nicht verlangen. Nun haben die Forscher eine Reihe von Empfehlungen ausgesprochen, doch die Logik der kompensatorischen Förderung stellen sie nicht in Frage. Die ist aber der Hauptgrund für den Misserfolg der Maßnahmen. In Deutschland verfrachtet man »Problemkinder« weiterhin in Sondergruppen, in denen dann das passiert, was der Name schon sagt: Sie sondern aus, sie machen die betreffenden Kinder zu etwas Besonderem, sie zementieren das Stigma. Seit 30 Jahren wird Integration so letztlich als Programm des konstanten Misserfolgs betrieben, und am Ende sind immer wieder die Eltern schuld. »Wir« haben es ja schon immer gewusst: Wenn das Elternhaus sich nicht für die Bildung der Kinder interessiert, dann kann das ja nichts werden. So lautet auch das gängige Argument für die regelmäßige Überweisung von Kindern mit Migrationshintergrund auf die Hauptschule – für das Gymnasium fehle der entsprechende familiäre Rückhalt.[37] Am Ende können die Resultate der Auslese sogar noch positiv gedeutet werden. Als Grund für die routinemäßige Hauptschulempfehlung geben manche Lehrer an, den Kindern mit Migrationshintergrund werde das »multikulturelle« Umfeld dort sicher guttun, im homogen zusammengesetzten Gymnasium fühlten sie sich doch gar nicht wohl.

Wenn die Sprachstandserhebung überhaupt etwas »Positives« hatte, dann die Feststellung erheblicher Defizite auch bei vielen einheimischen Kindern. Daraus hätte man Konsequenzen ziehen und das ganze Erziehungssystem auf den Prüfstand stellen können, zumal ähnliche Probleme mit dem Spracherwerb in anderen europäischen Einwanderungsländern nicht bekannt sind. In Großbritannien etwa hat man sich längst vom Normkind verabschiedet. Dort werden die besonderen Voraussetzungen der Kinder – etwa eine andere Muttersprache – nicht negiert. Man versucht nicht mehr, mit »Englisch als Fremdsprache« die ermittelten Defizite in Sonderkursen zu kompensieren, sondern vermittelt im normalen Alltag der jeweiligen Einrichtungen »Englisch als zusätzliche Sprache«. Das funktioniert am besten, wenn es bereits für Kleinkinder ganztägige Betreuungsangebote gibt. Allerdings kommt es auf die Art der Betreuung und des späteren Unterrichts an. Notwendig sind ein individuelles Entwicklungskonzept für jedes Kind, das bei seinen spezifischen Potentialen ansetzt, und ein individualisierter Unterricht in Gruppen, in denen Heterogenität, auch was das Alter der Kinder betrifft, nicht als Problem, sondern als Ressource verstanden wird. Dazu benötigt man gut ausgebildetes und auch bezahltes Personal, eine deutlich niedrigere Gruppengröße sowie entsprechend gestaltete Räumlichkeiten. Hierzulande jedoch gelten zum Beispiel behinderte Kinder beim Kita-Personal oft per se als »Integrationskinder«, die vor allem zusätzlichen Betreuungsbedarf bedeuten. So werden solche Kinder rein strukturell zum Stressfaktor.

In Deutschland gelten Fähigkeiten als etwas, das man qua Geburt und familiärer Sozialisation erwirbt – im Grunde ist es ganz ähnlich wie bei der Staatsangehörigkeit. Doch was heißt es eigentlich, wenn an einer Schule 90 Prozent der Kinder Migrationshintergrund haben? Hierzulande nimmt man solche Schulen von vornherein als Pulverfass wahr, von dem Akademiker ihre eigenen Kinder tunlichst fernhalten sollten. Wenn man aber all diese Kinder als zukünftige Bürger jener Gemeinschaft betrachtet, in der wir alle morgen leben werden, dann ist der Migrationshintergrund lediglich eine von vielen unterschiedlichen Voraussetzungen, die Kinder heutzutage eben mitbringen.

Anstatt an dieser Stelle anzusetzen, hat die Regierung unter Familienministerin von der Leyen mit dem sogenannten Elterngeld Maßnahmen ergriffen, die letztlich die Geburt der »richtigen« Kinder fördern sollen. Gebildete Frauen, die bereits in Lohn und Brot stehen, sollen zum Kinderkriegen animiert werden, während man das Erziehungsgeld von 300 Euro, das arme Familien zuvor zwei Jahre lang erhielten, auf ein Jahr verkürzte. Wäre es nicht vernünftiger, all die individuellen Gratifikationen – wie auch das Kindergeld – in institutionelle Veränderungen zu investieren, die den familiären Hintergrund relativieren helfen?

Wie gesagt: An vielen Erziehungseinrichtungen und Schulen wird vieles gut und richtig gemacht – das wissen die meisten Eltern aus eigener Erfahrung. Doch die Unbeweglichkeit des Erziehungssystems insgesamt ist gravierend. Der Mangel an Reformwillen kommt dabei nicht einmal mehr den »Normkindern« zugute, die unter Standardisierung und Homogenität leiden. Beim Thema Erziehung und Migration geht es auch nicht nur um den Erwerb der Verkehrssprache, was hierzulande mit einiger Besessenheit als Hauptproblem dargestellt wird. Im Mittelpunkt sollten vielmehr Fragen stehen wie: Wie ist die Schule überhaupt auf Vielfalt eingestellt? Erzählt der Mathelehrer den Kindern etwas über die Herkunft seines Faches? Welche Themen sollen im Geschichtsunterricht durchgenommen werden, wenn die Kinder mehrheitlich keine Vorfahren haben, die schon 1871 in Deutschland lebten? Ist die Geschichte der Migration ein Thema? Tauchen im Deutschunterricht auch Autoren wie Dimitris Chatzis oder Aras Ören auf? Wie ist es in Musik und Kunst? Dieser Katalog ließe sich endlos fortsetzen.

In den neunziger Jahren haben in Deutschland eine Reihe von Kommentatoren den Untergang des Abendlandes ausgerufen, weil »politisch korrekte« Studenten an der US-amerikanischen Universität in Stanford riefen: »Hey Ho, Western Culture Got to Go!« Da ging es um den Kurs »Westliches Denken«, den an einigen Universitäten alle *freshmen* belegen mussten und der vielen Studenten, die nichtwestlichen Minderheiten angehörten, als ungerechtfertigte curriculare Verengung auf die Leistungen des Westens erschien. Tatsächlich steht das deutsche Bildungssystem, steht die deutsche Gesellschaft als ganze heute vor den gleichen Auseinandersetzungen: Migration, ja Differenz insgesamt ist ein Motor, um das Funktionieren und die Legitimation der Institutionen auf dem Prüfstand zu stellen. Das ist eine interessante Herausforderung, wenn man Auseinandersetzung und Veränderung nicht als etwas grundsätzlich Schlechtes betrachtet.

Jedenfalls kann man nicht so weitermachen wie bisher. Um noch einmal auf die Definition von Integration als Chancengleichheit zurückzukommen: Das herrschende Konzept der Integration steht der Realisierung von Chancengleichheit entgegen. So fand es Azouz Begag, damals beigeordneter Minister für die Förderung der Chancengleichheit in der französischen Regierung, anlässlich eines Deutschlandbesuches 2006 schlicht diskriminierend, als Maria Böhmer, die deutsche Beauftragte, mit ihm über »Integrationspolitik« sprechen wollte – er sei zuständig für Chancengleichheit, meinte er empört.[38]

Das Konzept Integration hat vor 30 Jahren abgedankt. Bereits zu Beginn seines Memorandums aus dem Jahr 1979 beschrieb der erste »Ausländerbeauftragte« Heinz Kühn Integration als »eine Aufgabe, die, wenn sie nicht alsbald gelöst wird, unlösbar zu werden droht«.[39] In gewisser Weise sind die Probleme inzwischen tatsächlich unlösbar geworden, das gilt zumindest für jene, die man sich damals gestellt hat. Viele Aufgaben lassen sich derzeit gar nicht endgültig lösen, aber sie lassen sich managen, was bedeutet: gestalten. Die neue Politik muss postintegrativ sein, sie muss abheben auf eine interkulturelle Öffnung der Institutionen, auf die Herstellung dessen, was der Schriftsteller Breyten Breytenbach einmal als »Infrastrukturen des Verknüpfens« bezeichnet hat.[40]

Anmerkungen

1 Vgl. »Weißes Ghetto«, online verfügbar unter {www.kanak-tv.de/index.html} (Stand August 2009).
2 Junge Union Landesverband Braunschweig (Hg.): »Deutsche Leitkultur«, Beschluss vom 17. Januar 2007, online verfügbar unter {http://ju-lv-braunschweig.generation-ju.de/media/461/attachments/691588_Leitkultur-Definition.pdf} (Stand August 2009).
3 Vgl. Margarete Jäger: *Fatale Effekte. Kritik am Patriarchat im Einwanderungsdiskurs*, Duisburg: Unrast-Verlag 1996.
4 Alfred Reichwein: »Integrationsmonitoring als Grundlage strategischer Steuerung«, Beitrag zum Symposium »European Perspectives for Public Management« in Villach (24. Mai 2007), online verfügbar unter {www.fh-kaernten.at/10-jahre-puma/bilder/Vortr%C3%A4ge_pdfs/Integrationsmonitoring_Alfred%20Reichwein.pdf} (Stand August 2009).
5 Alfred Reichwein: »Zusammenfassung der Expertise ›Integration in den Kommunen‹«, Köln 2004, online verfügbar unter {www.vielfalt-als-chance.de/data/downloads/webseiten/22_Expertise_Integration_in_den_Kommunen.pdf} (Stand August 2009).
6 Frank Schirrmacher: »Junge Männer auf Feindfahrt«, in: *Frankfurter Allgemeine Zeitung* (15. Januar 2008), S. 31.

7 Heinz Kühn: »Stand und Weiterentwicklung der Integration der ausländischen Arbeitnehmer und ihrer Familien in der Bundesrepublik Deutschland«, Bonn 1979.
8 Heribert Prantl: »Ich möchte keine zweisprachigen Ortsschilder haben«, Interview mit Otto Schily in: *Süddeutsche Zeitung* (27. Juni 2002).
9 CDU Deutschland (Hg.): »Zuwanderung steuern und begrenzen. Integration fördern«, Beschluss vom 07. Juni 2001, online verfügbar unter {www.grundsatzprogramm.cdu.de/doc/070601_zuwanderung_steuern.pdf} (Stand August 2009).
10 Markus Lahrmann: »Integration ist jetzt Kernaufgabe«, Interview Armin Laschet (CDU), in: *Caritas in NRW* Ausgabe 1/2006, online verfügbar unter {www.caritas-nrw.de/cgi-bin/showcontent.asp?ThemaID= 649} (Stand August 2009).
11 Ebd.
12 Bundesregierung Deutschland (Hg.): »Der Nationale Integrationsplan. Neue Wege – neue Chancen«, Berlin 2007, S. 12.
13 Bündnis 90/Die Grünen (Hg.): »Perspektive Staatsbürgerin und Staatsbürger. Für einen gesellschaftlichen Integrationsvertrag«, Fraktionsbeschluss vom 30. Mai 2006, online verfügbar unter {www.diversity-boell.de/downloads/integration/Integrationsvertrag.pdf} (Stand August 2009).
14 Berlin-Institut für Bevölkerung und Entwicklung (Hg.): »Ungenutzte Potentiale. Zur Lage der Integration in Deutschland«, Berlin 2009, S. 9.
15 Ebd., S. 34 ff.
16 Ebd., S. 80.
17 Marios Nikolinakos: *Politische Ökonomie der Gastarbeiterfrage*, Reinbek bei Hamburg: Rowohlt 1973, S. 13.
18 Berlin-Institut für Bevölkerung und Entwicklung, a. a. O., S. 80.
19 »Zuwanderung steuern und begrenzen. Integration fördern«.
20 Theodor Schmidt-Kaler: »Mit wieviel Fremden die Bundesrepublik leben kann«, in: *Frankfurter Allgemeine Zeitung* (30. September 1980), S. 11.
21 Heiner Geißler: »Die bunte Republik – Multikulturelles Zusammenleben im neuen Deutschland und das christliche Menschenbild«, in: Ders./Manfred Rommel: *Plädoyers für eine multikulturelle Gesellschaft*, Stuttgart Ostfildern: Schwabenverlag 1992, S. 23.
22 Vgl. »Einbürgerungsrichtlinien vom 15. Dezember 1977«, in: *Deutsches Ausländerrecht*, München: C. H. Beck 1993, S. 167-181.
23 Jens Schneider: *Deutsch-Sein. Das Eigene, das Fremde und die Vergangenheit im Selbstbild des vereinten Deutschland*, Frankfurt am Main: Campus 2001, S. 177 ff.
24 Ebd., S. 146.
25 Ebd., S. 265 f.

26 »Zuwanderung steuern und begrenzen. Integration fördern«, a. a. O.
27 Florian Blumer: »Zahl der Einbürgerungen nimmt deutlich ab«, in: *die tageszeitung* (30. April 2009), S. 12.
28 Bundesamt für Migration und Flüchtlinge, online verfügbar unter {www.bamf.de/cln_011/nn_442456/DE/Integration/integration-node.html?__nnn=true} (Stand August 2009).
29 »Rasse« ist hier die Übersetzung des Begriffes »Race«. Er fungiert im englischsprachigen Raum in erster Linie als soziologische Beschreibungskategorie, auch wenn dies angesichts der Bedeutungsgeschichte nicht unproblematisch ist. Durch ihn soll keinesfalls eine biologische Kategorisierung ausgedrückt werden.
30 Vgl.: »Der Weg nach vorne für Europas Sozialdemokraten. Ein Vorschlag von Gerhard Schröder und Tony Blair«, London 1999, online verfügbar unter {www.glasnost.de/pol/schroederblair.html} (Stand August 2009).
31 Vgl. Mechthild Gomolla/Frank-Olaf Radtke: *Institutionelle Diskriminierung*, Opladen: Leske & Budrich 2002.
32 Vgl. Vernor Muñoz: »Report of the special rapporteur on the right to education, Vernor Muñoz, addendum mission to germany« (09. März 2007), online verfügbar unter {www.netzwerk-bildungsfreiheit.de/pdf/Munoz_Mission_on_Germany.pdf} (Stand August 2009).
33 Vgl. Franz Hamburger: »Der Kampf um Bildung und Erfolg«, in: Ders./Tarek Badawia/Merle Hummrich (Hg.): *Migration und Bildung. Über das Verhältnis von Anerkennung und Zumutung in der Einwanderungsgesellschaft*, Wiesbaden: VS-Verlag für Sozialwissenschaften 2005, S. 7.
34 Felix Berth: »Deutschkurse ohne Nutzen«, in: *Süddeutsche Zeitung* (19. Januar 2009), S. 5.
35 Vgl. Karin Schakib-Ekbatan/Petra Hasselbach/Jeanette Roos u. a.: *Die Wirksamkeit der Sprachförderungen in Mannheim und Heidelberg auf die Sprachentwicklung im letzten Kindergartenjahr*, Heidelberg 2007.
36 Ebd., S. 38.
37 Vgl. Mechthild Gomolla/Frank-Olaf Radtke, a. a. O., Fußnote 40, sowie Mark Terkessidis: *Die Banalität des Rassismus. Migranten zweiter Generation entwickeln eine neue Perspektive*, Bielefeld: Transcript 2004, S. 156 ff.
38 Cigdem Akyol: »Die nichtintegrierte Integrationspolitikerin«, in: *die tageszeitung* (29. November 2006).
39 Heinz Kühn, a. a. O.
40 Breyten Breytenbach: *Die Erinnerung von Vögeln in Zeiten der Revolution*, Frankfurt am Main: Suhrkamp 1997, S. 53.

Kapitel 3

Der Umgang mit Rassismus

Ich kann mich noch gut daran erinnern, dass ich in der Schule, vor allem zu Beginn meiner Gymnasialzeit, oftmals zum Fachmann für Griechenland avanciert bin – in Fragen von Sprache, Geschichte oder Religion. Nun war ich zu diesem Zeitpunkt noch gar nicht in Griechenland gewesen. Nur ein Jahr nach meiner Geburt übernahmen die Obristen die Macht und für meinen Vater, der den Bürgerkrieg noch am eigenen Leibe erfahren hatte, war das ein Grund, lange Jahre nicht zu Verwandtenbesuchen nach Athen zu reisen. Trotzdem wollte man beharrlich von mir wissen, ob das Klima in Griechenland feucht oder trocken sei, was bestimmte Worte auf Griechisch bedeuten usw. Stets musste ich passen. Zu allem Überfluss betrachtete mich ein Geschichtslehrer auch noch als Experten für die griechische Antike. Wenn ich diese Geschichten bei Vorträgen erzähle, dann lachen die Zuhörer herzlich – völlig zu Recht, es ist ja auch absurd. Für ein siebenjähriges Kind sind solche Erfahrungen jedoch eher verstörend. Die Lehrer, die es im Übrigen gut meinten mit dem Kind, die versuchten, auf den individuellen Hintergrund einzugehen, glaubten offenbar, Kinder nichtdeutscher Herkunft besäßen eine Art genetisches Herkunftswissen. Tatsächlich hatte das Blut meines Vaters mir natürlich nichts vermittelt über Perikles und Plato. Die ständige Fragerei führte vielmehr dazu, dass ich das Gefühl bekam, anders zu sein als die anderen Schüler in meiner Klasse und dass da, wo mein Anderssein gespeichert sein sollte, nichts war. Ich musste also eine Herkunft anerkennen, die in meinem Leben nur als Defizit auftauchte, als etwas, das ich nicht konnte. So nistete sich das Gefühl ein, mir würde etwas fehlen, obwohl das gar nicht der Fall war. Die ständige Thematisierung meiner

Herkunft erschien mir seltsam, weil sich mein Vater wenig damit befasste und meine Mutter ohnehin eine Einheimische war. Insofern war meine Zweitsprache der lokale Dialekt von Eschweiler, Rheinland, nicht Griechisch. Wie gesagt, wenn ich davon heute erzähle, dann wird gelacht. Manche lachen aber nicht nur über eine witzige Story aus einer Zeit, in der man völlig naiv mit Einwanderung umging, sondern auch, weil diese Erlebnisse immer noch eine gewisse Aktualität besitzen. Viele Personen mit Migrationshintergrund kennen ähnliche Vorgänge aus der eigenen Schulzeit, und viele Schüler erleben ähnliche Dinge in diesem Moment. Noch immer gibt es in Deutschland ein naives Verständnis von »Interkultur«, das die betreffenden Kinder auf ihre Herkunft festlegt und damit völlig überfordert. Hülya muss zum Sommerfest der Schule nicht nur Speisen aus ihrer »Heimat« mitbringen, sie muss auch im Unterricht etwas über den Islam erzählen, über den sie möglicherweise gar nicht so viel weiß. Denn in erster Linie ist Hülya ein Kind, und Kinder sind in der Schule, um etwas zu lernen.

Das Abfragen des Herkunftswissens gibt den Kindern das Gefühl, einen Mangel zu haben. Erstaunlicherweise wird fehlendes Wissen über die Herkunft nämlich nicht als Erfolg der Integration verbucht, sondern als Defizit. Oder gar als Krankheit: Eine Person, von Beruf Psychiater, hat mir gegenüber die Tatsache, dass ich nicht Griechisch spreche, einmal als »offene Wunde« bezeichnet. Während man also defizitär ist gegenüber der eigenen Herkunft, gilt man gleichzeitig auch nie wirklich als »deutsch« oder zumindest als »deutsch« genug, als dass sich das ganze Thema irgendwann einmal erledigt hätte. In Deutschland haben Forscher oftmals davon gesprochen, die »zweite Generation« der Einwanderer säße »zwischen zwei Stühlen«, und tatsächlich wird diese Situation in vielen Institutionen und im Alltag permanent hergestellt. Händeringend meinte ein Vater türkischer Herkunft einmal zu mir, seine Kinder würden in der Schule so oft auf ihre

Herkunft angesprochen, dass sie jeden Tag »türkischer« als zuvor nach Hause kämen.

Hier soll es nicht darum gehen, den einzelnen Lehrern Vorwürfe zu machen. Viele meinen es schlicht gut. Und es gibt auch andere Lehrer, vor allem an Real- oder Hauptschulen, die sich für ihre Schüler überhaupt nicht mehr interessieren, die aufgegeben haben, die sich im Lehrerzimmer verbarrikadieren, um dort darüber zu wehklagen, dass ihre Schüler mit Migrationshintergrund keine Kultur hätten. Solche Lehrer liefern den regelmäßig erscheinenden deprimierenden Medienberichten über die »Problemschulen« mit 80 Prozent Migrantenanteil das entsprechende Material, während diese Berichte wiederum die Lehrer darin bestärken, die eigene Lethargie zu pflegen. Auf der anderen Seite gibt es Schulen, die sich konzeptuell darum bemühen, die Herkunft der Schüler als eine von vielen individuellen Voraussetzungen im gewöhnlichen Betrieb zu behandeln und nicht als je nachdem exotische oder problematische Abweichung. Im Allgemeinen fehlt es jedoch an Standards, an Handreichungen, an Geld und auch an Zeit: Zeit, sich zu informieren, sich fortzubilden darüber, wie man Unterricht in Vielfalt gestaltet und wie die Rolle des Lehrers sich angesichts einer veränderten Schülerschaft wandelt. Von kohärenten Bemühungen um Integration kann man jedenfalls nicht ausgehen. Wenn schon die Personen mit Migrationshintergrund, die in Deutschland geboren wurden, fortgesetzt zu anderen gemacht werden, welche Perspektive bietet sich dann für »Quereinsteiger« oder Neuankömmlinge?

Wo die Mittel zur Reflexion fehlen, greift man auf die verbreiteten Wissensbestände zurück, und die besagen in Deutschland: Die Kinder mit Migrationshintergrund sind von vornherein anders, selbst wenn sie ihr ganzes Leben in Deutschland verbracht haben. Das aber ist ein schwerer und folgenreicher Irrtum, da diese Herangehensweise die Kinder anders macht. In Interviews, die ich mit Personen aus der sogenannten zweiten Generation über das

Thema Rassismus geführt habe,[1] meinte eine der Teilnehmerinnen rückblickend über ihre Kindheit: »Ich hab mich nie als Ausländerin gefühlt.« Bis zu einem gewissen Zeitpunkt. Bis zu dem Zeitpunkt nämlich, als sie zum ersten Mal bemerkte, dass sie sich zwar selbst nicht als anders betrachtete, von vielen Mitmenschen jedoch so gesehen wurde. Dass dieses »erste Mal« ein scheinbar unbedeutendes Erlebnis sein kann, zeigt das Beispiel des kleinen Mehmet, der den Wettbewerb »Sicher durch den Straßenverkehr« gewonnen hatte. Er wurde daraufhin zu einem Empfang beim Bürgermeister geladen und war dort das einzige Kind mit Migrationshintergrund. Als der Bürgermeister fragte, woher er denn komme, da nannte Mehmet den Namen des Dorfes in der Nähe von Bielefeld, in dem er mit seinen Eltern wohnte, worauf der gesamte Saal in Lachen ausbrach. Die Anwesenden hatten erwartet, der Junge würde sich als »Ausländer« identifizieren und sagen: »Ich komme aus der Türkei.« Für Mehmet barg dieses Erlebnis eine initiale Erkenntnis – die Erkenntnis nämlich, dass er anders ist, dass er von woanders kommt und dass er nicht dazugehört.

Zuvor hatte Mehmet, der ja in Deutschland geboren wurde, fest geglaubt, er gehöre dazu – zu den anderen Kindern, zu seinem Dorf und letztlich auch zu Deutschland. Diese Selbstverständlichkeit war danach dahin. Seitdem ist er – kaum hatte jemand seine schwarzen Haare bemerkt oder seinen Namen gehört – immer wieder gefragt worden, wo er denn herkomme. Und immer wurde so lange gebohrt, bis seine »Fremdheit« zum Vorschein kam. Es geht hier um Erlebnisse, die zunächst nicht groß und gravierend erscheinen, die aber mit erheblicher Penetranz wiederkehren, manchmal täglich, manchmal in längeren Abständen, und die gerade in ihrer Alltäglichkeit sehr deutlich einen Unterschied markieren und dauerhaft eine Grenze etablieren zwischen »uns« und »ihnen«.

In meinen Interviews hat sich gezeigt, dass die (kulturelle) Differenz den Kindern mit Migrationshintergrund keineswegs von

Anfang präsent ist. Alle Interviewten schilderten wie Mehmet eine Art »Urszene« – ein Erlebnis, das sie aus ihrer Normalität riss und die für selbstverständlich gehaltene Zugehörigkeit in Frage stellte. Solche Erlebnisse setzten bei den Befragten einen Prozess der Entfremdung in Gang. Diese Entfremdung tritt spätestens dann mit ziemlicher Wucht ein, wenn die Kinder von »Ausländern« mit 16 zur Ausländerbehörde müssen, um einen eigenen Aufenthaltsstatus zu beantragen. Bei diesem Ritual geben sich die Beamten offenbar alle Mühe, den Eindruck des Willkommenseins zu vermeiden – so ziehen sie eine scharfe Grenze zwischen den Deutschen, die mit allen Rechten ausgestattet sind, und den »Ausländern«, die auf der Behörde um eine »Erlaubnis« zum Aufenthalt bitten müssen, obwohl sie doch hier geboren und aufgewachsen sind.

Nun endet die Entfremdung nicht mit dem Initialerlebnis, die Kraft der Ausgrenzung besteht vielmehr gerade in der alltäglichen Wiederholung solcher scheinbar unbedeutender Erlebnisse. Das äußert sich in nur scheinbar neugierigen Fragen wie »Woher kommst du?« – erwartet wird eben die Nennung eines fremden Landes. Auch der Name ist ein stetiger Anlass zum »Fremdeln« – der Name gilt, selbst wenn er nur aus vier Buchstaben besteht, als »zu kompliziert« und wird ziemlich konsequent falsch ausgesprochen oder geschrieben. Zudem gehen Einheimische sehr oft davon aus, Migranten zweiter Generation hätten eine andere Muttersprache. Obgleich sie deutsche Muttersprachler sind, spricht man sie immer wieder in ihrer vermeintlichen »Heimatsprache« an, oder man bescheinigt ihnen, bei ihnen aber schon noch einen kleinen Akzent zu hören, und diese Urteile stammen oft von Personen, deren Bildungsgrad weit niedriger ist.

So wird in vielen subtilen Erlebnissen eine *Verweisung* an einen anderen Ort inszeniert. All diese Beispiele mögen harmlos erscheinen, doch sie stehen in einer Kontinuität mit Beschimpfungen, die andere Interviewpartner erlebt hatten. Etwa: »Du

Dreckstürke, geh zurück in dein Land.« Zwar ist die Frage nach der Herkunft nicht mit der Forderung nach dem Zurückgehen verbunden, doch die Voraussetzung ist die gleiche: Jemand gehört nicht »hierher«, sondern in ein anderes Land. Und oft hört man auch von Wohlmeinenden die freundliche Nachfrage: »Und wann gehen Sie zurück?«

Die Unterstellung, eine Person gehöre eigentlich »woanders« hin, ist zumeist mit weiteren Unterstellungen über die Natur dieses »Woanders« verbunden. Bemerkungen darüber, wie es bei »euch« zugeht, haben die meisten Personen mit Migrationshintergrund schon einmal gehört. Klischees – mögen sie nun negativ (faul, traditionell, kriminell, fundamentalistisch etc.) oder positiv (spontan, feurig, gefühlvoll etc.) sein – haben Auswirkungen auf die Kommunikation mit Migranten. Tatsächlich wird oft genug gar nicht mit den betreffenden Personen gesprochen, man adressiert sie vielmehr als Repräsentanten einer Gruppe. In diesem Moment findet eine *Entantwortung* statt: Was eine Person sagt oder tut, gilt nicht mehr als individueller Ausdruck, sondern als Artikulation des »Russischen« oder des »Südländischen« – so wird sie ihrer Verantwortung beraubt. Zugleich verwehrt man ihr auch die Möglichkeit einer Antwort, da all ihre Äußerungen scheinbar durch die jeweilige Gruppenzugehörigkeit vorherbestimmt sind.

Eng mit diesem Vorgang zusammen hängt auch die Unterstellung von Defiziten – die *Entgleichung*. Hier kommuniziert man den Personen mit Migrationshintergrund, sie würden einer Norm nicht genügen, wobei oftmals völlig unklar ist, worin diese Norm besteht. Gleichzeitig verhindert man so auch Vergleiche, da es immer die Einheimischen sind, die die Norm definieren, kontrollieren und die darüber richten, ob sie nun erfüllt wird oder nicht. Die oben berichteten Episoden aus dem Schulalltag zeigen den Prozess der Entgleichung recht anschaulich, und auch später im Leben gibt es stets jemanden, der feststellt, die betreffenden Personen hätten zu viel oder zu wenig »Deutsches« oder »Türkisches«. Hochgebildete und erfolgreiche Personen mit Migrationshintergrund wiederum werden von Leuten, die weder den gleichen Bildungsgrad noch Erfolg haben, mit selbstverständlicher Anmaßung als gelungene Beispiele für Integration bezeichnet. Daraus erwächst das unangenehme Gefühl, ständig begutachtet zu werden, aber nicht genau zu wissen bzw. wissen zu können, an welchen Kriterien sich die Beurteilungen orientieren.

Kann man bei diesen Erlebnissen von Diskriminierung, von Rassismus sprechen? Die übliche Antwort in Deutschland wäre ein entschiedenes Nein. Ich habe viele Diskussionen erlebt, in denen es um die problematischen Implikationen der Frage »Woher kommst du?« ging, Gespräche, in denen Einheimische vehement darauf bestanden, solche Fragen seien nur durch Neugier motiviert und es sei ihr gutes Recht, genau so zu fragen. Über diese Beharrlichkeit habe ich immer wieder gestaunt. Denn zuvor hatten Personen mit Migrationshintergrund ausführlich erklärt, warum diese Fragen einen diskriminierenden Charakter haben können, wenn sie primär auf die Herausstellung von »Fremdheit« zielen. Dabei wurde nie behauptet, die Fragenden würden absichtlich diskriminieren.

Es gab aber auch Personen, die ins Grübeln kamen und solche Fragen in Zukunft nicht mehr oder eben anders stellen wollten. Tatsächlich hätte schon der reine Anstand den Verzicht auf das Bohren nach der Herkunft gefordert. Aber viele Einheimische hatten kein Einsehen, spiegelten das Erlebnis zurück und sprachen von absurden »Überempfindlichkeiten«. Als ich bei einem Theaterensemble, das Shakespeares *Othello* auf die Bühne bringen wollte, einmal einen Vortrag zum Thema Alltagsrassismus hielt, bezeichnete mich der Regisseur sogar als »neurotisch«. Die Stärke der Abwehr ist immer aufs Neue verblüffend – zumal jener Regisseur damit einen eklatanten Mangel an Empathie offenbarte für die Hauptfigur des Stückes, dessen Aufführung er leiten wollte.

Wenn hierzulande von Rassismus die Rede ist, dann geht es gewöhnlich um Rechtsradikalismus oder um Gewalt gegen Einwanderer. Die Konzentration auf die extremsten Varianten schränkt die Diskussion jedoch immens ein. Der überwiegende Teil der Personen mit Migrationshintergrund hat erfreulicherweise keine Erfahrungen mit Neonazis oder Gewalt, denn beides gehört nur selten zum Alltag – wiederholte Ausgrenzungserlebnisse schon. Der Fokus auf den »Extremismus« führt dazu, Rassismus als eine Art Betriebsunfall im »normalen« Funktionieren der Gesellschaft zu deuten. Die alltägliche Diskriminierung dagegen verschwindet aus dem Blickfeld. Und für den kleinen Mehmet war sein Erlebnis durchaus diskriminierend, da durch das Lachen im Saal ein Unterschied markiert wurde – zwischen denen, die hier legitim leben, und anderen, die zwar auch hier leben, aber eigentlich woanders hingehören.

Anstatt die Thematisierung alltäglicher Diskriminierungserlebnisse als überempfindlich oder gar krank zu denunzieren, sollte man sie vielmehr zum Ausgangspunkt der Erkenntnis und Veränderung machen. Wir brauchen einen Wechsel in der Perspektive. In Deutschland stehen in der öffentlichen Debatte und in der Wissenschaft stets die Täter und die Einheimischen im Mittelpunkt – man sucht nach »feindlichen« Einstellungen und nach Gründen für diese Einstellungen, dann nach Gründen für das Umschlagen von Einstellungen in Gewalt und schließlich nach einer Therapie.

Doch in Bezug auf die Untersuchung von Machtwirkungen hat Michel Foucault einmal geschrieben, der Ausgangspunkt der Kritik müsse das »Wissen der Leute« sein oder besser gesagt: die »unterdrückten Wissensarten«.[2] Das Wissen der Personen mit Migrationshintergrund über die alltägliche Ausgrenzung und die strukturellen Hürden hilft dabei, die konkreten Machtwirkungen institutioneller Prozesse zu begreifen. Allerdings wäre es im Umkehrschluss falsch, diesem Wissen eine privilegierte Position zuzuweisen – vorrangig nutzt es der Erkenntnis und auch der Bekämpfung dieser Machtwirkungen.

Für alltägliche Erlebnisse mit Diskriminierung den Begriff Rassismus zu verwenden, scheint in Deutschland, wie gesagt, undenkbar. Der Ausdruck ist reserviert für die Vergangenheit – für Theorien von »rassischer Überlegenheit«. Rassismus, schreibt Wilhelm

Heitmeyer in diesem Sinne, umfasse »jene Einstellungen und Verhaltensweisen, die Abwertungen auf der Grundlage einer konstruierten ›natürlichen‹ Höherwertigkeit der Eigengruppen vornehmen«.[3] Für alle anderen Phänomene gibt es in der deutschen Diskussion weniger belastete Begriffe wie Ausländer- oder Fremdenfeindlichkeit. Wenn man sich aber Mehmets oben beschriebenes Erlebnis noch einmal ansieht, dann helfen solche Konzepte überhaupt nicht weiter: Mehmet ist weder Ausländer noch fremd, und außerdem hat sich niemand wirklich feindlich verhalten.

Die Rede von der Ausländer- bzw. Fremdenfeindlichkeit setzt voraus, dass es auf *einem Territorium* zwei Gruppen gibt – die Deutschen und die »Ausländer« bzw. »Fremden« – und dass Personen aus der Gruppe der Deutschen gegenüber jener anderen Gruppe entweder »Vorurteile« haben oder gar feindlich auftreten. Die Gruppen gelten dabei als gegeben, wenn nicht gar als natürlich. Dabei impliziert die Bezeichnung »Vorurteil«, es gäbe ein korrektes Urteil über »Ausländer« oder »Türken« und zumindest der Vorurteilsforscher sei im Besitz der richtigen Informationen. Und auch wenn in den letzten Jahren in den Theorien über »Fremdenfeindlichkeit« darauf hingewiesen wird, der »Fremde« sei immer nur eine Konstruktion, suggeriert der Begriff doch in anthropologischer Weise, man könne die Bevölkerung in Einheimische und Fremde aufteilen.

Dabei kann man das eben nicht. Der erste Anwerbevertrag mit Italien datiert auf das Jahr 1955, und spätestens 1998 hat die Bundesrepublik die Tatsache anerkannt, dass sie ein Einwanderungsland geworden ist. Aber immer noch gehen viele Theorien davon aus, die Feindlichkeit gegenüber dem »Fremden« habe etwas mit der mangelnden Vertrautheit mit bestimmten Sitten zu tun. Die Fremden scheinen immer gerade erst angekommen zu sein, sie wirken wie eine wiederkehrende Epiphanie, die immer aufs Neue für Überraschungen sorgt. Tatsächlich sind die »Fremden« längst Bestandteil der Bevölkerung geworden. Daher geht es, wenn man über Rassismus spricht, um eine Spaltung innerhalb *einer* Bevölkerung. Diese Spaltung hat eine institutionelle Grundlage, die Immanuel Wallerstein einmal »Ausschluss durch Einbeziehung« genannt hat und die er als spezifisch erachtete für die Epoche der Moderne.[4]

Die Versklavung, die Kolonisation, die Migration – all diese Vorgänge haben auf unterschiedliche Weise Menschen in ein institutionelles System einbezogen. Allerdings gab es bestimmte Bedingungen des Einschlusses. Die Migranten, das wurde bereits angesprochen, trafen im Deutschland der sechziger Jahre nicht auf einen offenen Arbeitsmarkt, sie wurden vielmehr von vornherein in bestimmte Segmente gedrängt. Man erwartete von ihnen primär unqualifizierte Handarbeit. Diese Schließung des Arbeitsmarktes spiegelte sich in einem rechtlichen Ausschluss: Diese Arbeitskräfte galten zunächst als »Gastarbeiter«, dann als »Ausländer«, in jedem Fall als Personen, die sich nur vorübergehend in Deutschland aufhielten und deren Zugang zu Rechten stark limitiert bleiben konnte. Schließlich herrschte eine weitgehend ungebrochene kulturelle Hegemonie – es gab die beschriebenen, ebenfalls sehr ausschließliche Vorstellungen davon, wie ein »Deutscher« zu sein hatte.

Insofern wird die Gruppe der »Ausländer« bzw. der »Fremden« in den Institutionen der Gesellschaft überhaupt erst hervorgebracht. Gleichzeitig bildet sich ein Wissen über diese Gruppe. Dieses Wissen dient dazu, den in den Institutionen produzierten Unterschied zwischen »uns« und »ihnen« zu erklären und auch zu legitimieren. Schließlich dürfte es diesen Unterschied eigentlich gar nicht geben, in der Demokratie sind der Theorie nach alle Bürger gleich, und so sollte es eigentlich unmöglich sein, dass eine Gruppe aufgrund ihrer Herkunft in einer schlechteren sozialen Position landet. Dieses Wissen sucht die Ursachen für jene Ungleichheit in den natürlichen Eigenschaften jener Gruppe, und daher habe ich es an anderer Stelle als »rassistisches Wissen« bezeichnet.[5] Der Ausdruck Wissen mag in diesem Zusammenhang überraschen, doch alle Untersuchungen zeigen, dass »Vorurteile« in der Gesellschaft stark verbreitet sind. Es ergibt also keinen Sinn, wie ein bedeutender Teil der Forschung im Hinblick auf den Rassismus stets von den verzerrten Vorstellungen verirrter Einzelner auszugehen – es handelt sich um einen eingeführten und geteilten Wissensbestand.

Wenn es nun die »natürlichen« Eigenschaften der betreffenden Gruppe sind, welche für den Abstand sorgen, dann wäre der Unterschied gerechtfertigt. Und so gelten die anderen in der Gesellschaft entsprechend der aktuellen diskursiven Gepflogenheiten als faul, schmutzig, übel riechend, grausam, patriarchal, sexistisch, gewalttätig, verblendet, fundamentalistisch etc. Und wie in einem umgekehrten Spiegelbild erstrahlt die Gruppe der Einheimischen als das exakte Gegenteil dieser Zuschreibungen. Das »rassistische Subjekt« verbirgt sich dabei als Phantom in den Institutionen; es spricht im Namen von etwas anderem – des Universalismus, der Toleranz, der Integration, der Kultur, der sozialen Sicherungssysteme etc. Beim Thema Rassismus geht es also nicht um »Feindlichkeit« gegenüber »Fremden«, sondern vielmehr um einen gesellschaftlichen »Apparat«, in dem Menschen überhaupt erst zu Fremden gemacht werden.

Ansatzpunkt Institution

Eine Politik zur Gestaltung der Vielheit muss diese alltäglichen Erlebnisse ernst nehmen, denn es geht ja darum, dass alle Personen, die sich in einem Gemeinwesen aufhalten, an dessen Zukunft partizipieren. Das werden sie aber nicht tun, wenn fortgesetzt ihre Individualität und Zugehörigkeit in Frage gestellt oder bestritten wird. Im Grunde wäre es schon aus ganz und gar utilitaristischen Erwägungen notwendig, allen Personen das Gefühl zu geben, dass ihre Partizipation zählt. Doch in Deutschland fallen selbst die Reaktionen auf die »extremistischen« Varianten des Rassismus ziemlich unkoordiniert aus. Zweifellos hat man die Gewalt, vor allem in den neunziger Jahren, verurteilt, und auch heute tolerieren Politiker und Journalisten rechtsextreme Äußerungen gewöhnlich nicht. Es gibt allerdings weder ein kohärentes, überprüfbares Vorgehen noch irgendeine Art von institutioneller Konsequenz. Da diese »extremistischen« Vorfälle als Störungen im Normalbetrieb gelten, fallen die Reaktionen nämlich gleichsam konjunkturabhängig aus.

Eine Durchsicht der Forschung zum Thema zeigt, dass diese nach bestimmten öffentlich wahrgenommenen und diskutierten Fällen stark zunimmt, dabei aber nur wenig Kontinuität zeigt. Erstaunlich ist auch, dass in der jeweils aktuellen Forschung frühere Ergebnisse nur selten zur Kenntnis genommen werden – als es in den achtziger Jahren um »Fremdenfeindlichkeit« ging, waren die Arbeiten über »Ausländerfeindlichkeit« schon völlig vergessen. Im Grunde beginnt man immer wieder bei null. Und so ist es auch mit den politischen Maßnahmen. Wenn »extremistische« Varianten von Rassismus auftreten, fließt viel Geld in die Prävention von Gewalt und Rechtsextremismus. Ein System ist dabei selten zu erkennen, und erst kürzlich hat man begonnen, evaluierte Best-Practice-Beispiele zugänglich zu machen, damit nicht jede kleine Initiative das Rad noch einmal neu erfinden muss. Jedenfalls führt dieser Umgang mit dem Thema – man muss das leider so klar sagen – zu einer ungeheuren Verschwendung von Geld und Ressourcen. Denn von so etwas wie Nachhaltigkeit kann angesichts des eklatanten Fehlens von Kohärenz und Koordination keine Rede sein.

In Großbritannien hat man auf »extremistische« rassistische Vorfälle völlig anders reagiert. In der Nacht des 22. April 1993 erstachen mehrere Männer an einer Bushaltestelle im Stadtteil Eltham im Süden Londons den 18-jährigen schwarzen Briten

Stephen Lawrence. Es stellte sich schnell heraus, dass dieser Mord rassistisch motiviert war. Die Tat stand in einer Reihe von Vorfällen – 24 Morde dieser Art hatte das Institute for Race Relations bis 1991 dokumentiert. Die Polizei behandelte den Fall jedoch wie eine Art Kavaliersdelikt, niemand leistete dem Opfer Erste Hilfe, die Behörden glaubten einem Freund von Lawrence, der bei der Tat anwesend war, nicht, und andere Zeugen wurden erst gar nicht befragt. Seine Eltern erfuhren eine höchst unsensible Behandlung, ohne jede Anteilnahme, und entsprechend fiel auch die Verfolgung der Täter stümperhaft aus. Die britische Öffentlichkeit verfolgte den Fall eingehend und in den schwarzen Communities brodelte es. Eine schwarze britische Freundin, die zu jener Zeit in London lebte, erzählte mir, zur Zeit der Stephen-Lawrence-Untersuchung hätten viele Schwarze sich gegrüßt oder zugezwinkert, obwohl sie sich gar nicht kannten – man demonstrierte quasi im Vorbeigehen Solidarität.

Tatsächlich wurde wegen des Mordes nie jemand verurteilt, obwohl die mutmaßlichen Täter vor Gericht standen. Beschwerden über das Verhalten der Polizei verliefen zunächst im Sande. Doch Ende 1997 beauftragte der damalige Innenminister Jack Straw einen ehemaligen Richter am Obersten Gericht mit der Untersuchung des Falles, und im Februar 1999 veröffentlichte William Macpherson einen Bericht,[6] den man durchaus als Meilenstein der britischen Rechtsgeschichte bezeichnen kann. Denn er stellte fest: In der Polizei des Vereinigten Königreiches existiert institutioneller Rassismus. Auch zehn Jahre nach seiner Veröffentlichung hat der Bericht nichts an Sprengkraft verloren. Macpherson gab sich nicht damit zufrieden, dass die betreffenden Polizeibeamten in allen Befragungen gegen Rassismus Stellung bezogen, und spürte die »unabsichtlichen«, unbewussten Prozesse der Diskriminierung auf. Diese fand er in gewissen Routinen der Ungleichbehandlung von Minderheiten und vor allem auch in der impliziten, aber höchst wirksamen »Kultur« der Polizei, die maßgeblich geprägt war von »weißen« Erfahrungen und Perspektiven. Rassismus wurde im Macpherson-Report nicht als Verfehlung Einzelner betrachtet, sondern als strukturelles Problem: Gesetze, Verhaltensweisen oder Praktiken können scheinbar völlig neutral wirken, im Ergebnis jedoch diskriminierend sein.

Macpherson beendete seinen Bericht mit 70 Empfehlungen für die Zukunft. Diese betrafen die Behandlung rassistischer Verbrechen und die Veränderung der Institution Polizei. Dabei ging es nicht nur um die Erstellung von *guidelines*, um Trainings und die Überprüfung der Maßnahmen, Macpherson forderte auch explizite Zielvorgaben für die Einstellung von Personen, die ethnischen Minderheiten angehören, sowie für deren Weiterkommen in der Organisation. Zudem wies er auf den Bereich der Erziehung als ein Feld der Prävention hin und forderte die Erweiterung des Nationalen Curriculums »in Bezug auf die Wertschätzung kultureller Vielfalt und die Verhinderung von Rassismus«.

Viele seiner Empfehlungen wurden in den Folgejahren umgesetzt. Alle britischen Schulen wurden verpflichtet, Aktionspläne zu erarbeiten – nicht nur gegen Rassismus, auch zur Förderung von *race equality*, das heißt zur Verbesserung des Lernerfolges der Angehörigen von Minderheiten und zur generellen Herstellung von Chancengleichheit. Darüber hinaus wurde ein neues Curriculum für einen fächerübergreifenden Unterricht zum Thema *Citizenship* eingeführt. Das Ziel bestand darin, den Schülern möglichst früh die Prinzipien aktiver bürgerschaftlicher Partizipation nahezubringen – es ging um soziale und moralische Verantwortlichkeit, das Engagement in der Gemeinschaft und um *political literacy*, also die Möglichkeit, aktuelle Politik überhaupt zu entziffern. Das Curriculum für *Citizenship* ist fortwährend weiterentwickelt worden, und alle vier Jahre überprüft das Office for Standards in Education (Ofsted), eine staatliche Kontrollinstanz, die Bemühungen der Schulen.

Nun behauptet niemand, in Großbritannien würde alles glattlaufen. Die Berichte von Ofsted oder jene zur *citizenship education* zeigen immer wieder, dass die Aktionen der Schulen keineswegs von gleicher Qualität sind und dass es große regionale Unterschiede gibt. Die grundsätzliche Herangehensweise ist jedoch erstaunlich. Rassismus wird nicht verleugnet, sondern als strukturelles Problem betrachtet. Die Interventionen richten sich nicht auf den Einzelnen, der sich einer moralischen Verfehlung schuldig gemacht hat und therapiert werden muss, sondern auf den institutionellen Kontext und beziehen so alle Personen mit ein, die sich etwa in der Institution Polizei oder Schule aufhalten. Und die Reaktion ist nicht nur auf den Anlass bezogen, sondern langfristig angelegt, wobei die Ergebnisse auch geprüft werden.

Nun geht es aber nicht nur um die Behandlung von rassistischen Ereignissen im engeren Sinne, sondern darum, wie der Aspekt des institutionellen Rassismus bzw. der strukturellen Diskriminierung in der politischen Gestaltung der Einwanderungsgesellschaft insgesamt berücksichtigt wird. Tatsächlich spielt dieser Aspekt in den deutschen Bemühungen um Integration überhaupt keine Rolle. Interessant ist hier ein Vergleich der Ansätze in Deutschland und Großbritannien in Bezug auf ein ganz anderes Thema: Sport. Seit fast 20 Jahren läuft beim Deutschen Olympischen Sportbund das Programm Integration durch Sport, das zu 100 Prozent aus Bundesmitteln finanziert wird.[7] Vereine, die sich in Sachen Integration engagieren, können hier Gelder beantragen. Eine genauere Vorgabe, was mit dem Programm erreicht werden soll, sucht man vergebens, es ist allerdings viel die Rede von Dialog, Toleranz, Akzeptanz, Kennenlernen und der Weitergabe von Informationen. Prinzipiell geht es um die »Integration der Zielgruppen in die Aufnahmegesellschaft«, wobei als »Zielgruppen« die Spätaussiedler, »weitere Zuwanderer« und erstaunlicherweise auch »sozial benachteiligte Einheimische« gelten – offenbar betrachten die Initiatoren des Programms Letztere nicht als Bestandteil der »Aufnahmegesellschaft«.

Gefördert werden ein- und mehrtägige Aktivitäten, Großveranstaltungen und Sonderprogramme wie niedrigschwellige »offene Sportgruppen«. Das Programm läuft auf ehrenamtlicher Basis, und die in den Vereinen zuständigen Personen werden als »Starthelfer« bezeichnet. »Die Übernahme von Aufgaben, vor allem durch Personen mit Migrationshintergrund« bietet gemäß der Konzeption »die Möglichkeit der aktiven Beteiligung am Integrationsprozess und ist zugleich ein wertvoller Beitrag als Hilfe zur Selbsthilfe. Es entstehen dadurch Synergieeffekte hinsichtlich der Erlernung der Sprache, des Aufbaus persönlicher Kontakte, als auch des Kennenlernens der Gesellschafts- und Sportstrukturen in Deutschland.« Hier zeigt sich ein erstaunliches Verständnis von »Integrationsarbeit«: Sie wird sozusagen als gute Tat in den Bereich des Unbezahlten verschoben. Dabei können sich Personen mit Migrationshintergrund noch nicht einmal die »gute Tat« anrechnen, denn sie müssen auch noch dankbar sein für die unbezahlte Arbeit – bei ihnen ist »Integrationsarbeit« stets Arbeit an der eigenen Integration.

Nun wird in der Konzeption auch darauf hingewiesen, es solle Evaluationen geben, die sich an »konkret zu definierenden Integrationseffekten« orientieren. Man fragt sich dabei, was das sein soll. Niemand wird bezweifeln, dass einzelne Vereine mit dem Geld sehr gute Arbeit leisten, doch die Gesamtperspektive bleibt höchst schwammig, zumal man auch das Prinzip der Nachhaltigkeit praktisch überprüfen müsste. Das Problem der strukturellen Diskriminierung taucht in diesem Papier nicht auf; an keiner Stelle wird die Frage gestellt, ob es im Bereich Sport Routinen gibt, die dafür sorgen, dass bestimmte Personengruppen wie selbstverständlich ausgeschlossen werden und was daran geändert werden muss.

Die entsprechenden Vorschläge aus Großbritannien lauten ganz anders. Zuständig sind in den einzelnen Teilen des Königreichs Regierungsagenturen; in England etwa Sport England. Auf der Insel hat man bereits 1992 anerkannt, dass es im Sport Chancenungleichheit und Diskriminierung gibt. Es würde zu viel Platz einnehmen, all die Initiativen, Papiere und Maßnahmen aufzulisten, viel wichtiger ist jedoch das grundsätzliche Vorgehen: In Großbritannien hat man zunächst die Ausgangslage untersucht und dann nachvollziehbare Standards für »Inklusion« entwickelt – und zwar in Bezug auf ethnische Minderheiten, Frauen und Behinderte. Die generelle Partizipation gilt dabei durchaus als gut. Das Augenmerk liegt auf den Barrieren für bestimmte Personengruppen.

So hat man etwa untersucht, warum schwarze und asiatische Briten, vor allem Frauen, allgemein weniger Sport treiben. Die Gründe sind differenziert. Oft sind die Angebote schlicht nicht bezahlbar, oft wissen die Personen aber auch gar nichts über die Angebote. Sie werden von den jeweiligen Einrichtungen nicht adressiert, und diese Einrichtungen nehmen zu wenig Rücksicht auf kulturelle Besonderheiten. Dazu kommt die Angst vor rassistischen Übergriffen, besonders bei Frauen.[8] Um nun etwa die Beteiligung asiatisch-britischer Frauen zu erhöhen, deren Fernbleiben stark von Zeitproblemen aufgrund von familiären Verpflichtungen bestimmt wird, drängt Sport England zum Beispiel auf eine Anpassung der Öffnungszeiten, mehr Angebote nur für Frauen sowie die Einrichtung von Kinderbetreuungsangeboten. Zudem wird in Großbritannien die Partizipation nicht bloß auf der Ebene der Sportler unterstützt, man fordert vielmehr von den Vereinen eine proaktive Personalpolitik, um den Anteil von Minderheitenangehörigen auch bei den Führungskräften, Trainern und dem übrigen Personal zu erhöhen. Die Standards für die Veränderung wurden in Richtlinien festgelegt, die man im Netz abrufen kann.[9]

In Deutschland wird die Frage nach den Barrieren nicht gestellt. Wenn die betreffenden Personengruppen nicht partizipieren, dann liegt es eben an ihrem mangelnden Willen zur Adaption. Hierzulande geht es um die Anpassung der »Hinzugekommenen«, wie es bei Integration durch Sport heißt, an die »Gesellschafts- und Sportstrukturen in Deutschland«, und nicht um den Versuch der Veränderung der jeweiligen Institutionen im Hinblick auf individuelle Voraussetzungen und Unterschiede. Dabei führt die Frage nach den strukturellen Barrieren auf das Terrain dessen, was man politisch beeinflussen kann. Politik soll dafür sorgen, dass der Staat seine ureigenste Aufgabe wahrnimmt, und die besteht darin, allen Personen gleiche Zugangschancen zu den Ressourcen zu verschaffen, die der Staat direkt oder indirekt zur Verfügung stellt.

Zwar sind Sportvereine letztlich privat organisiert, doch sie erhalten gewöhnlich erhebliche finanzielle Mittel vom Staat. Angesichts dieser Zuwendungen könnte der Staat von den Vereinen bessere Zugangsmöglichkeiten etwa für Personen mit Migrationshintergrund einfordern. Was die konkreten Maßnahmen betrifft, so geht es nicht zuletzt um Sensibilität – alle gleich zu behandeln kann manchmal ebenso diskriminierend sein, wie Menschen per se als anders zu betrachten. Selbstverständlich entspricht die Realität in Großbritannien nicht den Standards, die in den Papieren ausgemalt werden. Doch die Ausrichtung der Interventionen ist zweckmäßig, realistisch und auch nachprüfbar.

Um an dieser Stelle noch einmal auf das Thema Bildung zurückzukommen: Es ergibt keinen Sinn, die Eltern mit Migrationshintergrund für die schlechten Abschlüsse ihrer Kinder verantwortlich zu machen und von ihnen Veränderung zu erwarten – der Staat hat letztlich nicht die Mittel, sie zu mehr »Bildungsnähe« zu erziehen. Der Staat hat allerdings die Mittel, das Bildungssystem so zu gestalten, dass die soziale oder ethnische Herkunft, die Bildungsaffinität oder -ferne des Elternhauses keine Rolle spielt. Anstatt den Eltern allerlei Leistungen wie »Elterngeld« oder »Kindergeld« persönlich in die Hand zu drücken, könnte man dieses Geld, ich habe das bereits angedeutet, für die Verbesserung der öffentlichen Erziehung verwenden. Doch ein solcher Wandel in den Institutionen erscheint den Konservativen als eine Einschränkung der »Freiheit«. Allerdings stellt es auch eine Beschränkung der Freiheit dar, bestimmten Kindern aufgrund bestimmter »Defizite« im Elternhaus die Chancengleichheit zu verwehren, indem man durch Routine und Kultur eine gewisse Herkunft selbstverständlich bevorzugt.

Institution und Evolution

Die Umgestaltung der Institutionen ist der Königsweg zur Gestaltung der Vielheit. Um kurz grundlegend zu werden: Für das Leben der Menschen bilden die Institutionen eine unabdingbare Basis, eine »zweite Natur«. Arnold Gehlen hat davon gesprochen, der Mensch sei prinzipiell »weltoffen«: Er habe nicht wie die Tiere festgelegte Instinkte, die sein Verhalten bestimmen.[10] Damit er nicht ununterbrochen Entscheidungen treffen muss, was ihn im Alltag schlicht überfordern würde, werden bestimmte Entscheidungen festgelegt. Im Privatleben spricht man davon, man habe sich etwas »angewöhnt« – tatsächlich ist das eine Form der Selbst-Institutionalisierung. Grundsätzlichere Gewohnheiten werden von gesellschaftlichen Institutionen vorgeschrieben, die zwar menschliche Erfindungen sind und auch von Menschen verändert werden können, die jedoch während des Zeitraums ihres Funktionierens eine Reihe von Entscheidungen auf Dauer stellen. Wenn man sich den eigenen Alltag einmal genau anschaut, kann man feststellen, dass viele Handlungen durch die Umgebung festgelegt werden – an der Theke beim Bäcker, im Bus oder in der U-Bahn, in der Schule, der Fabrik oder dem Büro, am Esstisch, vor dem Fernseher, in der Kneipe.

Zugleich geben die Institutionen Antworten auf Probleme des Lebens und des Zusammenlebens – die Schule zum Beispiel stellte eine Antwort auf die Frage dar, was Personen können müssen, um in riesigen Verbänden wie dem Nationalstaat miteinander zu kommunizieren. Nun müssen Institutionen im Grunde ständig daraufhin überprüft werden, ob sie noch die richtige Antwort auf die Probleme geben oder ob sie sich ganz einfach verselbständigt haben und nur noch Antworten auf Fragen der Vergangenheit darstellen. Dann verhält es sich ein bisschen so wie bei einer Person, die immer aufs neue bestimmte Partner wählt, obwohl diese Partner ihr Leid zufügen und die Beziehung schnell eine zerstörerische Komponente bekommt. Obwohl diese Person oftmals Krankheitseinsicht hat, lässt sich die Situation nicht so leicht verändern. Sie hat bestimmte Kommunikationsgewohnheiten ausgebildet, sie lebt schon in einer bestimmten Geschichte, bevor sie den betreffenden Partner überhaupt trifft, der dann mit seinen Gewohnheiten in diesem Ensemble einen Platz einnimmt. Das Problem ist, dass solche persönlichen Institutionalisierungen den

betreffenden Personen höchst vertraut erscheinen und sie sich von den Strukturen gewissermaßen aushalten lassen können. Man muss keine Entscheidungen treffen – sie sind bereits getroffen, und das entlastet ungeheuer, trotz des Leidens.

Was die Gesellschaft betrifft, so ist der Veränderungsdruck aktuell enorm hoch. Seit Jahrzehnten heißt es ununterbrochen, die

Institutionen – die Wirtschaft, die Arbeit, der Nationalstaat, die Demokratie, die Schule etc. – befänden sich in der Krise. In der Tat kann man feststellen, dass die Krise inzwischen selbst zu einer Art von Regierungsform geworden ist. Im Neoliberalismus rufen die andauernden Dysfunktionen der Institutionen die Individuen wie natürlich zu mehr Eigenverantwortung auf, wodurch sie jedoch gleichzeitig politisch entmachtet werden, weil sie aufgrund der permanenten Überlastung mit Entscheidungen – Wie soll ich mich für die Zukunft rüsten? Wie viel Geld kann ich im Job fordern? Ist das Krankenhaus in meiner Nähe wirklich gut? Welche ist die beste Schule für mein Kind? – nur noch mit dem »Überleben« befasst sind.

Tatsächlich sorgt die Rede von der Krise für eine politische Lähmung. Während ich diese Zeilen schreibe, muss ich überall lesen und hören, dass »wir« uns in der größten Wirtschaftskrise seit 1929 befinden. Das klingt für mich ein bisschen so, als sei eine Arbeit über Interkultur nicht zeitgemäß, als gäbe es Wichtigeres, als müsste ich mich nun dringend mit den ganz, ganz großen Problemen beschäftigen und vor allem Lösungen vorschlagen zur Veränderung des Kapitalismus. Damit bin ich überfordert. Und es ist auch nicht einzusehen, warum ich meine Agenda ändern sollte. Zweifellos hängen viele Ungerechtigkeiten im Zusammenhang mit der Migration vom Arbeitsmarkt ab, zweifellos ist Rassismus in seiner spezifischen Form eng verwoben mit der kapitalistischen Moderne, doch ändert die aktuelle Krise überhaupt nichts daran, dass es gilt, bestimmte Ungerechtigkeiten auch zu diesem Zeitpunkt pragmatisch anzugehen.

Ohnehin erscheint es schwieriger als früher, endgültige Lösungen vorzuschlagen, aber selbst im Sinne des Managens drängender Zukunftsaufgaben sind Veränderungen in den Institutionen dringend notwendig. Das betrifft auch die Institutionen der Ökonomie, aber selbst wenn jene stärker reguliert würden, hieße das noch lange nicht, dass sich die Ungerechtigkeiten der

Einwanderungsgesellschaft damit erledigt hätten. Die »gute alte Zeit« des Wohlfahrtsstaates, in die sich heute so viele Menschen zurücksehnen, kann man aus der Perspektive der Einwanderer trotz Vollbeschäftigung kaum als eine Periode bezeichnen, in der die Welt in puncto Gerechtigkeit in Ordnung war.

Es ist also höchste Zeit, die Institutionen »durchzuarbeiten«. Was das oben genannte »Wissen der Leute« als Grundlage der Kritik betrifft, so ist es in diesen Tagen zu einem bedeutenden Teil gefärbt mit einer bohrenden Unzufriedenheit. Die Antworten der Institutionen stimmen nicht länger, aber die demokratische Vertretung der Bevölkerung erweist sich als unfähig, die Einrichtungen auf den Prüfstand zu stellen. Es ist in Deutschland seit einigen Jahrzehnten fast zur Tradition geworden, über Gestaltungsaufgaben wie Strukturwandel, Integration, Schulreform viel zu reden, aber erst dann aktiv zu werden, wenn die Probleme schon beinahe unlösbar geworden sind – dann allerdings sehr hektisch und meist unüberlegt. Anstatt die Schule konsequent zu verändern, hat man einfach die Zeit bis zum Abitur von 13 auf 12 Jahre verkürzt. Dabei war von Anfang an unklar, warum ausgerechnet diese Reform überhaupt notwendig sein sollte, und es war erschütternd zu sehen, wie sehr die Politik den Umfang der Reform und die Folgen für die Universitäten unterschätzt bzw. ignoriert hatte.

Die seltsame Unfähigkeit zur Reform hat auch damit zu tun, dass die politischen Parteien einer eigenen Rationalität folgen, die viel mit dem Fortkommen innerhalb der Partei und der Verteidigung errungener Positionen zu tun hat. Um ein Beispiel zu nennen: Kürzlich habe ich auf einem Radiopodium unter anderem mit Dieter Wiefelspütz diskutiert, dem innenpolitischen Sprecher der SPD. Es ging um Einwanderung. Mehrfach während des Gespräches stellte Wiefelspütz kategorisch fest, es sei der Deutsche Bundestag, der entscheide, wer nach Deutschland kommen dürfe und wer nicht. Und er fügte hinzu: Wer in diesen Zeiten der Krise mehr Einwanderung fordere, der sei doch »gaga«.

Nun gibt es so etwas wie *den* Arbeitsmarkt bekanntlich nicht, und Mitte 2009 herrschte trotz der Krise in einzelnen Branchen beachtlicher Fachkräftemangel. Zudem hat die Bundesrepublik nicht unerhebliche demographische Probleme, weil zu wenige Kinder geboren werden. Warum also so vehement und mit dieser Wortwahl gegen Einwanderung pöbeln? Tatsächlich spielte Wiefelspütz das, was Tom Holert und ich an anderer Stelle einmal als »Souveränitätstheater« bezeichnet haben – er versuchte politische Handlungsmacht zu demonstrieren und den Zuhörern, also den potentiellen Wählern, zu beweisen, dass die Politik die Sache im Griff hat.[11] Und dazu eignet sich das Thema Einwanderung leider überaus gut.

Später dann, als die Mikrophone aus waren, meinte Wiefelspütz mit Blick auf »illegale« Migration, »wir« könnten diese doch gar nicht verhindern. Das war ein erstaunliches Eingeständnis und es führt ins Zentrum vieler Schwierigkeiten. Man kann Probleme nur dann lösen, wenn man sie auch als politische Realität anerkennt. Wenn man etwa zugibt, dass die Grenzen niemals dicht sein werden, dass Menschen immer Wege finden werden, nach Deutschland zu kommen, dann kann man viel pragmatischer agieren, als wenn man die Dinge so darstellt, wie sie angeblich sein sollten. So hat die Definition »Deutschland ist kein Einwanderungsland« für Jahrzehnte viele sinnvolle Bemühungen vereitelt, weil die Probleme der Einwanderer so gar nicht auf der Agenda auftauchen und nachhaltig angepackt werden konnten.

Allerdings ist den Bürgern unterdessen völlig klar, dass die Politiker mit Mikrophon anders sprechen als ohne – sie sind ja nicht dumm. Nicht umsonst haben die Politiker sich selbst zur Berufsgruppe mit der niedrigsten Glaubwürdigkeit gemacht. Da das politische Theater beim Publikum kaum noch ankommt: Wäre es nicht viel sinnvoller, die Dinge in eine realistische Perspektive zu stellen? Sie transparent zu erklären, bearbeitbar und zum Ge-

genstand des demokratisch ausgetragenen Streits über die richtige Strategie zu machen?

Die Ausübung von Souveränität in Zeiten der Globalisierung basiert auf der genauen Einschätzung der Spielräume und Ansatzpunkte. Um beim Thema der »illegalen« Einwanderung zu bleiben: Der marokkanische Migrationsforscher Mohamed Khachani hat im Zusammenhang mit der klandestinen Migration aus Marokko nach Spanien davon gesprochen, die Einwanderungsländer in Europa betrieben einen »Handel mit Illusionen«.[12] Sie würden die Anzahl der von der Wirtschaft tatsächlich benötigten Arbeitskräfte systematisch unterschätzen und durch staatliche Abwehrmaßnahmen die Einwanderer geradezu in die »Illegalität« drängen. Einerseits ruft also jemand über das Mittelmeer »Kommt herüber!«, andererseits kreuzen dort die Patrouillenboote der europäischen Grenzsicherung Frontex, um den Menschen zu signalisieren: »Bleibt zurück!« Wie unsinnig diese Art der Grenzsicherung ist, zeigt sich an der Tatsache, dass in Zeiten der Krise kaum Menschen versuchen, nach Europa zu gelangen. Mitte 2009 landeten kaum noch Boote an den Küsten Spaniens, weil die dort lebenden Einwanderer ihren Verwandten und Bekannten gemeldet hatten, dass es sich nicht lohnt, weil es in Spanien ohnehin keine Jobs gab. Über Migration wird also nicht an der Grenze entschieden, sondern mit Blick auf den Arbeitsmarkt.

Nur eine Politik, die Spielräume und Ansatzpunkte richtig beurteilt, kann tatsächlich etwas beeinflussen. Im Hinblick auf die Gestaltung der Vielheit jedenfalls benötigen wir eine Evaluation der Institutionen. Die kann unterschiedlich ausfallen. Mehrfach in der Geschichte erwiesen sich die Antworten der Institutionen irgendwann als so unzeitgemäß, dass eine Revolution stattfand und die Institutionen verschwanden. Zurzeit ist freilich nicht auszumachen, welches Subjekt eine solche Revolution anzetteln könnte. Zudem sind keineswegs alle Institutionen überholt. Insofern geht es primär um die im ersten Kapitel kurz angesprochene Evolution der Institutionen. Bislang ist die Vorgehensweise, auch darauf habe ich schon hingewiesen, in diesem Bereich in Deutschland immer noch modernistisch – im schlechten Sinn. Die Ansatzpunkte sind meist normativ und das Mittel der Wahl ist der Bulldozer. Doch nicht umsonst gab es eine intellektuelle Bewegung, die sich Postmoderne nannte.

Ein schönes Exempel für ein alternatives Vorgehen bietet noch immer das Buch *Lernen von Las Vegas* von Robert Venturi, Denise Scott-Brown und Steven Izenour. Als das Buch 1978 in den USA erschien, galt Las Vegas als Abfalleimer der US-amerikanischen Architektur. Niemand, der etwas auf sich hielt, wäre auf die Idee gekommen, ausgerechnet von dieser Stadt etwas lernen zu können. Doch Venturi, Scott Brown und Izenour schauten zusammen mit einem Team von Studenten einfach hin, ohne gleich die Messlatte der Guten und Richtigen anzulegen. Sie haben sich die kommerziellen Oberflächen und die Dekorationen angesehen, um zu begreifen, wie sie funktionieren.

Der Ausgangspunkt war also konkret, empirisch und aus den Beobachtungen leiteten die Wissenschaftler ab, was sie für ihr architektonisches und urbanistisches Projekt lernen könnten. Sie wollten sich nicht damit befassen, »was eigentlich sein sollte«, sondern damit, »was ist« und »wie man es anpacken muss, diese Realität hier und jetzt zu verbessern«.[13] Gefragt ist also ein forschender, »lernender« Blick auf die Wirklichkeit, ein Blick, der nach Ansatzpunkten für Veränderungen sucht. Aus den Beobachtungen müssen dann transparente Ziele abgeleitet werden, wobei das Ergebnis immer ein großes Quantum Unbekanntes enthält.

Wenn der Ansatzpunkt für die Gestaltung der Einwanderungsgesellschaft die empirische, ambivalente Realität der Parapolis ist, dann müssen die Institutionen der Gesellschaft so weiterentwickelt werden, dass sie der aktuellen Situation der Menschen gerecht werden. Diese Veränderung wird nicht funktionieren, wenn Personen mit Migrationshintergrund schlicht als Abweichung von der Norm betrachtet werden, als eine Gruppe, die neben dem »Normalbetrieb« noch kompensatorisch eingegliedert werden muss. Eine solche Umstrukturierung der Institutionen besitzt eine grundsätzliche Qualität – es entsteht eine experimentelle Situation, weil alle Beteiligten etwas Neues beginnen. Wie man sich das vorzustellen hat, darum wird es im nächsten Kapitel gehen.

Wichtig ist jedenfalls auch Phantasie. Cornelius Castoriadis hat einmal von einem »radikalen Imaginären« gesprochen, dem »beständigen Ursprung von Anderswerden«.[14] Das radikale Imaginäre beinhaltet das individuelle und gesellschaftliche Vermögen, etwas zu setzen, zu instituieren. Und wenn diese Setzung sich in funktionierenden Institutionen verfestigt hat, gemeinsame Welt und »zweite Natur« geworden ist, dann dient das radikale Imaginäre der weiteren Veränderung. Nun betont Castoriadis aber auch, dass diese gestaltende Kraft dieses Imaginären in der »Schöpfung von ›Bildern‹« liegt.[15]

Warum Bilder? Eine ganze Reihe linker Philosophen hat in den siebziger Jahren die Frage des Imaginären untersucht, etwa Louis Althusser. Damals ging es darum, das Scheitern einer Politik zu erklären, die das Wirken der wirtschaftlichen »Basis« verabsolutiert hatte. Castoriadis warf den Marxisten vor, sie hätten zwar die Nation als Mystifikation entlarvt, jedoch keine Erklärung dafür gefunden, warum Millionen und Abermillionen von Menschen bereit waren, für diesen Mythos zu sterben.[16] Tatsächlich entsteht im institutionellen Tun einer Gesellschaft, eingebettet in Erzählungen, ein Bild von einem »Wir«, das manchmal fern scheint von »Realität« und »Rationalität«, obgleich es ohne Zweifel mit der institutionellen Infrastruktur in Beziehung steht. Den Menschen ist ihre Welt nicht als nackte Wirklichkeit präsent, sondern sie organisieren ihre Beziehung zu den Institutionen imaginär, bildhaft. Institutionen sind Antworten auf grundsätzliche Lagen, aber nicht notwendig Antworten auf die »kleinen« Fragen der Menschen, die sich ihre Welt erklären wollen oder die danach trachten, bestimmte Situationen oder Positionen zu rechtfertigen. Die hypothetische Gesamtheit des Imaginären einer Gesellschaft lässt sich kaum auf den Begriff bringen, doch Castoriadis hat einen »flüssigen« Begriff vorgeschlagen – er spricht von »Magma«.

Das heißt nun nicht, man benötige nur ein »Leitbild«, und dann folge der Wandel der Institutionen wie von selbst. Doch Politik ist immer auch ästhetisch, Politik will formen. Ein anderes Magma kann dabei helfen. Wie gesagt: Das Magma einer Gesellschaft ist zweifellos nicht leicht zu beschreiben, aber in Deutschland gibt es eine verbreitete Vorstellung von einem »Wir«, die in etwa besagt, dieses »Wir« sei ein Solitär auf dem Weg durch eine manchmal unglücklich verlaufene Geschichte, dieses »Wir« werde stets von zentrifugalen Tendenzen bedroht und brauche daher »Einigkeit« und dieses »Wir« sei positiv, weil es uns das Gefühl von Sicherheit gibt. Das Bild der Einwanderung leitet sich davon ab und konzipiert, polemisch zugespitzt, die Migranten als eine Gruppe, die nicht Bestandteil unserer Geschichte ist, die unsere Einigkeit bedroht und ein Problem für unsere Sicherheit darstellt.

Es gibt kaum Bilder, die Einwanderung als etwas Positives entwerfen. Auf der Suche nach einem populären positiven Bild für die deutsche Einwanderungsgesellschaft müsste man wohl bis 1964 zurückgehen, das Jahr, in dem der Portugiese Armando Rodrigues de Sá als millionster Gastarbeiter ein Moped bekam. Das Spiel wiederholte sich 1969, als man dem Türken Ismail Babader einen Fernseher überreichte. Aber selbstverständlich sprechen diese Bilder nicht von Einwanderung, sondern nur von »Gastfreundschaft«. Und zudem noch von ihrer eher schalen Seite: Denn dem sprachlosen Rodrigues schenkte man ein Moped, als die Deutschen schon massenhaft aufs Auto umsattelten. Obendrein kehrte er später nach Portugal zurück.[17] Dagegen wurde 1998 das 50-jährige Jubiläum des multikulturellen Großbritanniens groß gefeiert. Dort gab es durchaus ein positives Bild, nämlich die erste große Gruppe jamaikanischer Einwanderer, 492

Personen, die am 22. Juni 1948 in Tilbury von Bord des Passagierschiffes Empire Windrush gegangen waren. Deutschland ist übrigens gewissermaßen Teil dieser Geschichte, denn das Schiff hieß in den dreißiger Jahren noch Monte Rosa. Es wurde für Kreuzfahrten genutzt, unter anderem im Dienste der Nazi-Tourismusorganisation »Kraft durch Freude«, bis es dann im Zweiten Weltkrieg zur schwimmenden Herberge für Truppen umfunktioniert wurde. 1944 half die Monte Rosa bei der Evakuierung deutscher Ostflüchtlinge.

Was wiederum diese Ostflüchtlinge betrifft, so existieren zahlreiche Formen der Erinnerungskultur. Allerdings wird dabei der Rassismus gegenüber diesen Personen nach 1945 schlichtweg geleugnet – das Ganze scheint eine reine Erfolgsgeschichte gewesen zu sein. Die Einwanderung der »Gastarbeiter« wird dagegen nur selten in die Geschichte der Bundesrepublik »integriert«. Zwar steht das Moped von Armando Rodrigues im Bonner Haus der Geschichte, doch die Abteilung zur Migration ist vergleichsweise mickrig ausgefallen. Auch in den Ländern und Kommunen ist die Migration an den historischen Orten, in den Museen und bei Erinnerungsereignissen abwesend: Dabei handelt es sich um eine der einschneidenden Veränderungen der Nachkriegsgeschichte. Um die Migration als positiven Beitrag beim Aufbau und der Entwicklung der Bundesrepublik zu sehen, braucht es ein anderes Magma.

Tatsächlich ist dieses andere Magma in den Ursprüngen der Bundesrepublik angelegt. Als im Jahre 1949 in Bonn der Parlamentarische Rat zusammenkam, um über das Grundgesetz zu beraten, da galten seine Mitglieder bei einer zu jener Zeit noch weitgehend nationalsozialistisch orientierten Bevölkerung als Außenseiter, mehr noch, als schräge Vögel. Schließlich versammelte der Rat hauptsächlich Gegner der Nazis. »Wäre einige Jahre früher, bis Mai 1945, die Frage gestellt worden«, schreibt Christian Bommarius, »wer da in Bonn zusammengekommen sei, hätte die Antwort der Mehrheit der Deutschen gelautet: ehemalige Zuchthäusler und KZ-Häftlinge, Volks- und Staatsverräter, politisch Unzuverlässige, Defätisten und andere ›Charakterschweine‹.«[18]

Die Erfahrungen dieser Personen haben dazu beigetragen, dass der Text des Grundgesetzes den Schutz des Individuums gegen die Übergriffe des Staates betont; eines Staates, dessen Vertreter während der NS-Zeit behauptet hatten, eins zu sein mit dem »Volk«. In restaurativen Zeit nach 1949 wurde die Geburt des Grundgesetzes aus dem Geist von Außenseitertum und Staatsferne vergessen, doch der Entstehungskontext und der Text der Verfassung könnten ein Magma produzieren, das das Individuum und die Vielheit gegenüber dem Staat und der Einigkeit privilegiert. Für eine solche Auffassung findet man weitere Gewährsleute in der deutschen Geistesgeschichte. So liest sich der frühe Wilhelm von Humboldt, der zusammen mit seinem Bruder in den letzten Jahren zum Säulenheiligen der Berliner Republik avancierte, heute wie ein früher Verfechter von Interkultur. »Der wahre Zweck des Menschen«, so betont er in seiner Arbeit über die »Grenzen der Wirksamkeit des Staates«, »ist die höchste und proportionierlichste Bildung seiner Kräfte.« Dazu benötigt der Mensch nach Humboldt zum einen Freiheit und zum anderen eine »Mannigfaltigkeit der Situationen«. Denn versetze man ihn in »einförmige Lagen«, dann bilde er sich »minder« aus.[19] Das Mannigfaltige ist also kein Problem, sondern eine einzige Lernumgebung, und wer in einer Stadt wohnt, der wird das Vibrieren der Vielheit zu schätzen wissen.

Heute leben erstmals in der Geschichte der Menschheit mehr Menschen in Städten als auf dem Land. Städte lassen sich nicht abschotten; das Boot ist niemals voll. »Die Kraft der Urbanisierung«, meinte der Urbanist Shadrach Woods vor über 30 Jahren, »hat uns alle ins gleiche Boot gesetzt.«[20] Die Vielheit in ihrem Boot, der Stadt, hat zweifellos eine gemeinsame Zukunft, aber sie ist ungewiss und sie kann sich nur entwickeln, wenn alle Individuen daran mitwirken können. Im April 2000 hat der Bundestag diese Situation übrigens symbolisch durchaus anerkannt. Damals erteilte das Haus dem Künstler Hans Haacke den Auftrag, im nördlichen Lichthof ein Kunstwerk aufzustellen. Darauf steht in Leuchtschrift: »Der Bevölkerung«. Dieser Text korrespondiert mit dem Satz auf dem Giebel des Hauses, »Dem deutschen Volke«. Diese Widmung wurde 1916 angebracht – es handelte sich um ein zähneknirschendes Zugeständnis des Kaisers an die Plebs. Ohne Zweifel transportiert »das Volk« trotz der Demonstrationen von 1989 in Deutschland weiterhin eine ausschließliche Bedeutung, eine ethnische Absolutheit. Dem wollte Haacke mit der Formulierung »der Bevölkerung« entgegentreten. Heute befindet sich die Demokratie in einem ständigen Übergang zwischen dem Volk und der Bevölkerung – ein Transit, der sich nicht vollständig auflösen lässt, sondern der der Gestaltung bedarf.

Anmerkungen

1 Mark Terkessidis, Die Banalität des Rassismus, a. a. O., S. 131 ff.
2 Michel Foucault: »Historisches Wissen der Kämpfe und Macht«, in: Ders.: *Dispositive der Macht. Über Sexualität, Wissen und Wahrheit*, Berlin: Merve 1978.
3 Wilhelm Heitmeyer: »Gruppenbezogene Menschenfeindlichkeit«, in: Ders. (Hg.): *Deutsche Zustände. Folge 3*, Frankfurt am Main: Suhrkamp 2005, S. 15.
4 Immanuel Wallerstein: *Die Sozialwissenschaft »kaputtdenken«. Die Grenzen der Paradigmen des 19. Jahrhunderts*, Weinheim: Beltz Athenäum 1995, S. 102 ff.
5 Vgl. Mark Terkessidis: *Psychologie des Rassismus*, Opladen/Wiesbaden: Westdeutscher Verlag 1998.
6 Vgl. William Macpherson: »The Stephen Lawrence Inquiry«, Februar 1999, online verfügbar unter {www.archive.official-documents.co.uk/document/cm42/4262/4262.htm} (Stand August 2009).
7 Vgl. Deutscher Olympischer Sportbund (Hg.): »Integration durch Sport«, online verfügbar unter {www.integration-durch-sport.de/index.php?id=212} (Stand August 2009).
8 Vgl. Sporting Equals: Briefing Paper – Ethnic Minorities and Physical activity, 2007, online verfügbar unter {www.sportingequals.org.uk.} (Stand September 2009).
9 Vgl. Commission for Racial Equality (Hg.): »Achieving racial equality: A standard for sport«, online verfügbar unter {www.sportdevelopment.org.uk/html/crestandard.html}, sowie: »Making English sport inclusice: Equity guidelines for governing bodies«, online verfügbar unter {www.sportdevelopment.org.uk/html/equityngb.html} (Stand August 2009).
10 Vgl. Arnold Gehlen: *Der Mensch. Seine Natur und seine Stellung in der Welt*, 13. Auflage, Wiesbaden: Quelle und Meyer 1986 [1940].
11 Tom Holert/Mark Terkessidis: *Fliehkraft – Gesellschaft in Bewegung. Von Migranten und Touristen*, Köln: Kiepenheuer & Witsch 2006, S. 45.
12 Mohamed Khachani: »La migration clandestine au Maroc«, Beitrag zur Konferenz »Entre mondialisation et protection des droits – Dynamiques migratoires marocains: histoire, économie, politique et culture« in Casablanca, 13. bis 15. Juni 2003.
13 Robert Venturi/Denise Scott Brown/Steven Izenour: *Lernen von Las Vegas. Zur Ikonographie und Architektursymbolik der Geschäftsstadt*, Braunschweig/Wiesbaden: Vieweg 1979, S. 151.
14 Cornelius Castoriadis: *Gesellschaft als imaginäre Institution. Entwurf einer politischen Philosophie*, Frankfurt am Main: Suhrkamp 1990, S. 603.

15 Ebd.
16 Ebd., S. 254f.
17 Vgl. Katja Dominik/Mark Jünemann/Jan Motte: »Einleitung«, in: Dies. (Hg.): *Angeworben – eingewandert – abgeschoben. Ein anderer Blick auf die Einwanderungsgesellschaft Bundesrepublik Deutschland*, Münster: Westfälisches Dampfboot 1999, S. 15ff.
18 Christian Bommarius: *Das Grundgesetz. Eine Biographie*, Berlin: Rowohlt Berlin 2009, S. 19.
19 Wilhelm von Humboldt: *Ideen zu einem Versuch, die Grenzen der Wirksamkeit des Staates zu bestimmen*, Stuttgart: Reclam 1967 [1792], S. 22.
20 Shadrach Woods, a. a. O., S. 18.

Kapitel 4

Das Programm Interkultur

Meine Freundin Gerda König ist die Choreographin und Leiterin einer Tanzcombo namens DIN A 13. Ihre Combo ist ziemlich erfolgreich, vor allem im Ausland. Als sie 2005 in São Paulo auftrat, da füllte sie zur Premiere das Theater Tuca mit 700 Plätzen, und anschließend erklärte die größte Tageszeitung der Stadt, *Folha de São Paulo*, das vor Ort entstandene Stück zum kulturellen Highlight des Jahres. In Deutschland sind die Reaktionen etwas verhaltener. Das hat zweifellos damit zu tun, dass Gerda König schwer behindert ist. Seit ihrer Kindheit leidet sie an Muskelatrophie; sie sitzt im Rollstuhl und kann im Grunde nur ihren Kopf und ihre Arme bewegen. Man kann sich leicht ausmalen, wie weit der Weg zu ihrer heutigen Tätigkeit war.

Ich habe Gerda gleich zu Beginn meines Studiums kennengelernt. Am Ende der achtziger Jahre setzte eine Freundschaft mit ihr eine kräftige Muskulatur voraus, denn Gerda musste ziemlich oft getragen werden. Zu Recht wollte sie auf gar nichts verzichten, was aber bedeutete, dass wir sie zu zweit oder viert alle möglichen Treppen hoch- und wieder runtergetragen haben – zum Beispiel, wenn wir ins Kino wollten. Dabei mussten wir manches Mal sogar noch argumentieren, ob ein Kinobesuch mit Rollstuhl aufgrund der Brandschutzbestimmungen überhaupt möglich sein sollte. Damals haben wir uns wegen der ständig auftretenden Hindernisse keine Fragen gestellt – hohe Bordsteinkanten auf den Straßen, Höhenunterschiede und Abstände zwischen Bahn und Bahnsteig, Treppen und noch mal Treppen.

Ein Bewusstsein für Diskriminierung gab es fast überhaupt nicht. In diesem Sinn traten erst Schwierigkeiten auf, als Gerda wie alle anderen Psychologiestudenten im Rahmen eines verpflichtenden Praktikums an einem Institut die sogenannten Idiotentests leiten sollte. So heißt im Volksmund eine umfangreiche psychologische Testbatterie, die Personen über sich ergehen lassen müssen, die wiederholt ihren Führerschein verloren haben und diesen gerne wieder zurückhätten. Es geht dabei nicht zuletzt um die Frage, ob diese Personen möglicherweise alkoholabhängig sind. Für das zuständige Institut stand sogleich fest, dass Gerda als Testleiterin nicht in Frage kam. Zunächst wurde ihr ohne weitere Begründung eine Ersatzleistung für das Praktikum vorgeschlagen – ohne Klientenkontakt. Eine Beschwerde beim Behindertenbeauftragten der Universität brachte dann Gründe zum Vorschein, die sie als angehende Psychologin vielleicht lieber nicht gehört hätte. Die Lehrenden am Institut fanden nämlich, eine junge Frau im Rollstuhl würde die Aspiranten möglicherweise »irritieren«. Das könne eine Verfälschung der Ergebnisse nach sich ziehen, und für die betreffenden Personen stehe schließlich einiges auf dem Spiel. Der damalige Behindertenbeauftragte war ein nichtbehinderter älterer Herr, der sich ohne großen Widerstand die Argumentation des Instituts zu eigen machte – Gerda konnte das Praktikum nicht in der üblichen Form absolvieren.

Denkt man über diese Episode nach, erscheint die Logik der Ablehnung nachgerade als verrückt. Denn letztlich hat das Institut damals festgestellt, eine talentierte junge Frau, die trotz erheblicher Handicaps ihre beruflichen Interessen verfolgt, stelle eine Zumutung dar – und zwar für notorische, vermutlich alkoholsüchtige Rechtsbrecher. Obwohl diese Personen mit ihrem Verhalten sogar andere Menschen gefährdet hatten, schienen sie weiterhin eher der »Norm« zu entsprechen als Gerda. Nun kann ich mir zumindest gut vorstellen, dass eine ähnliche Geschichte sich auch heute noch zutragen könnte. Zwar hat sich einiges geändert, zwar hat man einige Bordsteinkanten gesenkt und einige Klüfte geschlossen, und die »Aktion Sorgenkind« heißt unterdessen »Aktion Mensch«, doch »Barrierefreiheit« ist als Prinzip in Deutschland immer noch nicht durchgesetzt worden.

Körperbehinderte Menschen, die mit der Bahn fahren wollen, müssen sich zuvor anmelden, damit die Bahn das entsprechende Equipment zum Besteigen des Zuges herankarren kann. Ein Rollstuhlfahrer hat mir einmal erzählt, ein Zugführer habe ihn nachts auf dem Flughafen in Frankfurt einfach stehen lassen – eben weil er sich nicht ordnungsgemäß angekündigt hatte. Um einen Zug besteigen zu können, muss man bestimmte Voraussetzungen per se mitbringen; entspricht man dem Typus dieses Bahnreisenden nicht, sorgt das Bahnpersonal zwar für Kompensation, man muss dafür jedoch in Kauf nehmen, als lästiger, anstrengender Sonderfall behandelt zu werden.

Fallstricke des Multikulturalismus

Das Prinzip der Barrierefreiheit steht den oben beschriebenen Formen von Sonderbehandlung entgegen. Um Barrierefreiheit zu erreichen, muss bereits bei der Planung berücksichtigt werden, dass es den »Normbenutzer« nicht gibt, sondern dass Personen sich in allen möglichen Beziehungen unterscheiden. Es gilt, Umgebungen so zu gestalten, dass alle Menschen sie trotz ihrer Unterschiede gleichermaßen nutzen können. Zur Illustration dieser Denkweise kann eine schöne Geschichte dienen, die der US-amerikanische Organisationsberater Roosevelt Thomas stets erzählt, wenn er das Prinzip Diversity erklären möchte. Sie handelt von der Einladung eines Elefanten in das Haus einer Giraffe. Dieses Haus ist den Bedürfnissen der Giraffe vollends angepasst, was bereits bei der Ankunft des Elefanten zu Problemen führt: Er, das gedrungene, schwere, breite Tier, kann nicht durch die hohe und schmale Tür eintreten. Es ist jedoch eine Flügeltür, und die Giraffe nutzt die Möglichkeit, den Eingang zu verbreitern. Doch die Malheurs des Elefanten nehmen kein Ende: Die Treppenstufen brechen ein, er sorgt für Risse in der Wand. Schließlich empfiehlt die Giraffe dem Gast ein Schlankheitsprogramm – Fitness-Studio und Ballettunterricht. Der Elefant jedoch definiert das Problem anders: »Ehrlich gesagt, bin ich mir nicht sicher, ob ein für eine Giraffe entworfenes Haus je für einen Elefanten passen wird; es sei denn, es würden einige tiefgreifende Umbaumaßnahmen vorgenommen.«[1]

Diese Geschichte lässt sich auch im Hinblick auf die Einwanderungsgesellschaft lesen. Denn nicht nur in Bezug auf Behinderungen, sondern auch im Zusammenhang mit Menschen mit Migrationshintergrund ist Barrierefreiheit ein zentrales Prinzip – es kommt nur darauf an, wie man die Barrieren definiert. Notwendig ist jedenfalls der Umbau des gemeinsamen Hauses. Allerdings hat die Geschichte ein gewisses Manko, denn Thomas geht ganz selbstverständlich davon aus, dass die Differenzen real gegeben sind. Das ist bei körperlichen Behinderungen der Fall, aber bei Personen mit Migrationshintergrund sind Differenzen oftmals auch zugeschrieben. Wenn man die Vielheit als Ausgangspunkt einer Gestaltungsaufgabe sieht, ist klar, dass Unterschiede eine Rolle spielen. Dennoch stellen sich notwendigerweise Fragen: Welche Differenzen werden wahrgenommen? Welche haben Signalcharakter? Was bedeuten diese Differenzen? Wie unterscheiden sie sich von anderen Differenzen? Werden andere, weniger leicht sichtbare Differenzen auch ausreichend in die Überlegungen einbezogen? In welchem, auch sozialem Kontext sind diese Differenzen entstanden? Und: Geht es bei der Gestaltung um die Konservierung von Differenzen oder um einen gemeinsamen Prozess des Wandels?

Unterschiede schlicht für gegeben zu halten, ist durchaus ein Erbe jener Art von Multikulturalismus, die theoretisch und teilweise auch praktisch in den USA, Kanada oder Großbritannien gepflegt wurde. Zwar kann man den Exponenten der multikulturalistischen Theoriebildung wie etwa Bhikhu Parekh nicht einfach Essentialismus vorwerfen, doch setzen sie in ihrer Beschreibung der Gesellschaft die unterschiedlichen ethnischen Gemeinschaften und deren kollektive, kulturelle Identität als zentral. Wirft man einen Blick auf sein Buch *Eine neue Politik der Identität* aus dem Jahre 2008, dann taucht bereits im Inhaltsverzeichnis das Wort Identität unzählige Male auf. Abgesehen davon, dass die Bezeichnung auch bei Parekh theoretisch erstaunlich flach bleibt, erschient als Ausgangspunkt für gesellschaftliche Gestaltung stets das Problem der kulturellen Identität.

Nun werden im Alltagsverständnis, zumal in Deutschland, Unterschiede aller Art gewöhnlich schnell und unbedarft in essentialistische Vorstellungen von Gemeinschaft und kultureller Identität übersetzt – darum ging es unter anderem im letzten Kapitel. Was an Unterschieden sichtbar ist oder sichtbar gemacht wird, das bedarf vor allem dann der Erklärung, wenn es mit einem sozialen Gefälle einhergeht, und kulturelle Identität scheint eine solche Erklärung zu sein. Dabei dient die Identität der anderen allerdings auch zur Definition eines spiegelverkehrten Eigenen: Weil »sie« angeblich so traditionell sind, können »wir« uns als modern begreifen; weil bei »ihnen« das Patriarchat herrscht, leben »wir« im Paradies der Geschlechtergleichheit; weil »sie« kriminell und gewalttätig erscheinen, können »wir« uns als zivilisiert sehen etc. In dieser Welt der Spiegelungen geht es in einer endlosen Auseinandersetzung um Anerkennung, um eine Anerkennung allerdings, die letztlich nicht zu bekommen ist.

Da die Unterschiede im besten Sinne imaginär sind und da die Identitätsdefinition auf die Markierung des anderen angewiesen ist, kann das Spiel von Skandalisierung, Ablehnung, Verurteilung, Dialog oder Freundschaftsbekundung im Grunde ewig weitergehen. Der gesellschaftliche Konflikt rund um Identitäten wäre erst dann gelöst, wenn eine Gemeinschaft verschwinden würde oder wenn die Hierarchien zwischen den Gemeinschaften sich quasi unhinterfragt fixieren ließen. Das eine wie das andere ist im 20. Jahrhundert versucht worden, und beide Strategien haben sich auf teilweise barbarische Weise als nicht realisierbar erwiesen. Insofern muss man sich auf diese endlosen Spiegelfechtereien einstellen, wenn man Gemeinschaft und kulturelle Identität zum Ausgangspunkt von Politik macht.

Während der Regierungszeit Tony Blairs hat die britische Regierung dieses Problem durchaus erkannt – forciert noch einmal nach den Ausschreitungen im »Sommer der Gewalt« 2001 in Städten wie Oldham, Bradford und Leeds. Der traditionell auf der Insel praktizierte Multikulturalismus basierte auf der Kommunikation mit Sprechern von Migrantenorganisationen, die von den Behörden als Repräsentanten ihrer Communities betrachtet wurden. Dabei handelte es sich aber oftmals um Personen, die im Hinblick auf die Herkunftskultur recht traditionelle Positionen vertraten. Bei den Behörden waren solche Personen durchaus beliebt, denn ihre politischen Forderungen in Bezug auf die Situation in Großbritannien waren moderat. Die Unterstützung von traditionalistischen und herkunftsorientierten *Leadern* trieb Teile der jeweiligen Community in eine gewisse Verkapselung. Zudem blieb ein großer Personenkreis außen vor. Allgemein hatten auch in der britischen Gesellschaft herkömmliche Organisationsformen an Bindungskraft verloren, und ebenso verhielt es sich mit den Verbänden der Migranten, deren Gründung oftmals Jahrzehnte zurücklag. Vor allem die jüngeren Leute fühlten sich in den Hierarchien, Traditionen und Zielen der Vereine nicht mehr aufgehoben, wobei sie sich durchaus weiter für ihren Herkunftskontext interessierten und höchst sensibel auf Benachteiligungen und Beleidigungen reagierten.

Auf der Insel versuchte man, sich auf die universelle Dimension zu besinnen, auf gemeinsame Maßstäbe, und ein solcher Maßstab ist in der Demokratie die Freiheit des Individuums. Die Regierung entschloss sich, die ethnischen Communities zwar nicht zu vernachlässigen, stellte von nun an aber das Individuum ins Zentrum ihrer Politik, indem sie die Dimension der Staatsbürgerschaft (*citizenship*) stärkte. So wurde Staatsbürgerschaft etwa als fächerübergreifendes Curriculum eingeführt, um die Schüler in die Lage zu versetzen (*to empower*), »an der Gesellschaft als aktive, informierte, kritische und verantwortungsvolle Bürger zu partizipieren«.[2] Die Implementierung des Faches ist nicht überall gleich erfolgreich verlaufen, wie jüngste Berichte festgestellt haben, doch der Ansatz ist interessant. Dabei war der Regierung auch klar, dass es für die so angesprochenen Bürger keine Barrieren geben darf, die sie bei der Ausübung ihrer Staatsbürgerschaft behindern. Die im vorigen Kapitel erwähnten Maßnahmen, die auf mehr soziale Inklusion zielen, lassen sich insofern als Versuch begreifen, das Versprechen der Demokratie durch Chancengleichheit in den Institutionen einzulösen.

Nun hat es in Großbritannien lange Zeit tatsächlich eine Politik des Multikulturalismus gegeben. In Deutschland dagegen handelte es sich, abgesehen von manchen Projekten in Städten wie Frankfurt oder Stuttgart, vor allem um einen Sturm im Blätterwald – von einem tragfähigen Konzept, das irgendwo realisiert worden wäre, kann keine Rede sein. Wenn man heute noch einmal in die Schriften der deutschen Vertreter von »Multikulti« schaut, wäre eine Umsetzung ihrer Vorstellungen auch nicht so einfach gewesen. Claus Leggewies *Spielregeln für die Vielvölkerrepublik* aus dem Jahr 1993 sind ein Sammelsurium unterschiedlicher Ideen, aber kein kohärenter Gestaltungsvorschlag.

Schon die grundsätzliche Annahme war falsch: Leggewie betrachtete den Markt als »ökonomischen Ort ethnisch indifferenter Vergesellschaftung«,[3] wovon angesichts der ursprünglichen Unterschichtung der eingewanderten Arbeitskräfte keine Rede sein kann. Auch darüber hinaus tauchte Antidiskriminierung als Thema so gut wie gar nicht auf. Was nun »Multikulti« im engeren Sinne betraf, so schwankte Leggewie zwischen drei Vorstellungen: Zum einen beschwor er eine Gesellschaft »ohne kulturelles Zentrum und ohne hegemoniale Mehrheit«, in der es »nur noch die reziproken Ansprüche von Minderheiten aneinander« gebe.⁴ Zum Zweiten sollte es sich um eine Gesellschaft handeln, in der das Prinzip der »Bricolage« regiert, in der alle Personen in der alltäglichen Kultur des Konsums eine »Auswahl unter verschiedenen Traditionen von Identität treffen« können.⁵ Schließlich unterstützte er einen »geläuterten Ethnozentrismus«, eine neue Selbstdefinition der Mehrheit, wobei es jedoch darauf ankommen sollte, keine neue Festungsideologie entstehen zu lassen.⁶

Nun passen diese drei Prinzipien nicht wirklich zusammen. Leggewies Einschätzung der Situation war insofern zu Beginn der neunziger Jahre nicht weniger realitätsfern als jene der Konservativen: Während diese weiterhin Homogenität simulierten, halluzinierte sich Leggewie in einen gesellschaftlichen Zustand, der irgendwo zwischen Kalifornien, der Postmoderne und der k. u. k. Monarchie angesiedelt war. Zu Beginn des neuen Jahrtausends haben die Konservativen dann zurückgeschlagen, indem sie die erste von Leggewies Ideen für bare Münze nahmen: Die Gesellschaft sei in »Parallelgesellschaften« zerfallen, hieß es, schuld daran sei der Multikulturalismus, und nun müsse man wider das Laissez-faire endlich wieder ernsthafte Integrationspolitik betreiben.

Kulturelle Kurzschlüsse

In seinem Buch *Postethnic America. Beyond Multiculturalism* hat der US-Historiker David Hollinger bereits 1995 den Begriff der »Post-Ethnizität« vorgeschlagen.⁷ Mit dieser Bezeichnung will er auf der einen Seite die herkömmlichen Kategorien überwinden, auf der anderen Seite jedoch die Macht der Ethnizität nicht kleinreden. Zweifellos spielt Ethnizität heutzutage eine Rolle – Menschen identifizieren sich als Russen, Polen oder Türken oder werden als solche gesehen; sie glauben, ihre ethnische Zugehörigkeit transportiere bestimmte Eigenschaften, oder sie bekommen diese

Eigenschaften wiederum von außen zugeschrieben. Dennoch stecken all diese Kategorien in der Krise.

Über die seltsam hohle Qualität des »Deutschseins« wurde oben bereits gesprochen. Gleichzeitig gibt es wohl in der Bundesrepublik kaum eine Person mit Migrationshintergrund, die sich völlig ungebrochen als Teil einer bestimmten Tradition betrachtet. In letzter Zeit hört man häufiger, eine Person fühle sich als jemand, der »mehrere Kulturen« besitzt, wobei das wohl eine etwas ratlose Umschreibung dafür ist, dass man letztlich das Gefühl hat, in einem neuen Raum zu leben, für den man aber keine Vokabeln kennt. Wenn junge Leute insbesondere türkischer Herkunft beginnen, sich aufgrund ihrer Situation emphatisch als »Türken« zu inszenieren, dann spricht man in Deutschland von »Re-Ethnisierung« – und auch dieser Begriff macht deutlich, dass Ethnizität trotz der Bedeutung, die sie in der gesellschaftlichen Diskussion hat, längst jede Unmittelbarkeit und Selbstverständlichkeit verloren hat.

In der Frauenbewegung hat sich zu einem gewissen Zeitpunkt der Begriff *Gender* durchgesetzt, weil diese Bezeichnung sich nicht auf reale Unterschiede bezieht, sondern auf die soziale und kulturelle Definition des Geschlechtes. Das besagt nun keineswegs, dass *Gender*, einmal als Konstruktion »entlarvt«, weniger Wirkungsmacht entfaltet. Soziale und kulturelle Definitionen werden gelebt, Unterschiede werden mit Hilfe bestimmter Kategorien wahrgenommen. Politisch gesehen geht es darum, wie man mit den Differenzen umgeht: Ist das Ziel die Anerkennung von ethnischen Gruppen oder die Schaffung eines barrierefreien Möglichkeitsraumes für die Individuen, die sich möglicherweise bestimmten Gruppen zugehörig fühlen oder ihnen zugerechnet werden? Definiert man die Unterschiede als zentralen Ausgangspunkt, oder betont man die Perspektive einer gemeinsamen Veränderung?

Die Kategorie Ethnizität hat ihren Ursprung in der Entstehung des Nationalstaates und bezeichnet das Ergebnis der Bildung eines Kollektivs über die Durchsetzung einer Schriftsprache, die Festlegung einer gemeinsamen Abstammung sowie die Erzählung einer geteilten Geschichte. Ethnizität ist also zweifellos eine Konstruktion. Im Zuge der Globalisierung wurden die traditionellen Milieus jedoch so stark aufgeweicht, dass Ethnizität, Symbolisierung und Lebensstil mehr und mehr ineinanderfließen. Bei Symbolisierung handelt es sich dabei um eine Art theatralischen Akt, bei dem bestimmte Zeichen im Rahmen bewusster Dissidenz oder auch zur Herstellung eines Unterschiedes inszeniert werden – Jugendkulturen sind dafür ein Beispiel. Im Lebensstil wiederum vermischen sich soziale Schichtung und Konsum. Über den Konsum bestimmter Kulturgüter wird die Zugehörigkeit zu bestimmten Milieus ausgedrückt – durchaus über Klassengrenzen hinweg. Dennoch konnte Pierre Bourdieu, wenn auch etwas deterministisch, zeigen, wie sich Klassenpositionen auch über Kultur vermitteln, in einem »Habitus«. Bestimmte Verhaltensweisen und ein bestimmter Kulturkonsum tragen dazu bei, sich von den Mitgliedern anderer Klassen abzugrenzen.

Wer kulturelle Artikulationen und Unterschiede analysieren möchte, ist daher gezwungen, einen immensen Apparat von Zusammenhängen zu verstehen. In den britischen und US-amerikanischen Cultural Studies hat man das versucht, und das war auch der Grund, warum ich und viele andere sich in Deutschland für die Arbeiten von Stuart Hall, Homi Bhabha oder Lawrence Grossberg interessiert haben. Denn hierzulande scheint Kultur immer noch etwas zu sein, was nicht der Erklärung bedarf, Kultur scheint in Bezug auf Unterschiede vielmehr selbst Erklärungswert zu haben. Das gilt noch einmal verstärkt für ethnische Kultur. Daher hat Erol Yildiz einmal von der »halbierten Gesellschaft der Postmoderne« gesprochen.[8] Eigentlich, so Yildiz, hätte die zunehmende Ausdifferenzierung der Gesellschaft zu einer Relativierung von Ethnizität führen müssen, doch diese Entwicklung habe in Deutschland lange Zeit nicht stattgefunden. Er kann zeigen, dass sich hartnäckig biologische Vorstellungen vom Volk hielten, die während des Nachdenkens über die neue Nation nach der Wiedervereinigung auch noch eine Renaissance erlebten. Tatsächlich wurde zur gleichen Zeit, in den neunziger Jahren, auf der Insel so etwas wie *Cool Britannia* promotet. Erst jetzt zeigt sich, wie dringend die Bundesrepublik für die Zukunft ihrer Bürger ein anderes, ein gewandeltes Magma braucht.

Die Debatten über die Einwanderungsgesellschaft sind vielfach geprägt von einer Denkweise, die ich als »kulturellen Kurzschluss« bezeichnen möchte. Politik und Medien produzieren gerne solche Kurzschlüsse, um aus ganz unterschiedlichen Interessen bestimmte Vorgänge zu skandalisieren. Ich will einige Beispiele nennen: In den letzten Jahren gab es eine hysterisch geführte öffentliche Debatte über das Thema »Parallelgesellschaften«. Damit waren Räume gemeint, in denen bestimmte Gruppen – im Grunde waren stets Muslime gemeint – sich von der Mehrheitsgesellschaft abkapseln und nach ihren eigenen Gesetzen leben.

Nun entspricht der Begriff in gewisser Weise einer bestimmten Realität, die mit der Bildung von Netzwerken zu tun hat. Bekanntlich sind »Ausländer« und Personen mit Migrationshintergrund öfter von Arbeitslosigkeit und damit auch von relativer Armut betroffen – in Berlin, um eines der extremsten Beispiele zu nennen, lag die Arbeitslosigkeit bei Ausländern zwischenzeitlich bei fast 45 Prozent. Nun wohne ich selbst in Kreuzberg unweit von Wohngebieten, die im »Sozialatlas« von Berlin auf den hinteren Plätzen auftauchen. Dort ist jedoch weder die Verwahrlosung mit den Händen greifbar noch die Atmosphäre offen aggressiv.

Und das liegt an den Familien mit Migrationshintergrund. Verschiedene Studien haben gezeigt, dass zumal die Familien türkischer Herkunft trotz Armut weder Wohnung, Ernährung noch gemeinsame Mahlzeiten mit der Familie vernachlässigen – im Gegensatz zu den einheimischen Familien.[9] Einfache Erklärungen dafür zu finden ist nicht leicht, doch klar ist, dass die Familie

im Armutsfall den maßgeblichen Stabilisierungsfaktor darstellt und dass die Netzwerke der Personen türkischer Herkunft in Deutschland stark familienzentriert, intensiv, klein und lokal sind.

Diese Netzwerke wirken sich benachteiligend aus, wenn es um schönen Wohnraum oder gute Jobs geht – man kennt einfach nicht genug *gatekeeper* an den richtigen Stellen.[10] Aber im Umgang mit schwierigen Lebenslagen erweisen sie sich als hilfreich. Nun kann man diese Relevanz der Familie als Bestandteil der Kultur des Herkunftslandes betrachten. Allerdings stellt sich dann die Frage, ob die soziale Situation und auch die Furcht vor Rassismus ein weniger familienzentriertes Verhalten zulassen würde und ob es überhaupt wünschenswert wäre. Zweifellos bleiben die Leute mehr »unter sich«, und ich will auch gar nicht bezweifeln, dass es in vielen Familien sehr traditionell zugeht, zumal was die Geschlechterverhältnisse betrifft. Es ist jedoch ein »kultureller Kurzschluss«, wenn man diese Art von Netzwerken als »Parallelgesellschaft« denunziert und damit einhergehend behauptet, jene Personen wollten sich nicht »integrieren«.

Ähnliche Kurzschlüsse existieren auch in Bezug auf ethnische Infrastrukturen, etwa Fußballvereine oder Clubs. Was als Ort gegenseitiger Hilfeleistung auf ethnischer Basis oder als Reaktion auf Diskriminierung entstanden ist, wird schamlos attackiert – anstatt bei den Potentialen anzusetzen und mögliche negative Entwicklungen auf diese Weise zu beeinflussen. Ein anderes Beispiel ist die durchaus hohe Kriminalitätsrate junger Männer mit Migrationshintergrund, die oft als Folge einer falschen, also patriarchalen Erziehung und einer daraus resultierenden Macho-Mentalität interpretiert wird. Tatsächlich ist in Deutschland der Anteil der Personen mit Migrationshintergrund in der Untersuchungshaft überproportional hoch. Doch warum? Wenn Personen ohne deutschen Pass, selbst wenn sie in Deutschland geboren wurden, vor ein Gericht kommen, dann attestieren die Richter routinemäßig »Fluchtgefahr« – diese Personen könnten sich ja in ihre »Heimat« absetzen. Das Gleiche ist im Jahr 2007 in der Türkei im »Fall Marco« geschehen. Dort ging es um einen jungen Deutschen, dem vorgeworfen wurde, ein 13-jähriges Mädchen sexuell missbraucht zu haben. Während sich jedoch in dieser Sache Politiker und Boulevardmedien echauffierten, sorgt die Situation der Menschen mit Migrationshintergrund in Deutschland nicht für Schlagzeilen. Strukturelle Ursachen sind schwer zu vermitteln und unangenehm fürs Selbstbild. Und Kultur ist ja als Erklärung stets zur Hand.

Ich möchte noch ein weiteres Beispiel anführen. In den unteren Ligen im deutschen Fußball hört man oft, »die Ausländer« seien auf dem Platz besonders unfair und ruppig. Wiederum ist die Erklärung schnell gefunden: Insbesondere die »Südländer« besäßen nun mal ein feuriges Temperament, seien disziplinlos und zeigten sich gleich gereizt, wenn es auf dem Platz um die »Ehre« geht. Die Akten der Sportgerichte scheinen die Diagnose zunächst zu bestätigen. Spieler nichtdeutscher Herkunft provozieren zwei Drittel der Spielabbrüche; sie werden deutlich öfter wegen »rohen Spiels« und Tätlichkeiten zur Rechenschaft gezogen; sie greifen signifikant häufiger den Schiedsrichter an und bekommen vor den Sportgerichten höhere Strafen als einheimische Spieler.[11]

Letztere allerdings dominieren beim Vergehen »unsportliches Verhalten«. Das hat den Sportwissenschaftler Gunter Pilz bewogen, mal nach den Gründen für die Tätlichkeiten zu fragen. Er fand heraus, dass der Gewalt auf dem Platz gewöhnlich Provokationen vorausgingen – durch einheimische Spieler und vor allem das Publikum. Die Aggression der nichtdeutschen Spieler richtet sich dann gegen den Schiedsrichter, weil der häufig nichts gehört haben will. Zu den Sportgerichten gehen die Spieler mit Migrationshintergrund im Gegensatz zu den Einheimischen meist ohne Betreuer aus dem Verein. Dort werden sie schließlich für die gleichen Vergehen häufig länger gesperrt.

Kurzschlüsse produziert auch die Art, wie Jugendliche mit Migrationshintergrund »beforscht« werden. In den letzten Jahren gab es eine Reihe empirischer Hinweise darauf, Antisemitismus und Homophobie seien unter muslimischen Jugendlichen weiter verbreitet als unter einheimischen. Nun stellt sich bei solchen Untersuchungen stets die Frage, wer eigentlich zur betreffenden Gruppe gehört. Zunächst: Was sind eigentlich »muslimische Jugendliche«? Wird in der Untersuchung nach der Selbstzuordnung gefragt oder rubriziert man, wie so häufig, jede Person türkischer oder arabischer Herkunft einfach als Muslim? Dann: Haben junge Leute arabischer und türkischer Herkunft etwas gemeinsam, wenn es um das Thema Antisemitismus geht? Ist der Umgang mit Homosexualität bei allen Muslimen gleich, so dass ein spezifisches Verhältnis unterstellt werden kann?

Gehen wir mal davon aus, dass alle Fragen mit ja beantwortet wurden, was real kaum der Fall sein kann, dann stellt sich die Frage nach der Vergleichsgruppe. Das ist in den meisten Fällen die einheimische Bevölkerung. Nun ist die soziale Situation »der

Muslime« in Deutschland anders als jene der Mehrheitsbevölkerung – es handelt sich um eine Gruppe mit im Durchschnitt schlechteren Bildungsabschlüssen, mehr Jobs im unteren Segment des Arbeitsmarktes und einer höheren Arbeitslosigkeit. Will man diese Gruppe mit einer anderen vergleichen, müsste man gemäß wissenschaftlichen Standards auch diese Sozialdaten berücksichtigen. Möglicherweise ist offen geäußerte Feindlichkeit gegenüber Juden oder Homosexuellen ja ein Schichtphänomen. Doch allein durch das Untersuchungsdesign wird ein kultureller Zusammenhang suggeriert.

Kultur hat also keinen einfachen Erklärungswert. Wenn man in der Gesellschaft soziale Abstände, kollektive Praktiken oder geteilte Wissensbestände beobachtet, dann lassen sich diese Phänomene nur verstehen, wenn man den gesamten gesellschaftlichen Kontext berücksichtigt. Insofern halte ich Begriffe wie etwa »Angehörige von Minderheitenkulturen« oder »Menschen aus anderen Kulturkreisen« für grundsätzlich falsch.

Vielheit, Individualität und Antidiskriminierung

Mit Blick auf die Einwanderungsgesellschaft ist es in Deutschland weiterhin so, dass es im Grunde nur zwei Perspektiven gibt: Hier jene des vollständig angepassten, »integrierten« Einzelnen, dort jene des »Zusammenlebens« unterschiedlicher Gruppen auf einem Territorium. Doch es kann nicht darum gehen, die Individuen über die Norm zu brechen oder sie unwiederbringlich einer Gemeinschaft zuzuschlagen. Das verengt den Gestaltungsraum, denn dann bezieht sich das politische Handeln nur noch auf die Festlegung von Kriterien für »integriertes« Wohlverhalten oder auf die Anerkennung von Gruppen. Es wird Zeit, sich von alten Ideen wie Norm und Abweichung, Identität und Differenz, von Deutschsein und Fremdheit zu trennen und einen neuen Ansatzpunkt zu finden: die Vielheit, deren kleinste Einheit das Individuum als unangepasstes Wesen ist, als Bündel von Unterschieden. Die Gestaltung der Vielheit muss für dieses Individuum einen Rahmen schaffen, in dem Barrierefreiheit herrscht und es seine Möglichkeiten ausschöpfen kann.

Während der Entstehungszeit dieses Buches haben die deutschen Sozialdemokraten sowohl bei der Europawahl als auch bei der Bundestagswahl 2009 verheerende Niederlagen erlitten. Tatsächlich wirkt die SPD auf Bundesebene rückwärtsgewandt. Die Rolle der Sozialdemokratie scheint sich auf das Lamentieren über die Politik der »sozialen Kälte« zu beschränken, die sie auf Bundes- oder auf Länderebene teilweise selbst forciert hat, ohne jedoch gleichzeitig jene Chancen zu formulieren, die im Konzept der Neuen Mitte oder im Schröder-Blair-Papier zumindest angedacht und spürbar waren. Man befasst sich mit der Rettung der Arbeitsplätze bei Opel, letztlich also männlicher Normarbeitsplätze in einer alten Industrie, anstatt über die Jobs der Zukunft nachzudenken und über neue Rahmenbedingungen für eine vielfältiger werdende Arbeitnehmerschaft.

Zudem wurde die SPD zum Zeitpunkt der Wahlniederlagen öffentlich repräsentiert von einer Riege älterer Herren – von Männern also, bei denen man das Gefühl hat, die eigene Eitelkeit stehe sehr oft einer pragmatischen Herangehensweise an das Management von Problemen im Weg. Sicher gibt es viele Gründe für das schlechte Abschneiden der SPD, aber bei mir und vermutlich vielen anderen stellt sich trotz Sympathien mit dem linken Spektrum vor allem das Gefühl ein: Solche Parteien sprechen nicht von der Zukunft. Wäre die Sozialdemokratie tatsächlich dem Dritten Weg gefolgt, dann hätte sie die Chancengleichheit zum Herzstück der sogenannten aktivierenden Politik gemacht und nicht Hartz IV.

So hätte man auch das Thema Antidiskriminierung positiv besetzen können. Tatsächlich aber hat auch die rot-grüne Regierung die Einführung der entsprechenden Richtlinien des Rates der Europäischen Union (2000/43/EG, 2000/78/EG, 2002/73/EG) verschleppt. Erst 2006 wurden sie als Allgemeines Gleichbehandlungsgesetz (AGG) in hiesiges Recht überführt. Die Richtlinie war von Beginn an bei vielen Verbänden, bei Arbeitgebern und Kirchen unbeliebt, und die Regierung hat sich diese Haltung zu eigen gemacht.

Beim AGG handelt es sich nun um eine entschärfte Version, vor allem hat man das Prinzip der Beweislastumkehr verwässert: Die wegen Diskriminierung angeklagte Stelle muss zwar belegen, dass sie keine Verstöße gegen die Prinzipien der Gleichstellung begangen hat, praktisch aber erst dann, wenn die diskriminierte Person echte Indizien für die Benachteiligung beibringen konnte. Das Verbandsklagerecht wurde eingeschränkt, was die Belastung für den Einzelnen weiter erhöht. Und schließlich hat der Gesetzgeber den Kündigungsschutz vom AGG ausgenommen, weshalb die EU-Kommission im November 2007 ein Vertragsverletzungsverfahren einleitete. Viele Kommentatoren hielten die Missachtung der Vorgaben dabei für so gravierend, dass davon auszugehen war, die Bundesregierung habe den Konflikt mit der EU billigend in Kauf genommen, um ihren Argwohn gegen das Gesetz zu unterstreichen.

Nun glaubt sich die Regierung mit dieser Haltung zweifellos im Einklang nicht nur mit vielen Unternehmen und Verbänden, sondern auch mit einem beträchtlichen Teil der Bevölkerung. Diese Annahme konnte die, im Übrigen erst ein volles Jahr nach Inkrafttreten des Gesetzes installierte, Antidiskriminierungsstelle des Bundes durch eine Untersuchung belegen. 40 Prozent der Bevölkerung lehnen Antidiskriminierungsmaßnahmen als überflüssig ab, 49 sind zögerlich und nur 15 Prozent lassen sich als Befürworter einordnen. Am ehesten sieht man behinderte und ältere Menschen als benachteiligt an, bei Menschen mit Migrationshintergrund glauben nicht einmal zehn Prozent der Befragten, für diese Gruppe müsse mehr getan werden. Im Gegenteil: Im Hinblick auf »Fremde« stießen die Forscher auf starke Bedrohungsgefühle, die bis hin zu »blankem Hass« gingen.

Allerdings zeigten sich auch positive Signale: Zum einen sind vor allem die jüngeren, gebildeten und »soziokulturell modernen« Personen, die die Notwendigkeit von Antidiskriminierungspolitik verstehen und auch unterstützen. Zum anderen hängt das Ressentiment gegen entsprechende Maßnahmen stark mit Vorbehalten gegen die Bürokratie und Politiker zusammen, während nur eine Minderheit tatsächlich die Sache selbst – Gleichstellung, Gerechtigkeit, Chancengleichheit – pauschal ablehnt.[12]

Offenbar gibt es ein schwerwiegendes Vermittlungsproblem. Eine weniger ambivalente Haltung der Politik gegenüber dem Thema und eine Kommunikation, die Antidiskriminierung als Bestandteil der Gestaltung von Vielheit und Chancengleichheit und damit als Zukunftssicherung ausweist, hätte zweifellos zu anderen Ergebnissen beitragen. Allerdings folgt die hiesige Politik noch immer einer Ratio, die keineswegs auf die Zukunft hin orientiert ist. Viele Politiker konzentrieren sich rund um Wahlkämpfe lieber kurzfristig auf Bedrohungsgefühle als auf notwendige, langfristige Veränderungen. Und noch bilden die Menschen mit Migrationshintergrund eine recht kleine Gruppe von Wählern, auf die man im Grunde nur aus moralischen Gründen Rücksicht nehmen muss.

Die Moral spielt beim Thema Antidiskriminierung jedoch ohnehin oft eine zu große Rolle. In der genannten Untersuchung kommt ein bemerkenswertes Verhältnis zu Behinderten zum Ausdruck. Die Befragten berichteten mehrheitlich von Gefühlen wie Berührungsangst, Schuld und Mitleid gegenüber Menschen mit Behinderungen. Maßnahmen gegen Diskriminierung galten als eine Art Versicherung, auch für die »hilflosen« Menschen werde etwas getan.[13] Ähnliche Gefühle kommen periodisch auch gegenüber anderen »armen Menschen« auf, etwa Flüchtlingen.

Aber eine solche Auffassung, die in den USA gerne als »Liberal Guilt« bezeichnet wird, ist wenig produktiv, weil sie den Betroffenen die Rolle des moralisch einwandfreien Opfers zuschreibt. Insofern können die Einstellungen schnell umschlagen, wenn die »Schwachen« sich plötzlich als starke Personen entpuppen, die andere Motive (man denke an den Begriff »Wirtschaftsflüchtlinge«) oder Ansprüche (z. B. den Bau einer Moschee) haben, als angenommen.

Wie gesagt: Die Bundesregierung hat sich in Sachen Antidiskriminierung nicht gerade an die Spitze der Bewegung gesetzt. Immerhin hat sie jedoch als begleitende Maßnahme zum Allgemeinen Gleichbehandlungsgesetz eine Beschwerdestelle eingerichtet. Etwa ein Jahr nach ihrer Gründung erteilte diese Stelle Auskunft über ihre Arbeit, in einer Antwort auf eine Kleine Anfrage einiger Abgeordneter der Grünen im Bundestag. So stellte sich heraus, dass bis April 2009 im Bereich »ethnische Herkunft/rassistische Diskriminierung« 377 Anfragen eingegangen waren.[14] Diese Zahl klingt beruhigend niedrig, man könnte daraus schließen, Diskriminierung sei in der Bundesrepublik kein Problem.

Ganz ähnlich berichtete der männliche und einheimische Diversity-Beauftragte eines Software-Konzerns bei einer Podiumsdiskussion einmal davon, bei den Beschwerdestellen in seinem Unternehmen habe sich bis auf eine Ausnahme noch nie jemand gemeldet. Diese Abstinenz kann jedoch auch andere Gründe haben. So wäre zum Beispiel denkbar, dass niemand von dieser Beschwerdestelle weiß oder dass dort Personen arbeiten, die die Erfahrungen der Betroffenen relativieren oder entwerten. Möglicherweise ist das Wissen über Diskriminierung in der Gesellschaft oder in der Firma auch so wenig verbreitet, dass deswegen niemand darüber klagt. Vielleicht erwarten die betroffenen Personen von dieser Stelle auch schlicht keine Unterstützung und betrachten sie als Alibi-Einrichtung.

Jedenfalls ist Antidiskriminierung oder, positiv gesprochen, die

Erzeugung von Barrierefreiheit der Kern einer Politik für die Vielheit in der Parapolis, die wiederum das Individuum adressiert. Anstatt wie beschrieben die herkömmlichen Vorstellungen zu bedienen, um kurzfristig Mehrheiten zu organisieren, sollten die Parteien und die Regierung in Deutschland ein Interesse daran zeigen, auf diese Weise eine Gemeinschaft der Zukunft zu stiften. Denn schon bald wird der demographische Wandel für neue Mehrheiten sorgen.

Was ist Interkultur?

Das Programm einer Politik, die Barrierefreiheit herstellen will, möchte ich als Interkultur bezeichnen. Ich habe diesen Begriff gewählt, weil Interkultur in der deutschen Debatte bereits eingeführt ist und ein wenig als der Kontrahent der schlecht-normativen Vorstellungen von Integration fungiert – vor allem im Begriff der »interkulturellen Öffnung«.[15] Die Ideen und Maßnahmen setzen eher an den tatsächlichen Verhältnissen an, die Perspektive ist pragmatisch und als Bezugspunkt dienen dabei die Institutionen. Insofern hat der Begriff Kultur in meinem Verständnis von Interkultur vor allem mit der Frage nach den Prinzipien der Organisation zu tun und keineswegs vorrangig mit ethnischen Gemeinschaften oder kultureller Identität wie in den Theorien des Multikulturalismus.
In seinem Buch *The Long Revolution* hat Raymond Williams versucht, Kultur als »gesamte Lebensweise« zu erfassen und durch die Analyse eines Geflechtes zu interpretieren, das die gesellschaftliche Praxis, also die ökonomischen und rechtlichen Lebensbedingungen, in Beziehung setzt mit den in einer Gesellschaft verbreiteten Sitten und Gebräuchen. Die jeweiligen Praktiken sind also weder schlicht das Ergebnis sozialer Ungleichheit oder Traditionen, sondern immer nur zu begreifen, wenn man den ganzen

Beziehungskomplex betrachtet. Kultur im Sinne von Raymond Williams bezeichnet also die grundsätzlichen Prinzipien der Organisation in diesem Feld; Prinzipien, die sich in allen Praktiken wiederfinden lassen.[16] In meinem Verständnis von Interkultur geht es also nicht wie im Multikulturalismus um die Anerkennung von kulturellen Identitäten, die Relativität unterschiedlicher Perspektiven oder das Zusammenleben der Kulturen, sondern das Ziel ist die Veränderung der charakteristischen Muster, die aktuell mit der Vielheit eben nicht mehr übereinstimmen.

Die Frage ist, wo man ansetzt, um diese Muster zu verändern. Ich würde als Ausgangspunkt die Institutionen vorschlagen, denn diese Institutionen können durch Politik und entsprechende Maßnahmen tatsächlich beeinflusst werden. In Deutschland wird oftmals versucht, die Bekämpfung von Diskriminierung oder den Dialog zwischen den Kulturen durch eine Veränderung des Bewusstseins zu erreichen – nach dem Motto: Jeder sollte zunächst bei sich selbst anfangen. Doch es ist schlicht unmöglich, jeden Einzelnen aufzuklären, und entsprechende Kampagnen verlaufen zumeist im Sand. Es gibt dabei nämlich weder echte Anreize zur Veränderung noch wird ein entsprechender Druck aufgebaut. Nur durch einen bewusst eingeleiteten Wandel in den Institutionen lassen sich die besagten Muster in Bewegung bringen. Daher möchte ich Interkultur auch verstehen als »Kultur-im-Zwischen«, als Struktur im Wandel, als etwas, das nicht ganz ist oder noch nicht – ein »Werden« im Sinne von Gilles Deleuze und Félix Guattari.[17]

Auch in Großbritannien gilt *Interculturalism* unterdessen als eine Alternative zum Multikulturalismus. Im Projekt »Intercultural Cities« etwa, in dem Empfehlungen für die Gestaltung urbaner Vielfalt entwickelt werden, arbeitet man mit folgender Definition: »Der interkulturelle Ansatz geht über Chancengleichheit und Respekt für existierende kulturelle Unterschiede hinaus, hin zu einer pluralistischen Transformation des öffentlichen Raumes, der zivilen Kultur und der Institutionen. Kulturelle Grenzen werden daher nicht als fix betrachtet, sondern als fließend und sich ständig erneuernd. [...] Vertreter dieses Ansatzes sagen, dass die Städte Förderstrategien entwickeln müssen, die Projekte bevorzugen, in denen unterschiedliche Kulturen sich überschneiden, sich ›anstecken‹ und hybridisieren.«[18] Ähnliche Gedanken findet man in dem im Jahr 2008 aufgelegten Programm »Intercultural Cities« der Europäischen Kommission, das die Entscheidungsträger auffordert, gegenüber der zunehmenden Vielfalt in Europa eine proaktive Haltung einzunehmen. Dieses Projekt lehnt sich stark an Konzepte an, die seit über 15 Jahren unter dem Stichwort *Managing Diversity* diskutiert und umgesetzt werden. Zudem überträgt die EU-Kommission darin die Prinzipien des *Gender Mainstreaming* auch auf den Bereich der Migration.

Im Grunde geht es also gar nicht darum, unter dem Begriff Interkultur das Rad neu zu erfinden. Schon heute existieren viele gute Vorschläge, Konzepte und Praktiken, und im Folgenden werde ich versuchen, diese aufzunehmen, zusammen- und weiterzudenken. Das Ziel ist ein konzeptionelles Gerüst im Hinblick auf die Veränderung von Institutionen und Politiken. Es geht dabei nicht darum, Minderheiten in bestehende Institutionen einzugliedern oder einfach neue Politiken zu den bestehenden hinzuzuaddieren. Es gilt vielmehr, den Kern der Institutionen zu befragen, sie daraufhin abzuklopfen, ob die Räume, die Leitideen, die Regeln, die Routinen, die Führungsstile, die Ressourcenverteilungen sowie die Kommunikation nach außen im Hinblick auf die Vielheit gerecht und effektiv sind. Die Vielheit ist eine Tatsache; warum also sollte man nicht versuchen, aus der Vielheit das Beste zu machen, sie als Quelle der Erneuerung zu nutzen.

Nun ist schon seit Beginn der neunziger Jahre in Deutschland viel die Rede von interkultureller Kommunikation, Lernfähigkeit, Pädagogik, Kompetenz, Öffnung, Orientierung, Entwicklung. Die Literaturproduktion war und ist enorm. Im Bereich der sozialen Dienste und der öffentlichen Verwaltung sind interkulturelle Kompetenz und Öffnung heute vielerorts Leitvorstellungen. Auch in den global operierenden Unternehmen hat das Thema seit geraumer Zeit Konjunktur; jüngst hat es noch einmal einen regelrechten Boom in Sachen Diversity gegeben. Allerdings sind nicht alle unter dem Begriff verhandelten Ansätze gleich gut, und es hapert – wie so oft – an der Umsetzung.

Zudem muss man darauf hinweisen, dass Konzepte wie interkulturelle Kompetenz oder Kommunikation und Diversity in Deutschland zum Teil auf haarsträubende Weise infiziert sind mit traditionellen Denkweisen, mit naiven Versionen von »Multikulti«. Nehmen wir zum Beispiel einen Ratgeber zum Thema »Interkulturelle Kompetenz in Kommunen«, herausgegeben von der einflussreichen Beratungsfirma Internationale Weiterbildung und Entwicklung (inWEnt) und versehen mit Grußworten von Maria Böhmer und Armin Laschet.[19] In dieser Broschüre kann von den gleich in der Einleitung beschworenen neuen interkulturellen Sichtweisen keine Rede sein. Zum einen richten sich die Ratschläge mit ungeheurer Selbstverständlichkeit an einheimische Mitarbeiter der kommunalen Verwaltung – es sind »Frau Neumann« und »Herr Schlegel«, die es für »interkulturelle Begegnungen« zu rüsten gilt.

Zweitens geht es um tatsächliche kulturelle Unterschiede, also um Themen wie Zeitwahrnehmung, das Verständnis von Macht oder Ideen vom Individuum – der soziale Kontext oder die Folgen von Diskriminierung bleiben völlig außen vor. Schließlich wird, drittens, zwar ausdrücklich vor Klischees gewarnt, doch letztlich werden sie ungebrochen reproduziert, wenn die Autoren zum Beispiel Personen aus »arabischen und afrikanischen Kulturkreisen« ein »polychrones« Zeitempfinden attestieren, was im Klartext bedeutet, dass sie ständig zu spät kommen. Frau Neumann und Herr Schlegel haben in den begleitenden Beispielgeschichten ihre Probleme mit Familie Mohamed und Familie Yilmaz, die Termine nicht einhalten und penetrant mit dem ganzen Clan anrücken.

Gefühlt stammen solche Geschichten aus dem Jahr 1974, und beim Lesen fragt man sich unwillkürlich, warum Neumann und Schlegel seitdem nichts gelernt haben. Ob sich die Mitarbeiter von Kommunen wirklich mit diesen Personen identifizieren mögen? Tatsächlich wird interkulturelle Öffnung oft als eine Art Training für einheimische Mitarbeiter von Einrichtungen verstanden, die mit Personen mit Migrationshintergrund in Kontakt kommen und deshalb angeblich mit Menschen unterschiedlicher »kultureller Prägung« umgehen können müssen. Tatsächlich findet man in der Literatur nur wenige Beispiele, in denen von Kompetenztrainings für Mitarbeiter türkischer Herkunft zum ruhigen Umgang mit der überheblichen Art deutscher Mittelschichtsangehöriger die Rede ist.[20] Zwar wird häufig betont, der Kulturbegriff in »interkulturell« besitze eine dynamische Qualität und solle keineswegs ethnisierend wirken. Doch zum einen ist oftmals von Anerkennung die Rede, was ja zwangsläufig bedeutet, dass gewisse Unterschiede als fix gelten bzw. nicht angetastet werden sollen. Zum anderen geht es stets um die Kultur der *anderen*; die Kultur der Institution selbst, ihre impliziten Ein- und Ausschlussmechanismen stehen selten zur Disposition. Häufig bieten solche Ratgeber also schlicht ethnologisches Rezeptwissen.

Wenn es Trainings geben soll zur Ausbildung von so etwas wie interkultureller Kompetenz, dann müssen die entsprechenden Trainingsmaßnahmen ausreichend reflektiert sein. Das Personal öffentlicher Einrichtungen etwa lebt vielfach selbst in einer unvermischten, einheimischen Parallelgesellschaft und hat außerhalb des beruflichen Alltags kaum Differenz auszuhalten. Wenn etwa der Lehrer einer Hauptschule seinen Schülern etwas von Toleranz erzählt, dann wirkt das abstrakt. Denn er muss Unterschiede nur im Job und als Autoritätsperson aushalten, während seine Schüler sich angesichts der vielfältigen Zusammensetzung der Klassen ununterbrochen horizontal in Toleranz üben. Tatsächlich könnte das Lehrpersonal etwas von den Schülern lernen. Außerdem sollten die Trainings auch die Positionen und Wissensbestände des betreffenden Personals in den Fokus rücken. Im Grunde geht es zunächst gar nicht darum, etwas über die anderen zu lernen, es geht vielmehr darum, etwas zu verlernen oder bewusst zu »entlernen« – nämlich die eigenen Bestände an »rassistischem Wissen« oder die eigenen »kulturellen Kurzschlüsse«. Es sollte deutlich werden, dass die eigene Position gegenüber den anderen keineswegs objektiv ist.

Schließlich existiert eine Schieflage bezüglich der Institutionen, die sich überhaupt mit dem Thema Interkultur befassen – interkulturelle Öffnung und Kompetenz scheinen gewöhnlich nur die sozialen Dienste wie Sozialstationen oder ambulante Kranken- oder Altenpflege, die Verwaltung und die Polizei zu benötigen. Diese Verengung lässt Interkultur als ein Schmiermittel zur Sozialkontrolle erscheinen, und nicht als Werkzeug zur Durchsetzung von Gerechtigkeit und Chancengleichheit. Zweifellos wird der Prozess der interkulturellen Öffnung angesichts demographischer Veränderungen auch auf Museen und Theater zukommen – darauf werde ich im nächsten Kapitel eingehen.

Auch der Begriff Diversity kann traditionelle Vorstellungen transportieren. So hat der »Zukunftsforscher« Matthias Horx zu Beginn des neuen Jahrtausends gefragt, ob es in der gegenwärtigen Gesellschaft noch einen »Mega-Mega-Trend« gebe, »der alle anderen sozialen, gesellschaftlichen und ökonomischen Trends in einer Art Meta-Prinzip zusammenfasst«. Er glaubte diesen übergeordneten Trend in der Diversity gefunden zu haben. Früher habe die Wirtschaft den älteren weißen Männern gehört, so Horx, nun aber sei die »Vielfalt, die Multikulturalität der Firmenkulturen« im globalen Konkurrenzkampf »gefechtsentscheidend« geworden. »Am produktivsten«, schrieb er, seien »Diversity-Ansätze gerade dann, wenn sie die Unterschiedlichkeit der Teilnehmer am Diskurs wahren, ja sogar anspornen. Das geht bis hin zu einer allgemeinen Akzeptanz von Klischees. Der Kollege aus dem

Fernen Osten muss seine ›typisch asiatische Sichtweise‹ äußern können. Frauen sollen einen ›typisch weiblichen Zugang‹ zu dem Problem erarbeiten – gerade bei technischen Entwicklungen.«[21]
Angesichts solcher Prognosen war zumindest teilweise absehbar, wie der »Mega-Trend« sich in Deutschland niederschlagen würde. Wie viele deutsche Unternehmen trägt auch die Deutsche Telekom das Banner der Diversity vor sich her. Auf der Homepage finden sich die üblichen Schlagworte, wobei man allerdings in Bezug auf den Migrationshintergrund vergeblich nach konkreten Maßnahmen sucht. Im Rahmen einer Selbstdarstellung in einer Broschüre der Bertelsmann-Stiftung[22] weist das Unternehmen dann darauf hin, es biete in »ausgewählten Telekom-Shops« in Berlin und Köln mehrsprachige Beratung an. Allerdings ergibt sich das in Großstädten angesichts der Zusammensetzung der Mitarbeiter im Prinzip von selbst. Zudem erwähnt die zuständige Mitarbeiterin eine »Ethno-Fibel«, die Beschäftigten in überraschenden oder befremdlich wirkenden Situationen Hilfestellungen bieten soll.

Die Diversity-Beauftragte der Telekom war so freundlich, mir die »Fibel« aus dem Jahre 2004 zukommen zu lassen. Es handelte sich um zwei DIN-A4-Blätter, spärlich beschrieben, erstellt von einer regionalen Abteilung. Dort fanden sich Hinweise wie: »Geben Sie arabischen Frauen zur Begrüßung bitte nicht die Hand. Aus religiösen und moralischen Gründen dürfen sie fremde Männer nicht berühren, auch der Blickkontakt sollte nicht gesucht werden.« In Bezug auf »Asiaten« empfiehlt die Handreichung: »Kinder sollten nicht am Kopf getätschelt werden, da dem Glauben nach dort die Seele ruht.« Es gehört schon ziemlich viel Unverschämtheit dazu, eine solche »Fibel« in einer Selbstdarstellung zum Thema Diversity zu promoten.

In deutschen Unternehmen ist Diversity also in den letzten Jahren zu einem relevanten Thema avanciert, ohne dass damit etwas über die Qualität der Maßnahmen gesagt wäre. Um die Bemühungen um Diversity in Deutschland weiter voranzutreiben, hat Maria Böhmer, die Integrationsbeauftragte des Bundes, Ende 2006 die sogenannte Charta der Vielfalt für Unternehmen und öffentliche Einrichtungen auf den Weg gebracht. Nach einem Jahr vermeldete die Beauftragte, inzwischen gebe es 500 Unterzeichner – damit würden nun vier Millionen Beschäftigte erreicht. Aber was heißt hier »erreicht«? Ein Blick auf die Charta zeigt, dass darin keine nachprüfbaren Ziele formuliert werden. »Die Umsetzung der ›Charta der Vielfalt‹«, heißt es dort nur pauschal, »hat zum Ziel, ein Arbeitsumfeld zu schaffen, das frei von Vorurteilen ist.«[23]

Was nun als »Vorurteil« betrachtet wird, bleibt jedoch dahingestellt. Wenn in einem Unternehmen eine homogene Schicht einheimischer, heterosexueller Männer aus der Mittel- und Oberschicht die Entscheidungen treffen und die Unternehmenskultur entsprechend gefärbt ist – wie sollen dann »Vorurteile« als solche erkannt werden? Ähnlich uneindeutig sind andere Formulierungen in der *Charta*. So erklären die unterzeichnenden Einrichtungen, »eine Unternehmenskultur pflegen [zu wollen], die von ge-

genseitigem Respekt und Wertschätzung jedes Einzelnen geprägt ist. Wir schaffen die Voraussetzungen dafür, dass Vorgesetzte wie Mitarbeiterinnen und Mitarbeiter diese Werte erkennen, teilen und leben. Dabei kommt den Führungskräften bzw. Vorgesetzten eine besondere Verpflichtung zu.«[24] Was das für Voraussetzungen sind, und welche Maßnahmen ergriffen werden sollen, um diese tatsächlich zu realisieren – darüber erfährt der Leser hier freilich nichts.

Das Programm Interkultur

In den Vereinigten Staaten hat Diversity eine wesentlich konkretere Bedeutung. Das Konzept wurde von Beginn an als Weiterentwicklung von *affirmative action* verstanden, und zwar in dreifacher Hinsicht: Zum Ersten reagierten Institutionen und Unternehmen in den USA auf die strenge Gesetzgebung und die teilweise harschen Gerichtsurteile in Sachen Antidiskriminierung: Sie wollten bewusst ein neues Umfeld schaffen und Spielregeln definieren. Zum Zweiten gab es bereits seit den Achtzigern eine Vielzahl von Programmen zur Verbesserung der Chancen von Frauen und Minderheiten, die jedoch oft nicht den gewünschten Erfolg erzielten, weil sie die »Norm« in der Organisation unangetastet ließen und so Gleichstellung als Anpassung missverstanden. Und drittens kam den Unternehmen in den USA zu Bewusstsein, dass die Arbeitnehmerschaft sich in einem dramatischen demographischen Wandel befand, da die neu hinzukommenden Arbeitskräfte zu vier Fünfteln aus Frauen, Minderheitsangehörigen oder Einwanderern bestanden. Schon 1991 veröffentlichte Roosevelt Thomas seine Pionierarbeit *Beyond Race and Gender*, in der er *Managing Diversity* als Arbeitsprinzip vorschlug.

Es ging dabei um die Erweiterung der Vorstellungen von der Differenz; weg von der Idee von »Problemgruppen«, die man integrieren muss, hin zum Ideal einer Belegschaft, die sich generell durch Unterschiedlichkeit auszeichnet. Thomas wehrte sich gegen die Auffassung, es gebe »in jeder Situation, jedem Unternehmen, jeder Gesellschaft, die ›Einen‹, die ›Normalen‹«, und »dann noch die ›anderen‹, – die, die sich in irgendeiner Weise […] unterscheiden. In dieser traditionellen Sichtweise werden nur die ›anderen‹ als Diversity gesehen.« Er dagegen interpretierte Diversity als »kollektive Zusammensetzung«, als »komplexe Mischung von Eigenschaften, Verhaltensweisen und Talenten«.[25] Die Institutionen sollten nicht länger auf Gleichheit im Sinne der Anpassung an eine Norm drängen, sondern auf die prinzipielle Wertschätzung von Unterschiedlichkeit.

Im Mittelpunkt von Diversity-Programmen stehen also nicht kompensatorische Maßnahmen im Hinblick auf bestimmte Gruppen, sondern die Chancen des Einzelnen, sein Potential auszuschöpfen. Das liegt selbstverständlich im ureigensten Interesse der Unternehmen, da Personen, die sich innerhalb einer Firma diskriminiert fühlen, nicht so motiviert sind wie Kollegen, die sich respektiert fühlen – es handelt sich insofern also um Maßnahmen zur Stärkung des »psychologischen Arbeitsvertrages«. Die Zugehörigkeit zu Gruppen, ob nun selbst definiert oder zugeschrieben, kommen dabei in dem Maße ins Spiel, wie Einzelne sie einbringen wollen oder insofern sie als Barrieren fungieren.

In den USA hat sich zudem ein gewisser Mythos rund um die Tätigkeit von »gemischten« Gruppen entwickelt – angeblich arbeiten diese kreativer als homogen zusammengesetzte. Bislang existiert allerdings keine Untersuchung, die das wirklich belegen würde. Faktisch gibt es jedoch immer weniger homogene Gruppen im herkömmlichen Sinne, und das stellt das Management vor neue Herausforderungen. Neue »Führungskonzepte« wurden entwickelt – auch in Deutschland. Im Vorfeld der Fußballweltmeisterschaft 2006 wollte Jürgen Klinsmann etwa den ehemaligen Trainer der deutschen Hockey-Nationalmannschaft, Bernhard Peters, für sein Team gewinnen. Das scheiterte damals am Widerstand der Traditionalisten im Deutschen Fußball-Bund (DFB). Später wurde Peters dann von Ralf Rangnick für das Fußballlabor der TSG 1899 Hoffenheim angeworben. Er plädiert bei der Führung von Teams für das Prinzip des »Differenzierens«: Jedes Kollektiv bestehe aus Individuen, sagt Peters, es gehe darum, »diese Individuen auszuwählen, zu fördern und zusammenzufügen«.[26]

In diesem Sinne beschäftigt er sich auch mit den Biographien der Spieler, ihrem Kommunikationsstil etc., um etwas über Anlagen und Möglichkeiten zu erfahren. »Der Mix macht's«, meinte er dazu in einem Interview mit dem *Tagesspiegel*. »Sie brauchen die strategischen Denker, die Kämpfer, die Künstlertypen, die Jüngeren, die Führungsspieler. Generell gilt, nicht die besten Einzelspieler bilden das beste Team, sondern die am besten aufeinander abgestimmten.«[27] Dem Trainer verlange das einen gewissen »Mut zur Ungerechtigkeit« ab, weil manchen Spielern ihre Eigenheiten nachgesehen werden müssten. Das Gefühl der Ungleichbehandlung könne man wiederum nur durch Vertrauen kompensieren – die Spieler müssten das Gefühl haben, es gehe dem Trainer bei seinen Entscheidungen ausschließlich um das Wohl des Kollektivs und das gemeinsame Ziel.[28]

In vielen deutschen Firmen, Behörden oder Kultureinrichtungen sind solche Ideen Zukunftsmusik – es herrscht immer noch der Geist starrer Hierarchien und geregelter Abläufe. Flexibilität wird zwar gepredigt, aber häufig nur den »Neuen« zugemutet – in Form von Zeitverträgen und schlechter Bezahlung. Diese reagieren mit übertriebener Anpassung, weil sie auf die »Festanstellung« schielen. Eine solche Struktur entspricht dem assimilativen Modell der Organisation, nicht dem des Diversity-Konzepts. Nur eine proaktive Personalpolitik ermöglicht es, ganz bewusst eine Mischung von Individuen mit unterschiedlichen Vermögen, Fähigkeiten, Eigenschaften zu kreieren. Allerdings bringt die zunehmende Technologisierung des *human ressource management*, wie es in den USA betrieben wird, auch durchaus Gefahren mit sich, etwa jene der völligen Ausforschung und Übertestung der einzelnen Mitarbeiter. Dagegen gilt es zu betonen, dass das Individuum im Mittelpunkt der Bemühungen steht, als kleinste Einheit des Gemeinwesens, und nicht bloß der Mensch als »Rohstoff« einer Organisation, die sich im Wettbewerb mit anderen befindet.

Zudem steht in der Bundesrepublik zu befürchten, dass solche Prinzipien in einer konservativen Form der »Begabtenförderung« aufgehen, in der wiederum bestimmte Voraussetzungen, die man von Haus aus mitbringt, wichtiger sind als tatsächliche Individualität. Bislang garantiert oft allein die Art der Auswahlverfahren, dass das der Fall ist. Zudem wird von Individuen, wie erwähnt, weiterhin Anpassung erwartet. Doch gerade die verkrampften Einzelnen auf der Suche nach Haltung, die schrägen Gestalten mit den abseitigen Interessen, die Schmuddelkinder mit der »falschen« Herkunft haben enormes Potential – und nur mit Schwiegersöhnen, so Bernhard Peters im Interview, werde man nicht Erster.

Was nun die inhaltliche Füllung des Programms der Interkultur betrifft, so möchte ich ein Modell vorschlagen, das dafür sorgt, dass die Institutionen sich so verändern, dass sie den Individuen, egal welche Unterschiede sie mitbringen oder ihnen zugeschrieben werden, Barrierefreiheit ermöglichen. Dazu ist es zunächst notwendig, den Begriff der Institution zu klären. Nach einer Definition Bronislaw Malinowskis hat eine Institution vier wesentliche Dimensionen. Die »Verfassung« einer Institution legt fest, welches die grundsätzlichen Werte, Zwecke und Ziele sind; als »Personalbestand« gilt jene Gruppe, die innerhalb der Institution nach bestimmten Prinzipien von Autorität, Arbeitsteilung und der Verteilung von Rechten und Pflichten organisiert ist; die »Regeln und Normen« umfassen Fertigkeiten, Maßstäbe, Gewohnheiten und Verpflichtungen; der »materielle Apparat« schließlich bezeichnet die zur Verfügung stehenden Ressourcen.[29]

Eine interkulturelle Gestaltung der Institution, die den Namen auch verdient, muss in all diesen Dimensionen buchstäblich »ans Eingemachte« gehen. Der Begriff Interkultur erscheint hier insofern passend, weil es sich bei der Veränderung der Institutionen tatsächlich um eine Art *Kultur*revolution handelt. Es reicht eben nicht, freundliche Verlautbarungen über die Wertschätzung der Vielfalt zu veröffentlichen und eine Person mit Migrationshintergrund einzustellen, die dann für alle »Ausländer« zuständig ist. Der Kern der Organisation, ihre Kultur, muss auf den Prüfstand – es gilt zu untersuchen, ob dieser Kern im Sinne von Gerechtigkeit und Chancengleichheit mit der gesellschaftlichen Vielfalt korrespondiert. Wenn in diesen Tagen allerorten die Freiheit und die Eigenverantwortung der Individuen gefordert und gefördert wird, dann müssen auch die Voraussetzungen dafür erfüllt werden, dass Freiheit und Eigenverantwortung gelebt werden können – und das bedeutet die Herstellung von Barrierefreiheit. Dazu wird in vier verschiedenen Hinsichten eine Veränderung der Institutionen benötigt:

1.) die Kultur der Institution (Verfassung, Regeln und Normen)
2.) den Personalbestand
3.) den materiellen Apparat
4.) die grundsätzliche Ausrichtung der Strategien der Institution.

Nun gibt es natürlich sehr unterschiedliche Institutionen (und soziologische Abgrenzungsfragen zum Begriff der Organisation klammere ich hier ohnehin aus). Ein global agierendes Industrieunternehmen funktioniert anders als eine öffentlich-rechtliche Sendeanstalt, das Einwohnermeldeamt anders als der ADAC, ein Stadttheater anders als ein Krankenhaus. Tatsächlich haben verschiedene Einrichtungen wie etwa die Kirchen im Streit um die EU-Richtlinie zur Antidiskriminierung darauf hingewiesen, sie schlössen aufgrund der spezifischen Orientierung ihrer Organisation per se bestimmte Personen aus. Beim Programm Interkultur geht es jedoch gar nicht darum, weltanschauliche Formen der

Organisierung zu verbieten. Grundsätzlich in Frage stehen Formen der Institutionalisierung, die für alle Personen zugängliche Arbeitsmärkte beinhalten oder die öffentliche Ressourcen verteilen. Wenn die Kirchen entscheiden, nur bestimmte Personen mit ausgewählten Eigenschaften als Priester oder Pastoren einzustellen, ist das ihre Sache, denn es handelt sich um Berufe, die nur aufgrund der Kirche existieren und nur in der Kirche einen Sinn haben. Wenn sie jedoch, zumal mit Geldern der öffentlichen Hand, einen Kindergarten betreiben, dann dürfen sie etwa vom Erziehungspersonal nicht verlangen, Mitglied einer bestimmten Kirche zu sein.

Nun gibt es bereits eine Menge Erfahrungen mit der Implementierung von Diversity-Programmen, auf die ich hier zurückgreifen kann. Am Anfang eines solchen Projekts geht es in der Regel darum, in der Organisation ein Bewusstsein für die Relevanz des Themas zu wecken. Möglicherweise tragen bestimmte Gruppen dieses Bewusstsein gleichsam »von unten« in die Organisation hinein, vielleicht wird es aber auch »von oben«, von den Entscheidungsträgern, verordnet. Diese Entscheidungsträger sitzen möglicherweise in einem anderen Land, schließlich hat gerade die globale Verflechtung (man denke an US-amerikanische Schwester- oder Mutterfirmen) in der Wirtschaft dazu geführt, dass Diversity in deutschen Unternehmen als Thema etabliert wurde. In den USA wird es heute in der Regel nicht länger toleriert, wenn eine Firma keine entsprechende Orientierung vorzuweisen hat.

Identifikation des Themas bedeutet aber auch die Erforschung des Ist-Zustandes: Wie ist die Verteilung von Personen mit unterschiedlichen Hintergründen in der jeweiligen Institution? Welche Personen kommen gar nicht in der Institution vor? Gibt es ein Bewusstsein für solche Schieflagen? Welche Annahmen haben die Mitarbeiter über die Gründe für die Schieflagen? In welchen Routinen verstecken sich die tatsächlichen Gründe für die ungleiche Verteilung? Wenn eine Institution interkulturell überholt werden soll, ist es wichtig, zunächst festzustellen, welchen Typus Mitarbeiter, Klient oder Besucher sie bevorzugt und welche Personengruppe die Norm verkörpert – eine Norm, über die man meist gar nicht spricht und deren Dominanz als »natürlich« erscheint.

1.) Die Kultur der Institution

Bei einer Veränderung der Institution im Rahmen des Programms Interkultur geht es zunächst um die Kultur der Institution, die Organisationsprinzipien im engeren Sinne, also die »Verfassung« sowie die »Regeln und Normen«. Tatsächlich bleibt dieser Bereich zumeist implizit, denn in den seltensten Fällen sind diese Prinzipien irgendwo schriftlich fixiert. Bereits die Diskussion über Unternehmenskultur in den Wirtschaftswissenschaften und der Organisationspsychologie hat jedoch gezeigt, dass solche Prinzipien erhebliche Auswirkungen auf die Arbeitsabläufe und die Mitarbeiter haben. Etwas ist »schon immer so« gemacht worden, obwohl niemand mehr weiß, warum. Auch wenn sich die Ausgangssituation längst verändert hat und das Handeln nicht mehr angemessen erscheint, machen alle einfach so weiter. In ähnlicher Weise hatten in der Organisation »immer schon« bestimmte Personen das Sagen; sie reklamieren Kompetenzen für sich, die ihnen angesichts ihrer Position eigentlich nicht zustehen. Zudem existiert in den meisten Institutionen eine »Erzählung« der eigenen Geschichte, in der bestimmte Gruppen wie Frauen oder Einwanderer wie selbstverständlich nicht vorkommen. Unausgesprochene Routinen führen zu Stockungen in den Arbeitsabläufen, zu mangelnder Effektivität und auch zu abbröckelnder Motivation der Mitarbeiter.

Eine erste konkrete Maßnahme zur Durchsetzung von Diversity ist dann die Verabschiedung eines sogenannten »Corporate Code« bzw. einer Betriebsvereinbarung. Darin wird festgehalten, welche Regeln die Institution für unabdingbar hält, damit die Mitarbeiter Diversity im Alltag leben können. In den USA haben fast alle Unternehmen einen solchen Code, in Deutschland inzwischen bereits mehr als die Hälfte. Dieser Prozess ist sinnvoll, um die »Regeln und Normen«, die den Mitarbeitern ja selten bewusst sind, explizit zu machen – sie sind nachzulesen, man kann sich darauf berufen. Allerdings reicht es nicht, die entsprechende Vereinbarung auf der Homepage zu veröffentlichen. »What gets measured gets done«, lautet eine alte unternehmerische Devise in den Vereinigten Staaten. Im Sinne eines interkulturellen Codes geschieht nur dann etwas, wenn klare und nachprüfbare Kriterien für das existieren, was man erreichen will und wie man vorzugehen gedenkt. Zudem müssen die Personen auf den Leitungsebenen das Programm eindeutig unterstützen. Wenn die Führung signalisiert, dass sie Interkultur für eine lästige Zusatzbeschäftigung hält oder ihr das Thema egal ist, werden andere Mitarbeiter diese Haltung übernehmen.

Diese Unterstützung ist auch deswegen so wichtig, weil die intendierte Veränderung des *organisational core* auch einen Angriff auf die Privilegien der aktuellen »Mehrheit« in der Institution darstellt. Je höher man, zumal in Deutschland, in der Hierarchieebene kommt, desto homogener wird das Spektrum – hier regieren noch relativ unangefochten jene Personen, die in den Vereinigten Staaten während der Debatten um die Political Correctness ironisch als »PPPP« bezeichnet wurden, als »Pale Patriarchal Penis People«. Als »zu männlich, zu deutsch, zu farblos« bezeichnete etwa Siemens-Chef Peter Löscher, der selbst lange in den USA gearbeitet hat, mit erfreulicher Offenheit das Management seines Konzerns.[30] Dass Frauen in diesem Segment selten vertreten sind, bedeutet nicht, dass sie nicht selbst in anderen, schlechter bezahlten Bereichen selbst diese Position innehaben – beispielsweise beim überwiegend weiblichen Pflegepersonal in Krankenhäusern. Auch dort gelten bestimmte Annahmen über die »Normalität«, die für Personen nichtdeutscher Herkunft ausgrenzend wirken können. Gleichzeitig ist aber die überdurchschnittliche Beteiligung von Frauen in Pflegeberufen wiederum mitbedingt durch Vorstellungen von der Frau als mütterlichem Wesen, das quasi natürlich mit den richtigen Eigenschaften für diese Tätigkeiten ausgestattet ist. Auch solche immer noch weitverbreiteten Ideen müssten in Frage gestellt werden.

Diese »Normalität« kann durch den aktiven Umbau des Personalbestandes verändert werden – darauf werde ich gleich noch ausführlich zu sprechen kommen. Doch Bemühungen um Inklusion können nicht zu einem substantiellen Wandel führen, wenn die grundsätzliche Organisation, die Kultur der Institution unangetastet bleibt. Wenn heute zum Beispiel mehr Personen türkischer Herkunft bei der Polizei arbeiten, dann muss das die Kommunikation mit der Community nicht zwangsläufig verbessern. Werden diese Beamten nämlich auf ihre Rolle als Vermittler reduziert und geraten zudem in die Position, den Kollegen beweisen zu müssen, dass sie »ihre Landsleute« nicht zu weich anfassen, dann können sie sogar zu einer Verschlechterung des Verhältnisses führen.

Allerdings gehört die Polizei nach Umfragen nicht zu jenen Institutionen, die bei Personen mit Migrationshintergrund den schlechtesten Ruf genießt – andere Behörden kommen deutlich schlechter weg. Doch das Verhalten von Polizeibeamten sorgt manchmal für unnötige Eskalationen wie etwa im Kreuzberger Wrangelkiez im Jahr 2006. Die Polizisten hatten dort zwei Zwölfjährige festgenommen, die offenbar versucht hatten, einen MP3-Player zu stehlen. Wie Zeugen mitteilten, ging es bei der Festnahme ruppig zu, was zu Handgreiflichkeiten zwischen mehreren Dutzend Jugendlichen und den Polizisten führte. Zeugen hatten gehört, dass die Polizisten zuvor einem der Jugendlichen zugerufen hatten: »Geh doch zurück in dein Land!« Ein so unsensibler, rassistischer Spruch kann in einer Situation wie der geschilderten zu einer regelrechten Kettenreaktion führen. Der Vorfall zeigt aber, dass solche Bemerkungen in der Kultur der Polizei noch immer legitim sind. Interkultureller Wandel muss auf die »gelebte« Veränderung dieser Legitimität hinarbeiten.

2.) Der Personalbestand

Wenn eine Untersuchung des Ist-Zustandes Schieflagen zeigt, was Positionen, Segmente und Zugänge betrifft, suchen die Verantwortlichen zunächst meist Erklärungen im Sinne der Norm: Die »anderen« haben nicht die nötigen Qualifikationen, »sie« sind nicht ehrgeizig genug, und »wir« sind doch eigentlich wohlmeinend und offen. Dass die Schieflagen etwas mit strukturellen Hürden bzw. Diskriminierung zu tun haben könnten, wird dagegen oft vehement zurückgewiesen. Tatsächlich gibt es in Deutschland noch keinen Konsens darüber, was Diskriminierung ist, und so werden teilweise selbst krasse Formen von Diskriminierung nicht als solche erkannt. Nun geht es bei Diskriminierung eben nicht nur um offen rassistische Bemerkungen, sondern vor allem um die Ignoranz gegenüber unausgesprochenen und unsichtbaren strukturellen Hürden.

Die Veränderung des Personalbestandes muss daher proaktiv angegangen werden. Zunächst muss man auf bestimmte Personengruppen zugehen und sie zu den Gründen befragen, warum sie sich nicht bewerben oder die Institution nicht nutzen, warum sie innerhalb der Institution nicht aufsteigen oder warum sie relativ schnell wieder wechseln. Gibt es die berühmten Old-Boys-Netzwerke, die anderen Personen den Zutritt verwehren? Gibt es Formen der Kommunikation, in denen die betreffenden Personen ganz selbstverständlich subtil herabgesetzt, freundlich patronisiert oder nicht ernst genommen werden? Haben sie das Gefühl, als Personen, die als Minderheitenangehörige wahrgenommen werden, mit allerlei negativen Klischees zu kämpfen zu haben?

Trauen sie sich deshalb weniger zu? In den USA gibt es dafür die Bezeichnung »Stereotype threat«, Bedrohung durch Stereotype. Die französische Eliteuniversität Science Po hat ein Phänomen der »Autozensur« bei bestimmten Personengruppen festgestellt, die per se glauben, dass diese Institution nicht für sie gemacht sei.[31]

Um den Personalbestand zu verändern, müssen die Institutionen die Strategien der Rekrutierung überdenken. In den USA ist bei Jobs, die höhere Qualifikationen erfordern, eine proaktive Personalpolitik üblich – Unternehmen ermuntern geeignete Kandidaten schon im Vorfeld, etwa in den Universitäten, sich zu bewerben. In diesem Bereich lässt sich eine interkulturelle Personalpolitik leicht realisieren. So versuchen Universitäten und Unternehmen die Zahl der Bewerber aus Minderheiten zu erhöhen, indem sie zum Beispiel mit den Selbstorganisationen der jeweiligen Communities zusammenarbeiten. Tatsächlich fungieren informelle Netzwerke aller Art oft als Kontaktbörsen. Da Minderheiten jedoch häufig nicht Teil solcher Netzwerke sind, müssen die Institutionen die Beteiligung der betreffenden Personen an solchen Netzwerken aktiv fördern.

Zudem müssen die Aufnahmebedingungen daraufhin befragt werden, ob sie von vornherein bestimmte kulturelle oder schichtabhängige Voraussetzungen erfordern, die bestimmte Personen nicht mitbringen. Die bereits erwähnte Eliteuni Science Po wirbt etwa im Rahmen ihres Diversity-Programms nicht nur bereits an Schulen um Bewerber mit den unterschiedlichsten sozialen und ethnischen Hintergründen, sondern hat auch die Art der Aufnahmeprüfung verändert: Anstatt des schriftlichen Tests können Bewerber auch eine mündliche Variante wählen, wobei die Verfahren angepasst werden an die ökonomische, soziale und kulturelle Situation der Bewerber. Obwohl diese Maßnahmen als Einknicken bei den formalen Bedingungen kritisiert wurden, gibt der Erfolg der Science Po recht: Neun von zehn auf diese Art rekrutierten Studenten schaffen ihren Abschluss.

Um wiederum eine Veränderung beim Lehrpersonal herbeizuführen, kann eine Universität zum Beispiel jene Abteilungen oder Fachbereiche »belohnen«, denen es gelingt, den Minderheiten-Anteil zu erhöhen. Das Massachusetts Institute of Technology (MIT) etwa hat das Programm »Minority Faculty Hiring« eingeführt: Wenn Angehörige von Minderheiten für bestimmte Positionen nominiert werden, übernimmt das MIT die Finanzierung der Stelle. Aber es gilt auch, permanent auf das Fortkommen der betreffenden Personen innerhalb der Institution zu achten, etwa durch die Ermöglichung der Teilnahme an Qualifizierungsmaßnahmen. Zudem könnte man bei Beförderungen Personen mit Migrationshintergrund ebenso wie Frauen bei gleicher Qualifikation bevorzugen. Ich halte Quoten immer für hilfreich, auch weil sie überprüfbar sind.

Solche proaktiven Maßnahmen zur interkulturellen Veränderung des Personalbestandes sind in Deutschland noch weitgehend unüblich. Allerdings herrscht derzeit in vielen Branchen ein Mangel an Fachkräften, was ein Umdenken befördern könnte. Das gilt auch für die öffentliche Verwaltung oder die kommunalen Unternehmen. Tatsächlich gibt es mittlerweile vielerorts Kampagnen, um die Inklusion von Personen mit Migrationshintergrund zu erhöhen. Da aufgrund von Sparzwängen oft Einstellungsstopp herrscht, konzentrieren sich die Bemühungen dabei auf den Bereich der Ausbildung.

Das Land Berlin hat im Jahr 2006 zum Beispiel die Kampagne »Berlin braucht Dich« initiiert, um bewusst mehr junge Menschen mit Einwanderungsgeschichte anzuwerben. Der Erfolg war beachtlich. Laut dem ersten, im Jahr 2009 veröffentlichten Umsetzungsbericht zum Berliner Integrationskonzept konnte ihr Anteil in nur zwei Jahren auf 14,3 Prozent verdoppelt werden. Diese Zahl entspricht zwar immer noch nicht ihrem Anteil an den Jugendlichen insgesamt, der in Berlin bei etwa 40 Prozent liegt, doch das Beispiel zeigt, wie schnell sich Erfolge erzielen lassen, wenn der Wille da ist.

Mit Blick auf die Jugendlichen ist auch die Einbindung der Berufsberater in Schulen und Job-Centern wichtig. Untersuchungen haben in den vergangenen Jahren immer wieder festgestellt, dass viele Berater Jugendliche mit Migrationshintergrund systematisch unterschätzen – so empfehlen sie Mädchen mit schöner Regelmäßigkeit eine Lehre als Friseurin. Schließlich bedarf es einer Erweiterung der Vorstellungen von Qualifikation. Wenn in einem Krankenhaus der Betrieb permanent stockt, weil Personen mit bestimmten Sprachkompetenzen fehlen, dann gilt es, das Anforderungsprofil entsprechend zu verändern. Das wird oft empfunden als Nachgiebigkeit gegenüber Mängeln, nach dem Motto: Nun müssen wir auch die mit den schlechteren Noten akzeptieren. Doch zum einen ist nicht ausgemacht, dass junge Leute mit Migrationshintergrund tatsächlich schlechtere Schulabschlüsse haben – zumal bei den Mädchen ist das keineswegs der Fall. Zum anderen muss sich die Institution die Frage stellen, welche Qualifikationen in der aktuellen Situation Priorität besitzen, um den Betrieb den Gegebenheiten anzupassen – und da kann Sprachkompetenz eben wichtiger sein als eine Eins in Mathe. Die Aufnahme von spezifischen Wissensbeständen ins Anforderungsprofil ist schlicht Teil der notwendigen Flexibilisierung.

In vielen Unternehmen und öffentlichen Einrichtungen sind die *gatekeeper* jedoch weiterhin der Auffassung, es reiche aus, einfach auf geeignete Bewerber zu warten, von denen es oftmals ja auch mehr als genug gibt. Allerdings kann man auch passive Formen der Personalrekrutierung auf Fairness überprüfen. Gemäß dem Allgemeinen Gleichbehandlungsgesetz müssen Bewerbungen mittlerweile eigentlich anonymisiert werden, damit die Personalchefs nur aufgrund der jeweiligen Qualifikationen entscheiden. Dieses Vorgehen ist in Frankreich und Großbritannien bereits üblich. Auch das Anfordern von Porträtfotos ist nicht mehr gestattet, obwohl die Bewerber sie häufig noch freiwillig versenden. Manche Unternehmen weisen aber schon von sich aus darauf hin, dass auf unnötige persönliche Informationen wie Lichtbilder verzichtet werden kann.

3.) Die materiellen Grundlagen

Ich habe über die Verfassung, Regeln und Normen sowie den Personalbestand der Institution gesprochen, aber auch die materiellen Gegebenheiten spielen im Programm Interkultur eine immense Rolle. Hier geht es zunächst um Barrierefreiheit im engeren Sinn: Wenn Personen mit Handicaps nicht einmal die Möglichkeit haben, ohne fremde Hilfe eine Einrichtung zu betreten, wenn sie an den Hintereingang verwiesen werden, wenn sie in den Gebäuden keinen Zugang zu Computerterminals oder Automaten haben, dann sind schon die elementarsten Voraussetzungen der Interkultur nicht erfüllt. Ähnliche Probleme haben oft Familien mit Kindern. Wer allein mit einem Kinderwagen unterwegs ist, muss ständig andere Personen um Hilfe bitten. Wer

»ökologisch korrekt« mit Fahrrad und Kinderanhänger zum Einkaufen fährt, wird schwerlich einen Platz zum Abstellen finden. Auch ältere Menschen stehen oft vor unüberwindlichen Hürden. Bei den Kommunalen Wohnungsbaugesellschaften ist die Umgestaltung der Wohnungen aufgrund der zunehmenden Alterung der Gesellschaft inzwischen ein großes Thema – die meisten sind keineswegs barrierefrei.

Es ist letztlich unmöglich, an dieser Stelle alle Ansatzpunkte der interkulturellen Raumplanung erschöpfend zu behandeln. In jedem Fall bedarf es einer Planung, die nicht implizite Normen zugrunde legt, sondern die Vielheit der Individuen, ihre unterschiedlichen Voraussetzungen, Ansprüche und Lebensweisen berücksichtigt. Diese Diskussion ist alles andere als neu – bereits seit den siebziger Jahren debattierte man über die Fallstricke der modernistischen Planung, etwa in Bezug auf geschlechtsspezifische Ungleichheit. Aber bis heute wird das Thema oft nicht ausreichend ernst genommen. »Designing for Diversity« oder »Inclusion by Design« können die Zufriedenheit der Personen mit ihrer Umgebung verbessern und damit auch ihr Zugehörigkeitsgefühl und den Willen zur Partizipation.

Die Gestaltung der Räume betrifft eine Schnittstelle, denn sie interferiert mit den Kommunikationsformen nach innen und nach außen und damit auch mit der Kultur der Institution insgesamt. Ein Beispiel wäre die Planung und Einrichtung einer öffentlichen Bibliothek. Kürzlich hatte ich ein Gespräch mit der Verlegerin eines kleinen Hauses für bibliothekswissenschaftliche Schriften. Sie erzählte mir, sie habe in den siebziger Jahren das Angebot bekommen, eine neue Bibliothek im Hamburger Stadtteil St. Pauli zu leiten. Sie empfand die Aufgabe als Herausforderung, konterte allerdings mit einer Forderung: Sie wollte keinen »Grundbestand«. Mit dem »Grundbestand« war in jenen Tagen eine Menge von mehreren Tausend Büchern gemeint, die den deutschen Kanon abbilden sollten. Selbstverständlich hatte sie keine Einwände gegen die Größen der deutschen Literaturgeschichte, doch für das Publikum in St. Pauli schien ihr etwas mehr Flexibilität angebracht: Eine anders konzipierte Auswahl von Büchern, aber auch mehr Spiele und Medien. Zu jener Zeit galt so etwas als geradezu revolutionär. Sie bekam den Job nicht. Der »Grundbestand« wurde angeschafft. Und die Bibliothek nach eineinhalb Jahren geschlossen. Niemand kam.

Sicher hat sich inzwischen einiges verändert. Aber das Personal in Bibliotheken ist weiterhin zu fast 100 Prozent einheimisch, und oft gilt das auch für den Bestand. Doch auch die Kultur der Einrichtung ist oft in gewissem Sinne »einheimisch«, und auch hier kann man ansetzen. Bibliotheken könnten heute so etwas darstellen wie gemeinschaftliche, (post)moderne Lernzentren. Dafür müssen sie aber entsprechend ausgestattet sein. Das fängt schon beim Eingangsbereich an: Ist der so gestaltet, dass Personen nicht das Gefühl bekommen, sie stünden vor einem Tempel der Bildungsbürger? Ist der Übergang zur Umgebung kontinuierlich gestaltet? Oder entsteht der Eindruck einer Schwelle? Außerdem sollte der Eingangsbereich nicht das Gefühl vermitteln, den potentiellen Nutzern dieser Räume würden bestimmte Voraussetzungen abverlangt. Wichtig kann dabei zum Beispiel sein, welchen Werken man als Erstes begegnet. Möglicherweise ist es sinnvoll, die Abteilung mit Film und Musik gleich am Eingang zu platzieren, weil sich dann viele Jugendliche in diesem Bereich aufhalten.

Das setzt aber wiederum voraus, dass das Personal auch etwas von populärer Kultur versteht und weiß, was »cool« ist, ohne sich dabei anzubiedern. Zudem setzt es den Willen voraus, keine Bibliothek zu betreiben, in der man eine Nadel fallen hört. Sicher muss es Ruhebereiche geben für Studenten oder ältere Menschen, aber in Deutschland sind in solchen Einrichtungen die Ansprüche an das Wohlverhalten immer noch so hoch, dass Menschen mit anderen kulturellen Hintergründen oder anderen Bildungsvoraussetzungen sich unwohl fühlen. Sinnvoll könnte auch die Entwicklung eines Logos sein, das auf die Wertschätzung von Vielfalt hinweist. Auch welche Bilder in den Räumen zu sehen sind, kann relevant sein: Zeigen diese Bilder die Vielheit, die sich in der Bibliothek tatsächlich einfindet oder einfinden soll? Werden Personen mit Migrationshintergrund hier repräsentiert? Je nach Zusammensetzung des Publikums muss auf dem Ausweis, der in solchen Institutionen oft zu Demonstrationszwecken aushängt, auch nicht zwangsläufig ein Name wie »Erika Mustermann« stehen.

Zudem sollten spezielle Angebote für bestimmte Gruppen nicht fehlen. Lesungen in den Muttersprachen der Einwanderer, von Türkisch bis Polnisch, sind erfahrungsgemäß ein Renner. Zum einen schätzen es die betreffenden Personen sehr, wenn ihre Sprache nicht als Problem betrachtet wird, sondern im Kontext von Kultur auftaucht. Zum anderen sprechen viele die Herkunftssprache nicht sehr ausgefeilt und sind daher an einer Erweiterung ihres Codes interessiert. Allerdings muss man darauf achten, solche Veranstaltungen nicht auf Termine wie das iranische Neujahrs- oder das muslimische Opferfest zu legen. Das muss erwähnt werden, weil es noch immer passiert. Dabei können religiöse und andere Feste aus den Herkunftsländern auch Anlass zu besonderen Veranstaltungen bieten. Zudem sind Ausstellungen denkbar, smart in die Räume choreographiert, die die Entwicklung des Viertels oder der Stadt zeigen – unter besonderer Berücksichtigung der Einwanderer. Die zuletzt erwähnten Angebote legen auch eine Zusammenarbeit mit den Selbstorganisationen der Einwanderer nahe. Auch die Bibliotheken müssen sich ein Vorfeld in unterschiedlichen Netzwerken schaffen, um ein anderes Publikum zu erreichen.

Letztlich sind alle Maßnahmen hilfreich, welche den Eindruck der Internationalität erhöhen. Sicher soll die Bibliothek nicht mit dem Telefonladen um die Ecke konkurrieren, aber auch sie kann ein Raum sein, an dem Personen mit Migrationshintergrund, *expatriates* und auch Touristen mit Orten kommunizieren, die weit entfernt sind. Nun muss man dazu sagen, dass eine Reihe von Bibliotheken sich längst um die genannten Maßnahmen kümmern, um ihr vielfältiges Publikum zu erreichen und zu versorgen, und auch die Öffnungszeiten wurden oft an neue Arbeitszeiten und Leser angepasst. Oft basieren diese Veränderungen aber auf der guten Arbeit des jeweiligen Personals. Es fehlt aber weiter an Standards, die den Wandel unabhängig von den Kompetenzen oder der Durchsetzungskraft einzelner Personen befördern. Ohnehin werden die Bibliotheken von politischer Seite erstaunlich vernachlässigt, wenn man bedenkt, welche Rolle sie in einer vielfältigen Wissensgesellschaft spielen könnten.

Jedenfalls wurden oben nur vergleichsweise unsystematische Vorschläge für Veränderungen beschrieben, die jede Institution systematisch angehen sollte. Klar ist jedenfalls: Die Gestaltung von Räumlichkeiten und die Kommunikationsformen sind entscheidend für den Erfolg einer Institution, die mit Publikum zu tun hat. Und auch ein bisschen Humor sollte nicht fehlen. Die Bibliothek von Amsterdam hat in den achtziger Jahren (!) eine in diesem Sinne vorbildliche Kampagne gefahren: Auf einem Plakat war damals ein schwarzes Mädchen mit einem Buch in der Hand zu sehen. Darunter stand: »Ich war mal eine dumme Blondine.« So etwas könnte man wohl als interkulturelles *branding* bezeichnen.

An der Außenkommunikation von Institutionen im Hinblick auf Vielfalt können auch die dort beschäftigten Angehörigen von Minderheiten beteiligt werden. So haben die Ford-Werke, die sich in Deutschland schon recht früh in Sachen Diversity engagiert haben, sogenannte »Ressource Groups« gegründet – etwa für Frauen, für Personen mit türkischer Herkunft, für schwule, lesbische oder bisexuelle Angestellte etc. Diese Gruppen sollen bei der Rekrutierung von Minderheiten helfen, aber auch Kundenkreise mit einem entsprechenden Hintergrund ansprechen. Die

Teilnahme an den »Ressource Groups« ist freiwillig. Dennoch können solche Einrichtungen problematisch sein. »Persönliches wird nun zur Dienstpflicht«, schreibt Anja Frohnen in einer der wenigen empirischen Studien zu Diversity. »Mitglieder sollen ihr Wissen als Mütter einbringen, [...]. Mitglieder sollen als Türken, als Briten, als Amerikaner und als Deutsche nationalkulturelles Wissen für die Entwicklung der Autos und den kundenspezifischen Absatz einbringen. Mitglieder sollen in Ressource Groups als Homosexuelle Wissen über die ästhetischen und politischen Bedürfnisse dieser Gruppe vermitteln.«[32]

Nun habe ich oben dafür plädiert, Kindern kein »Herkunftswissen« zu unterstellen. Die gerade beschriebene Einbeziehung der spezifischen Wissensbestände mag nun wie ein Widerspruch dazu klingen. Tatsächlich bewegen sich Institutionen mit solchen Angeboten immer auf einem schmalen Grat. Was den Bereich der Medien betrifft, kann ich mich an verschiedene Situationen erinnern, in denen mein griechischer Hintergrund der Anlass für Anfragen war. Einmal, lange her, rief mich der Redakteur eines inzwischen abgesetzten Fernsehprogramms für »Ausländer« im öffentlich-rechtlichen Fernsehen an und meinte lapidar, er sei auf der Suche nach »Griechen«, die ihm »griechische Themen« anbieten. Ich habe ihm empfohlen, die Botschaft zu kontaktieren.

Als es 2008 in Athen tagelang Ausschreitungen gab, da sprachen mich verschiedene Medien an, ob ich dazu etwas zu sagen hätte. Tatsächlich lebt der väterliche Teil meiner Familie in Athen, und selbstverständlich weiß ich mehr über das Land und habe mehr Interesse und eine andere Perspektive als Personen, die dort keine Familie haben. Ohne Zweifel haben diese Anrufe gezeigt, wie wenig Journalisten sich hierzulande mit Griechenland befassen, aber dennoch habe ich gerne darauf reagiert. Das Engagement in dieser Sache muss jedoch völlig freiwillig sein, und aus der Herkunft darf keine »genetische« Nähe zu Themen konstruiert werden. Denn im Engagement für Herkunfts- oder Migrationsfragen liegt immer die Gefahr, dass der eigene Zuständigkeitsbereich sozusagen partikularistisch verengt wird.

Als Griechenland im Oktober 2001 Gastland der Frankfurter Buchmesse war, da habe ich zusammen mit einem Kollegen ebenfalls griechischer Herkunft einer Literaturzeitschrift einen Abriss der modernen griechischen Literatur angeboten. Thema sein sollte aber auch der immer noch stark exotisierende deutsche Blick auf Griechenland. Wie so viele Menschen mit Migrationshintergrund hatte ich den Wunsch, gewisse wiederkehrende Verkennungen in der Wahrnehmung zu berichten. Die Redakteurin, eine wichtige deutsche Literaturkritikerin, gab damals zu, sie kenne sich mit griechischer Literatur überhaupt nicht aus: Ob es denn da noch etwas gebe außer »Hirtenliteratur«? Als dann nur ein Jahr darauf der Roman *Middlesex* von Jeffrey Eugenidis erschien, schrieb dieselbe Redakteurin einen Leitartikel, der etwa so lang war wie unser Überblick über die moderne griechische Literatur. Sie hatte nun kein Problem, einen Roman zu besprechen, dessen Verweisuniversum einige Vertrautheit mit der Geschichte Griechenlands, der griechischen Diaspora und Literatur voraussetzte. Als das Thema »universell« wurde, beanspruchte sie es selbstverständlich für sich.

4.) *Die Ausrichtung der Strategien*

Ein letzter Punkt soll in diesem Kapitel angesprochen werden, und der betrifft die grundsätzliche Orientierung aller Entscheidungen der Institutionen, also ihrer *policy*, ihrer Strategien. Dazu existiert ein Konzept, das in den letzten Jahren als *Mainstreaming* bekannt geworden ist. Gewöhnlich bezieht es sich nur auf *Gender*, aber es gibt zunehmend auch Versuche, das Programm in Richtung interkulturelles *Mainstreaming* oder *Diversity Mainstreaming* auszuweiten. Die zahlreichen Maßnahmen zur Veränderung, die ich oben angesprochen habe, lassen sich im Sinne der Strategien der Institution als Mainstreaming verstehen. Doch es handelt sich um Maßnahmen, die das konkrete Ziel der Schaffung von Barrierefreiheit verfolgen. Angesichts der Vielheit müssen allerdings sämtliche Strategien der Institutionen, ob sie nun das Thema im engeren Sinne betreffen oder nicht, im Prozess des Mainstreaming darauf befragt werden, ob sie für alle Personen mit ihren unterschiedlichen Voraussetzungen und Hintergründen die gleichen Effekte haben.

Maßnahmen, die neutral erscheinen, können sehr unterschiedlich wirken, je nachdem ob eine Person jung oder alt, männlich oder weiblich, behindert oder nichtbehindert ist, ob sie Migrationshintergrund hat oder nicht. Denn mit all diesen Hintergründen sind besondere Lebenslagen verbunden, die durch die Maßnahmen auf sehr unterschiedliche Weise beeinflusst werden. Auf der anderen Seite können Maßnahmen, die grundsätzlich von bestimmten Unterschieden ausgehen, die möglicherweise so gar nicht existieren, ebenfalls negative Auswirkungen haben. Der Mangel an Sensibilität gegenüber den ungleichen Effekten von Entscheidungen wird als Bias bezeichnet, und dieses Bias führt eben zu einer weiteren Verfestigung von spezifischen Ungleichheitsverhältnissen.

Ein gutes Beispiel für den ersten Typ von Maßnahmen stellt das Konzept der Bedarfsgemeinschaft im Rahmen der Grundsicherung für Arbeitslose dar. Im Rahmen der »Hartz«-Reformen hat der Gesetzgeber hilfsbedürftige Personen zu sogenannten Bedarfseinheiten zusammengefasst und diese, etwa aufgrund von Verwandtschaft, zu gegenseitiger Unterstützung verpflichtet. Das bedeutet etwa für einen Empfänger von ALG II, dass seine Bezüge gekürzt werden, wenn die Behörde annimmt, sein Ehepartner verfüge über Einkommen oder Vermögen. Tatsächlich beinhaltet dieser Schritt ein Bias gegenüber einer ganzen Reihe von Personengruppen: Zunächst betreffen diese Kürzungen in der Praxis mehr Frauen als Männer, da das Amt sie aufgrund der verbreiteten geschlechtsspezifischen Arbeitsteilung in der Ehe häufiger als »nichtanspruchsberechtigt« einstuft. Das führt zudem dazu, dass vielen Frauen Angebote des Arbeitsamtes zur aktiven Wiedereingliederung in den Arbeitsmarkt vorenthalten werden. Außerdem benachteiligt das Gesetz »verpartnerte« gleichgeschlechtliche Paare. Diese gelten zwar in Notsituationen als »Bedarfseinheit«, kommen aber nicht in den Genuss ehelicher Vorteile: kein Ehegattensplitting, kein Anspruch auf Hinterbliebenenrente und keine kostenlose Mitkrankenversicherung beim Partner.

Schließlich können auch für Berufsanfänger viele Probleme entstehen. Studenten wohnen oft in Wohngemeinschaften. Da sie zumeist nicht sofort nach ihrem Abschluss einen Job bekommen, da zum Beispiel Geisteswissenschaftler sich von Praktikum zu Praktikum hangeln, bleiben sie nach dem Studium zunächst in ihrer WG. Als »Bedarfseinheiten« gelten aber auch Paare, die länger als ein Jahr zusammenleben. Daher bekamen Antragsteller, die in WGs wohnen, in den letzten Jahren häufig Besuch von der Behörde und mussten oft unerträgliche Verhöre über sich ergehen lassen. Im Prinzip wollten die Beamten dabei herausfinden, ob die Bewohner miteinander schlafen.

Es gibt noch eine Menge vergleichbarer Beispiele. Eine Erhöhung der Mehrwertsteuer scheint eine Maßnahme zu sein, die alle Personen in gleicher Weise betrifft, doch de facto werden arme Familien sehr viel stärker in Anspruch genommen, weil sie fast ihr gesamtes Geld für den Konsum von Bedarfsgütern ausgeben. Durch die Einführung des Elterngeldes und die Abschaffung des zweijährigen Erziehungsgeldes für ärmere Familien werden Familien benachteiligt, in denen der Elterngeld beziehende Partner nicht arbeitet oder arbeitslos ist. Beide Maßnahmen wirken wiederum besonders negativ auf Familien mit Migrationshintergrund, die im Vergleich zu den einheimischen Familien im Durchschnitt öfter unter Armut und Arbeitslosigkeit leiden und bei denen die Erwerbsquote durchschnittlich niedriger ist.

Beispiele für den zweiten Typ von Maßnahmen, der auf angenommenen Unterschieden beruht, finden sich in Deutschland ausgerechnet im Bereich der Integrationspolitik. Ich habe schon eine ganze Reihe von institutionellen Strategien beschrieben, die darauf beruhen, Personen mit Migrationshintergrund per se als Abweichung von der Norm zu betrachten und dann kompensatorisch tätig zu werden, um sie an diese Norm heranzuführen. Daher handelt es sich um Maßnahmen, die mit einem Bias behaftet sind. Dagegen empfiehlt die Europäische Union das Mainstreaming-Verfahren ausdrücklich in ihrem *Handbuch zur Integration*. Dort wird Integration jedoch als pragmatisches Steuerungsinstrument zur Herstellung von Chancengleichheit und Teilhabe verstanden und hat nicht die beschriebenen ideologischen Untertöne.[33]

In der Bundesrepublik können sogar Maßnahmen, die explizit dem Abbau eines Bias dienen, den Prinzipien des Mainstreaming nicht entsprechen. So hat die Bundesregierung 2007 nach eigenen Aussagen die Selbstverpflichtung zum »Abbau von Stereotypen« aus dem »Nationalen Integrationsplan« erfüllt, indem sie eine Plakatkampagne auflegte. Auf einem der Plakate waren eine schwarze Frau mit einer Frisur, die man wohl als *Afro* bezeichnen könnte, und ein junger Typ zu sehen, die händchenhaltend Inlineskate fahren. Schon damals waren Inlineskater in deutschen Städten aber kaum noch präsent, und auch sonst wirkte das Bild nicht wie der letzte Schrei in Sachen Kommunikationsdesign. Die Schriftzeile unter dem Bild stellte fest: »Freundschaft ist keine Frage der Herkunft.«

Da fragt man sich allerdings, wer überhaupt außer eingefleischten Neonazis die gegenteilige Auffassung vertritt? Insofern wurde hier ein Aspekt der großstädtischen Normalität, die Vermischung von Personen unterschiedlicher Herkunft, der Selbstverständlichkeit wieder entrissen. Für Personen aus binationalen Ehen etwa wirkte dieses Plakat unangenehm ausgrenzend. Es war, als müsste ich meinen Eltern nun rückblickend dazu gratulieren, dass sie schon vor über 40 Jahren der Auffassung waren, Liebe sei sogar zwischen einer Deutschen und einem Griechen möglich. Auch andere Plakate muteten seltsam an. »Lernen ist keine Frage der Herkunft« wirkte schon fast zynisch, denn kaum ein Jahr zuvor hatte der *Special Rapporteur* der Vereinten Nationen in Sachen Bildung das Gegenteil konstatiert, im Einklang mit vielen Untersuchungen.

Gegen die Wand

Um die gerade beschriebenen Veränderungen der Institutionen anzugehen, braucht es etwas mehr Realitätsbezug bei einer Reihe von Entscheidungsträgern und Eliten, denn manche hängen doch recht weltfremden Auffassungen an. Sie wehren sich gegen Gleichstellungspolitik mit absurden Argumenten: Die Einmischung des Staates wird gegeißelt, man malt Verhältnisse wie in der DDR oder Verbrechen gegen die »natürliche Ordnung« an die Wand, fürchtet sich vor einem unendlichen Anwachsen der Bürokratie und dem Zwang, neue Rollen zu übernehmen. Um es polemisch auszudrücken, hat man Angst vor folgendem Szenario: In absehbarer Zeit wird man von den Behörden dazu angehalten, die Wohnung einer türkischen Großfamilie zu überlassen; die Verwendung des Wortes »Neger« steht unter Strafe; der Staat unterstützt die Islamisten dabei, den Frauen das Tragen von Miniröcken zu verbieten, und alle Kinder müssen Türkisch lernen.
Wie bereits erwähnt, ist es gerade das Milieu der »soziokulturell Modernen«, indem fortschrittlichere Positionen in der Einwanderungspolitik auf Zustimmung stoßen. Dazu kommen die Modernisierer in den großen Unternehmen, die möglicherweise selbst im Ausland gearbeitet haben und um die Bedeutung von Diversity-Programmen wissen. Tatsächlich könnte man sich so etwas wie eine »Neue Mitte« vorstellen, die die notwendigen politischen

Veränderungen mitträgt. Daher gibt es keinen Grund, pessimistisch in die Zukunft zu blicken, denn obwohl es langsam vorangeht, ist im Vergleich zu den neunziger Jahren vieles im Fluss.
Allerdings wäre es wichtig, endlich die Begriffe Krise und Migration semantisch zu entkoppeln. Die Rhetorik der Krise ist in Deutschland stets auch eine der Migration, da die Migration selbst als Krisensymptom gilt. Man redet nicht von einer allgemeinen Krise der Schule, die es dringend zu reformieren gilt, sondern von Kitas oder Schulen, an denen der Anteil von Kindern mit Migrationshintergrund bei 80 Prozent liegt. Doch solche Zahlen sagen überhaupt nichts aus – es sei denn, man nimmt an, die Zukunft dieser Kinder stehe bereits geschrieben. Für Kitas und Schulen ist es im Grunde gleich, welchen Hintergrund die Kinder haben, wenn es denn die Bereitschaft gibt, die unterschiedlichen Voraussetzungen im »Normalbetrieb« zu berücksichtigen. Bei der Suche nach einer Kita für mein eigenes Kind fiel mir auf, dass einheimische Eltern Kitas mit einem hohen Anteil von Kindern mit Migrationshintergrund oft per se ablehnen. Sie schauen sie nicht einmal an. Das führt keineswegs dazu, dass die einheimischen Kinder in den Genuss der besten Kita kommen, im Gegenteil, denn in Kreuzberg sind es derzeit oft gerade die Kitas mit vielen Einwandererkindern, die räumlich und materiell besser ausgestattet sind, bessere Konzepte haben und straffer geführt werden. Es kommt dabei ganz auf den jeweiligen Träger an.
Die Angst davor, den eigenen Kindern würde durch die Berührung mit den »Problemkindern« das Weiterkommen erschwert, verleitet so zu falschen Entscheidungen. Die Entkoppelung der Rhetorik von Krise und Migration ist also eine entscheidende Aufgabe, eine Aufgabe, die nur durch eine konsequente »interkulturelle Alphabetisierung« der Institutionen gelöst werden kann. Wenn die Regierung weiterhin – und sei es auch nur durch ambivalente Signale – Mittelschichtseltern das Gefühl vermittelt, sie müssten ihre Kinder nur aufs Gymnasium oder eine Privatschule

schicken, um sie vor der Krise in Sicherheit zu bringen, dann führt das zum Ruin des öffentlichen Schulsystems.

Schließlich sollte das Programm Interkultur auch als eines der Effizienz verstanden werden. Die Institutionen in den Fokus zu rücken, bedeutet nämlich auch, die deutsche Organisationskultur in Frage zu stellen. Denn die ist heute selbst ein Problem. Traditionell gehört die Bundesrepublik zu den Ländern, in denen ein stark hierarchisches Organisationsprinzip verbreitet ist. Nun entspricht dieses Prinzip nicht mehr den Arbeitsformen in der sogenannten Wissensgesellschaft. Eigenverantwortung ist ein Motto, das zwar ununterbrochen gepredigt wird, das aber oft nichts weiter bedeutet als die totale Flexibilisierung von Kündigungsfristen, Arbeitszeiten und der Bezahlung für die jüngeren Arbeitnehmer oder die Kürzung von Sozialleistungen. Bislang ist es kaum gelungen, diesem neoliberalen Anspruch auch einen positiven Inhalt zu geben.

Es ist in Deutschland gerade der Mittelstand, es sind oft die Selbständigen, die abends zusammen an einem Tisch sitzen und trotz der unterschiedlichsten Herangehensweisen und politischen Auffassungen einträchtig über eine kranke Bürokratie, miese Organisation, inkompetente Personen in Entscheidungspositionen und die sinnlose Verschleuderung von Potentialen und Ressourcen schimpfen. Berufliches Fortkommen hat oft immer noch wenig mit Leistung zu tun, viel dafür mit persönlichen Beziehungen und einer Art von Entsprechung im Habitus, die wiederum dafür sorgt, dass niemand herausstechen darf. Dieses Problem mag in den großen Unternehmen, die bekanntlich unter einem Mangel an Fachkräften leiden, nicht mehr so gravierend sein, im Bereich der Kreativwirtschaft dagegen schon. Ein Künstler erzählte mir vor einiger Zeit, er habe sich auf eine Stelle in der Kunstpädagogik beworben. Er konnte einen Doktortitel vorweisen und Ausstellungen in aller Welt. Man hat ihn nicht einmal zum Vorstellungsgespräch eingeladen. Antreten durften Personen ohne Titel und

mit Ausstellungen in Dortmund. Offenbar hatte das Auswahlgremium kein Interesse, sich eine Person ins Haus zu holen, die das Niveau zu sehr hebt, damit die eigene Mittelmäßigkeit die Norm bleibt. »In Deutschland läuft man ständig gegen die Wand«, meinte er, und das ist eine sehr gute Beschreibung.

Die »Interkulturelle Alphabetisierung« könnte auch ein Programm zur Beendigung des Vor-die-Wand-Laufens werden. Dazu muss man das Mittelmaß überwinden. Die interkulturelle Re-Organisation der Institutionen soll nämlich allen Individuen zugutekommen, nicht nur den sogenannten Minderheiten. Interkultur ist nicht die Erziehung zum Relativismus, das Recht auf kulturelle Unterschiedlichkeit oder einfach nur herzliche Beliebigkeit. Es geht um die Herstellung eines Rahmens, der den Individuen ihre Entfaltung ermöglicht. Dazu benötigen wir bestimmte überprüfbare Standards, nachvollziehbare Ziele und auch die notwendige Flexibilität, um die Richtung ändern zu können, wenn einmal etwas nicht funktioniert. Das ist ein langfristiger Prozess. Es hat jedoch überhaupt keinen Sinn, so lange nichts zu tun, bis die Probleme wirklich virulent werden, nur um dann hektische Reparaturarbeiten einzuleiten, die man dann wiederum mit einer absurd unflexiblen »Gründlichkeit« durchführt – koste es, was es wolle. Die Reformen im Bildungssektor sind da ein trauriges Beispiel.

Ich möchte am Ende dieses Kapitels an seinen Anfang zurückkehren und noch einmal auf das Tanzprojekt von Gerda König zu sprechen kommen. Ihre Tanzcombo ist nämlich ein gutes Beispiel dafür, was geschieht, wenn durch Interkultur etwas in Bewegung kommt. Ausgangspunkt könnte ein schöner Aufruf von Jean-François Lyotard sein: »Zeugen wir für das Nicht-Darstellbare, aktivieren wir die Differenzen.«[34] Tatsächlich sind Differenzen nicht einfach gegeben, sie müssen aktiviert werden. Im Tanz, auch in den modernen Formen, wurde der behinderte Körper jahrzehntelang als Abweichung von der Norm schlichtweg negiert. Erst die postmoderne Neukonzeption brachte eine andere Bewertung mit sich: Nun betrachtete man die Bewegungsqualitäten von behinderten Körpern als Differenz – als singuläre Ausdrucksmöglichkeiten, die dem »normalen« Tänzer in dieser Form überhaupt nicht zur Verfügung stehen.

Es wäre allerdings zu wenig, bei der Anerkennung der Differenzen zu verweilen und sie zu fixieren. Es gilt vielmehr, neue Formen der tänzerischen Zusammenarbeit zu finden. Diese Bewegungen dürfen nicht Inseln des Authentischen in der plastischen Kunst der »normalen« Tänzer bilden. Indem sie Verbindungen eingehen, verändern sie das gesamte Feld – die Zugangsweise zur Bühne (auch physisch im Sinne von Barrierefreiheit), die Entwicklungsmethoden, die Choreographien und auch die Bewegungen der nichtbehinderten Tänzer. Nicht das mitleidige Verstehen, sondern die Bewegung regt jene Veränderungen an. Der Wandel ist nicht die Aufgabe einer humorlosen Pädagogik, sondern ein Spiel der radikalen Imagination. Man muss sich bewegen.

Anmerkungen

1 Roosevelt Thomas: *Management of Diversity. Neue Personalstrategien für Unternehmen. Wie passen Giraffe und Elefant in ein Haus?*, Wiesbaden: Gabler 2001, S. 26f.
2 Advisory Group on Citizenship (Hg.): »Education for citizenship and the teaching of democracy in school. Final report of the advisory group on citizenship«, London 1998, S. 9, online verfügbar unter {www.qcda.gov.uk/libraryAssets/media/6123_crick_report_1998.pdf} (Stand August 2009).
3 Claus Leggewie: *Multikulti. Spielregeln für die Vielvölkerrepublik*, Hamburg; Rotbuch 1993, S. 31.
4 Ebd., S. xiii.
5 Ebd., S. 35.
6 Ebd., S. 108.
7 Vgl. David Hollinger: *Postethnic America. Beyond Multiculturalism*, New York: Basic Books 1995.
8 Vgl. Erol Yildiz: *Die halbierte Gesellschaft der Postmoderne. Probleme des Minderheitendiskurses unter Berücksichtigung alternativer Ansätze in den Niederlanden*, Opladen: Leske und Budrich 1997.
9 Vgl. Jörg Blasius/Jürgen Friedrichs/Jennifer Klöckner: *Doppelt benachteiligt? Leben in einem deutsch-türkischen Stadtteil*, Wiesbaden: VS-Verlag für Sozialwissenschaften 2008.
10 Vgl. Andrea Janßen/Ayça Polat: *Zwischen Integration und Ausgrenzung – Lebensverhältnisse türkischer Migranten der zweiten Generation*, Dissertation, Carl von Ossietzky Universität Oldenburg 2005.

11 Gunter Pilz: »Rote Karte statt Integration? Möglichkeiten, Chancen, Probleme am Beispiel des Fußballsports«, online verfügbar unter {www.migration-boell.de/downloads/diversity/Pilz_Rote_Karte.pdf} (Stand August 2009).
12 Vgl. Antidiskriminierungsstelle des Bundes (Hg.): *Band 4. Forschungsprojekt Diskriminierung im Alltag. Wahrnehmung von Diskriminierung und Antidiskriminierungspolitik in unserer Gesellschaft*, Baden-Baden: Nomos Verlagsgesellschaft 2009.
13 Ebd., S. 72 ff.
14 Deutscher Bundestag (Hg.): »Antwort der Bundesregierung auf die Kleine Anfrage der Abgeordneten Volker Beck, Monika Lazar, Irmingard Schewe-Gerigk, weiterer Abgeordneter und der Fraktion Bündnis 90/Die Grünen«, Berlin 2009, online verfügbar unter {http://dip21.bundestag.de/dip21/btd/16/127/1612779.pdf} (Stand August 2009).
15 Vgl. Sabina Handschuk/Hubertus Schröer: Interkulturelle Orientierung und Öffnung von Organisationen, in: neue praxis, Nr. 5, 2002: S. 511-521, online verfügbar unter {www.i-iqm.de/dokus/interkulturelle_orientierung_oeffnung.pdf}.
16 Vgl. Raymond Williams: *The Long Revolution*, Harmondsworth 1961, S. 57 ff.
17 Vgl. Gilles Deleuze/Félix Guattari: Tausend Plateaus, Berlin 1992, S. 324 f.
18 »Intercultural City«, Programm der Intitiative online verfügbar unter {www.interculturalcity.com/about.htm} (Stand August 2009).
19 InWEnt. Internationale Weiterbildung und Entwicklung (Hg.): *Faires Miteinander – Leitfaden. Die interkulturell kompetente Kommune 2012*, Bonn 2006, online verfügbar unter {www.service-eine-welt.de/publikationen/publikationen-start.html} (Stand August 2009).
20 Vgl. Annita Kalpaka: »›Parallelgesellschaften‹ in der Bildungsarbeit – Möglichkeiten und Dilemmata pädagogischen Handelns in ›geschützten Räumen‹«, in: Gabi Elverich/Annita Kapalka/Karin Reindlmeier (Hg.): *Spurensicherung – Reflexion von Bildungsarbeit in der Einwanderungsgesellschaft*, Frankfurt am Main: Iko-Verlag für Interkulturelle Kommunikation 2006.
21 Matthias Horx: *Smart Capitalism. Das Ende der Ausbeutung*, Frankfurt am Main: Eichborn 2001, S. 68 f.
22 Maud Pagel: »Cultural Diversity im Konzern der Deutschen Telekom«, in: Petra Köppel/Dominik Sandner: *Synergie durch Vielfalt. Praxisbeispiele zu Cultural Diversity in deutschen Unternehmen*, Gütersloh: Bertelsmann Stiftung 2008, S. 26-39, online verfügbar unter {www.bertelsmann-stiftung.de/cps/rde/xbcr/SID-8001570A-704FA2F2/bst/xcms_bst_dms_23800_23971_2.pdf} (Stand August 2009).

23 Vgl.: Charta der Vielfalt (Hg.), »Diversity als Chance. Die Charta der Vielfalt der Unternehmen in Deutschland«, online verfügbar unter {www.charta-der-vielfalt.de/content/downloads/diversity-als-chance.pdf} (Stand August 2009).
24 Ebd.
25 Roosevelt Thomas: *Management of Diversity*, a. a. O., S. 27.
26 Bernhard Peters/Hans-Dieter Hermann/Moritz Müller-Wirth: *Führungs-Spiel. Menschen begeistern, Teams formen, Siegen lernen*, München: Heyne 2008, S. 150.
27 Christian Hörnicke: »Nur mit Schwiegersöhnen werden Sie nie Erster«, Interview Bernhard Peters, in: *Der Tagesspiegel* (26. Oktober 2009), online verfügbar unter {www.tagesspiegel.de/sport/Fussball-Bernhard-Peters-Hoffenheim-Bundesliga-Nationalmannschaft;art133,2644981} (Stand August 2009).
28 Peters/Hermann/Müller-Wirth, a. a. O., S. 153f.
29 Bronislaw Malinowski: *Eine wissenschaftliche Theorie der Kultur*, Frankfurt am Main: Suhrkamp 2005 [1944], S. 89f.
30 Markus Balser: »Frau Lee sucht Talente. Eine Asiatin soll Siemens bunter machen«, in: *Süddeutsche Zeitung* (17. März 2009), S. 20.
31 Vgl. {www.sciences-po.fr/portail/index.php?gcms_page=fr-fr-diversite} (Stand August 2009).
32 Anja Frohnen: *Diversity in Action. Multinationalität in globalen Unternehmen am Beispiel Ford*, Bielefeld: Transcript 2005, S. 123.
33 Vgl. Europäische Kommission, Generaldirektion Justiz, Freiheit und Sicherheit (Hg.): *Handbuch zur Integration für Entscheidungsträger und Praktiker*, 2. Ausgabe, Brüssel 2007, online verfügbar unter {www.migpolgroup.org/public/docs/17.IntegrationHandbookII_DE_05.07.pdf} (Stand August 2009).
34 Jean-François Lyotard: *Postmoderne für Kinder. Briefe aus den Jahren 1982-1985*, Wien: Edition Passagen 1987, S. 31.

Kapitel 5

Kulturinstitutionen für alle

Mit dem Begriff kulturelle Identität habe ich nie etwas anfangen können. Das wäre mit Blick auf meine Familie auch nicht leicht gewesen. Da gibt es nämlich keine einfache, einheitliche Geschichte zu erzählen. Meine Großeltern väterlicherseits haben noch als sogenannte pontische Griechen am Schwarzen Meer gelebt, im Osmanischen Reich, der späteren Türkei, im heutigen Trabzon. Sie sprachen selbstverständlich Türkisch, den pontischen Dialekt und Griechisch. Als sie später in Athen lebten, haben meine Großeltern miteinander Türkisch gesprochen, wenn sie nicht wollten, dass die eigenen Kinder sie verstehen. Kurz vor ihrem Tod, als meine Großmutter nur noch in ihren Erinnerungen lebte, begann sie dann plötzlich wieder Türkisch zu sprechen – ein seltsamer Augenblick.

Nach Athen ist meine Familie im Jahr 1923 gekommen. Nachdem die Invasion der griechischen Truppen in der Türkei gescheitert war, mussten meine Großeltern im Rahmen des »Bevölkerungsaustausches« ihre Heimat verlassen. Diese ethnische Säuberung zweier Nachbarstaaten wurde damals im Vertrag von Lausanne von den europäischen Großmächten abgesegnet und gilt heute noch als richtige Maßnahme zur Beruhigung der damaligen Situation, und nicht etwa als das, was sie war: eine barbarische Vertreibungsaktion. Jedenfalls ging meine Familie nach Athen, nach Piräus genauer. Nikea, wo meine Verwandten noch heute leben, war ein Arbeiterviertel. Mein Vater wuchs als jüngstes von eigentlich neun Kindern auf; fünf jedoch starben bei der Geburt oder in den ersten Lebensjahren. Das Leben war nicht einfach, aber Nikea war ein Stadtteil, in dem damals noch jeder jeden kannte und jeder jedem half, egal ob die jeweiligen

Bewohner pontischer, armenischer oder jüdischer Herkunft waren.

Als mein Vater ein kleines Kind war, kam der Krieg. Zuerst zogen die Italiener in Athen ein, dann die Deutschen, dann brach der Bürgerkrieg aus. An die Italiener erinnert sich mein Vater allerdings nicht als Besatzer, sondern als Leute, die selbst Angst hatten. Als am Ende des Krieges die Italiener von Waffenbrüdern zu Feinden des Dritten Reiches wurden, da versteckte meine Großmutter sogar einen jungen Mann. Gaitano unterschied sich rein äußerlich nicht sehr von den Griechen. Also wurde er mit einer Schaufel in der Hand im Garten geparkt. Er war nicht der Hellste, wie mein Vater meinte, und so lernte meine Großmutter ein wenig Italienisch. Die Erinnerungen an die Deutschen sind weniger schön und manchmal unaussprechlich. Als wegen der englischen Blockade in Athen der Hunger ausbrach und täglich hunderte von Menschen auf den Straßen starben, da lungerte mein Vater mit anderen Kindern vor den Truppenlagern der Deutschen herum, um ein paar Essensabfälle abzustauben.

Zur gleichen Zeit regnete es Bomben auf meine Mutter, die absurderweise vom Rheinland in den Osten evakuiert worden war. Sie fährt heute noch ungern nach Berlin, weil es da an Stendal vorbeigeht – da spielen ihre Erinnerungen verrückt. Zuvor allerdings war sie als junges Mädchen selbst auf dem Rücken der deutschen Besatzungstruppen ausgerückt, ins östliche Belgien, nach Malmedy. Mein Großvater war ein kleiner Beamter der Stadt Eschweiler und wurde als Leiter der Wirtschaftsabteilung dorthin abkommandiert. Einige Zeit lebte die ganze Familie in einer beschlagnahmten Villa. Meine Mutter sieht meinen Großvater immer noch vor sich, der ihr einschärft, aus diesem Haus dürften keine Gegenstände mitgenommen werden. »Das gehört uns nicht«, war eine Begründung, und die andere lautete: »Das geht nicht gut.« Mein Großvater hatte nie an die Welteroberungspläne der Nazis geglaubt. Aber er wusste sich anzupassen, meine

Mutter sagt, er sei als »der liebe Gott von Malmedy« bekannt gewesen, weil er den belgischen Schmugglern die Razzien rechtzeitig ankündigte und auch ansonsten fester Bestandteil der lokalen Geschäftemacherei war.

Meine Mutter hat immer sehr offen über die Verfolgung der Juden gesprochen; es gab da überhaupt kein Leugnen. Sie war zu jener Zeit ein Kind, nicht verwickelt. Deshalb hat sie vermutlich später auch nicht wie so viele andere ältere Personen gesagt, sie habe nichts gewusst. Aber es deutet auch darauf hin, dass ihre Behauptung stimmt, meine Großeltern seien keine Antisemiten gewesen. Mein Großvater war sicher kein Widerstandskämpfer, aber er hat wohl schlicht und ergreifend nicht verstanden, warum man plötzlich die Nachbarn schlagen sollte, mit denen man Jahrzehnte ohne Probleme zusammengelebt hatte. Und das hat er wohl auch so geäußert. Als schließlich alle Juden in Eschweiler zusammengetrieben wurden hinter Stacheldraht, um dort vor dem Abtransport ins KZ tagelang ohne Essen zu darben, da schickte meine Großmutter ihre Tochter mit Brot los, um es über den Zaun zu werfen. Das haben auch einige andere Leute gemacht.

Dass meine Mutter und mein Vater sich kennengelernt haben, klingt in Anbetracht dieser Stories erstaunlich. Aber als jüngstes Kind erhielt mein Vater von seiner Familie die Chance, Mitte der fünfziger Jahre ausgerechnet ins Land der ehemaligen Besatzer zu gehen, um dort Maschinenbau zu studieren. Ein familiäres Migrationsprojekt. In einer Bar in Aachen bändelten sie miteinander an, und bald danach kam ich zur Welt – in Eschweiler, römische Gründung, rheinische Kleinstadt, geprägt von Bergbau, Industrie und dem größten kleinen Karnevalszug hinter Köln, Düsseldorf und Mainz. In meiner Kindheit war ich eigentlich nichts Besonderes, denn aufgrund der Industrie hatte es dort immer Einwanderung gegeben. Noch heute halte ich polnische Nachnamen spontan für deutsche, und es gab reihenweise Kinder mit deutschen Vornamen und spanischen oder jordanischen Nachnamen. Die Quälerei mit der Herkunft fängt später an – ich habe es bereits beschrieben.

Aber warum erzähle ich diese Familiengeschichte? In diesem letzten Kapitel soll es um Kultur im engeren Sinne gehen, um Literatur, Kunst, Musik, Film oder Theater. Das ist ein Bereich, der vom Thema Integration gewöhnlich nicht berührt wird. Dabei handelt es sich um ein Feld, auf dem traditionell das Selbstverständnis einer Gesellschaft verhandelt wird. Kultur im engeren Sinne hat in allen Staaten maßgeblich zum *Nation-building* beigetragen. In Kontinentaleuropa war es zumeist die sogenannte Hochkultur; in den USA auch die Massenkultur, etwa der Film. Die Bedeutung von Kultur für das Bewusstsein des Eigenen zeigt sich auch in den weiterhin enormen Summen, die in Deutschland zur finanziellen Unterstützung zumal der sogenannten Hochkultur ausgegeben werden. Und auch diese Summen machen den Kulturbereich zu einem notwendigen Schauplatz für interkulturelle Öffnung. Denn es stellt sich die Frage, ob diese staatlichen Gelder gerecht verteilt werden in dem Sinne, dass sie der gesamten Bevölkerung zugutekommen. Tatsächlich ist das nicht der Fall – eine Gruppe mit bestimmten (Bildungs-)Voraussetzungen wird privilegiert.

Da es bei Kultur im engeren Sinne auch um das Selbstverständnis einer Gesellschaft geht, wird sie häufig mit Identität in Verbindung gebracht. So wird die Literatur oder Kunst von Menschen mit Migrationshintergrund immer noch oft auf ihre Herkunft bezogen. Aber ist Fatih Akin ein türkischer Filmemacher, Terézia Mora eine ungarische Schriftstellerin oder Herta Müller gar immer noch Rumäniendeutsche? Als Kind einer »binationalen« Ehe fühlt man sich lange hin- und hergerissen, bis man endlich merkt, dass die Fragen nach der Identität von außen an einen herangetragen werden. Wer braucht diese Definitionen, diese Festlegungen? So wie im ersten Kapitel der Nähe des weit Entfernten nachgespürt wurde, so lautet die interessante Frage in Bezug auf

Kultur im engeren Sinne: Wie ist es um die Nachbarschaft des Verschiedenen bestellt? Stuart Hall und Homi Bhabha haben darauf hingewiesen, man könne in der Moderne nicht mehr von einer einfachen Beziehung zwischen zwei Kulturen ausgehen, vielmehr bilde jede kulturelle Äußerung das »Eine-im-Anderen« ab. Alle kulturellen Artikulationen sind bei näherem Hinsehen ein kompliziertes Gemisch, entstanden in einer Gemengelage aus Unterdrückung, Diebstahl, Missverständnissen, Aneignungen, Anverwandlungen und abenteuerlichen Metamorphosen. Die Reinheit ist der historische Ausnahmefall.

Anstatt sich jedoch mit der Geschichte der Vermischung und des Werdens auseinanderzusetzen, begab man sich in Deutschland nach der Wiedervereinigung auf eine fruchtlose Suche nach der deutschen Kultur. Die leere Mitte Berlins sollte gefüllt werden; das Feuilleton verlangte nach einem Hauptstadtroman, die Politik nach der Wiederauferstehung eines Barockschlosses. Zugleich blickte man in den neunziger Jahren noch mit arrogantem Naserümpfen auf die außereuropäische Kulturproduktion. Als der im Karibikstaat St. Lucia geborene Derek Walcott im Jahre 1992 nicht zuletzt für seine atemberaubende Homer-Umdichtung *Omeros* den Nobelpreis erhielt, da war das für manche deutsche Kritiker ein Grund zur Häme – der Mann habe seinen Preis wohl nur aus Gründen der politischen Korrektheit erhalten. Zu jener Zeit wurde in den europäischen Nachbarländern bereits über »Postkolonialismus« oder »Kreolisierung« diskutiert. Eine neue kulturelle Landkarte entstand, die sich nicht für das Eigene als abgetrenntes Etwas interessierte, das gefüllt werden muss, sondern für eine »Poetik der Beziehung« (Edouard Glissant), für das Chaos der globalen Verknüpfungen, das vom erwähnten radikalen Imaginären durchquert und weiterentwickelt wird.

Ohne Zweifel würde heute, nach den weltweiten Erfolgen von Autoren wie Toni Morrison, Vikram Seth, V. S. Naipaul, Michael Ondaatje oder Maryse Condé, niemand mehr arrogant auf diese

»Bastardisierung« (Salman Rushdie) blicken. Dennoch ist das Bewusstsein des Lesepublikums in Deutschland weiterhin recht provinziell. Kürzlich entdeckte ich in einer Filiale einer großen Buchhandelskette einen Büchertisch zum Thema Afrika. Darauf lag nur ein einziges Buch, das tatsächlich von einer aus einem afrikanischen Land stammenden Autorin verfasst worden war – es handelte sich ausgerechnet um Waris Diries Anklage gegen die Genitalverstümmelung. Das restliche Angebot bestand überwiegend aus himmelschreiend klischeehaften Reisebeschreibungen und Liebesabenteuern von europäischen Frauen, die vor allem in Kenia unterwegs gewesen waren. In Großbritannien hat es dagegen Entwicklungen nicht nur im Bereich der Literatur gegeben, sondern auch im Theater oder im Tanz. Dieser Wandel kam zwar von »unten«, wurde aber maßgeblich dadurch befördert, dass sich viele Kulturinstitutionen von den eigenen Vorbehalten befreiten, die eigene hochkulturelle Arroganz verloren und damit begannen, alle Menschen als Kulturproduzenten und -konsumenten ernst zu nehmen und nicht länger eine Gruppe mit gewissen »natürlichen« Voraussetzungen zu privilegieren.

Interkultur im Kulturbereich

In Deutschland, das zeigen erste Ergebnisse einer Studie, gibt die Hälfte der öffentlichen Kultureinrichtungen an, sie habe Personen mit Migrationshintergrund durchaus auf der Agenda. Aber nur in dem Sinn, so meinten etwa 70 Prozent der Verantwortlichen, dass auch sie »einen Beitrag zur Integration« leisten wollen.[1] Diese paternalistische Haltung, ausgehend zumeist von einem recht ungebrochenen Verständnis von Hochkultur, legt jede Dynamik lahm. Seit Simon Rattle 2003 mit den Berliner Philharmonikern und 250 Jugendlichen aus »Problemkiezen« eine Art Revueversion von Igor Strawinskis *Le Sacre du Printemps* auf die

Bühne brachte, ist eine erhebliche Begeisterung für das Thema »kulturelle Bildung« ausgebrochen. Seitdem wollen viele *Rhythm is it!* machen.

Doch das ist nicht so einfach, denn das Projekt steht in einer Tradition, die in Deutschland so nicht existiert. Es wurde maßgeblich geleitet von dem britischen Choreographen Royston Maldoom. Der wiederum stammt aus einer Bewegung, die sich »Community Dance« nennt. In den siebziger Jahren litten einige avantgardistische Tanzkompanien in London an einem Mangel an Publikum. Um die Sitze in den Theatern zu füllen, begannen sie, den »normalen« Leuten in der Nachbarschaft Workshops anzubieten. Diese Leute allerdings, die wollten keineswegs nur konsumieren, sondern selbst tanzen. Daraus entstand die erwähnte Bewegung, die später von staatlichen Stellen unterstützt wurde. Dabei öffnete man allerdings nicht nur die Bühnen für einen neuen Personenkreis, *Community Dance* erschloss auch neue Bühnen. Man tanzte und choreographierte in Kirchen, Krankenhäusern, Schwimmbädern und auf Autobahnen. In Deutschland hat es ähnliche Experimente gegeben, doch sie haben nur sehr punktuell Anschluss gefunden an öffentliche Kultureinrichtungen. Erst in den letzten Jahren hat eine Reihe von Schauspielhäusern begonnen, sich auch rein räumlich stärker mit der städtischen Umgebung zu verknüpfen.

Ein wichtiger Punkt beim *Community Dance* ist die Frage der Qualität. In Deutschland geht man oft per se davon aus, pädagogische Arbeit mit »Benachteiligten« bedeute weniger Qualität. Aber warum eigentlich? Bei einem Vortrag zur Geschichte des *Community Dance* erklärte Tamara McLorg, eine der Aktivistinnen der ersten Stunde: »Wenn wir mit den Leuten aus der Nachbarschaft arbeiten, dann müssen wir von ihnen das Beste verlangen, nicht das Zweitbeste. Wenn wir choreographieren, dann muss es die beste Choreographie sein.«[2] Wer Royston Maldoom einmal bei der Arbeit zugesehen hat, weiß, dass es ihm

nicht darum geht, »Integrationskindern« eine Beschäftigung zu verschaffen oder sie auf bestimmte Rollen festzulegen, die sich aufgrund ihrer Lage scheinbar authentisch ergeben. Das Ziel ist nicht, dass sie sich quasi selbst darstellen oder sie selbst bleiben. Im Vordergrund steht die Entwicklung eines Stückes, die Arbeit, und es kommt darauf an, wie die Person, die in einem bestimmten

Bereich einen Wissensvorsprung hat, ihre eigene Position interpretiert. Will man dieses Wissen nutzen, um über die Mängel der »Integrationskinder« und die eigene schwierige Lage zu lamentieren und sich dabei der eigenen Überlegenheit zu vergewissern, oder will man sein Gegenüber ernst nehmen und die eigene Autorität dazu nutzen, aus dem ungeformten Chaos individueller Voraussetzungen und Unterschiede etwas Neues zu entwickeln – in einem gemeinsamen Projekt?

Tatsächlich kann die Vielfalt kultureller Beziehungen und das Vorantreiben der kulturellen Einbeziehung auf lokaler Ebene ein Element der urbanen Entwicklung werden. Es ist in dem Zusammenhang interessant, einmal die Selbstvermarktung etwa des Ruhrgebietes und Liverpools, Kölns und Birminghams zu vergleichen. Mit dem Beginn der Industrialisierung wurde das Ruhrgebiet bereits Ende des 19. Jahrhunderts zu einem Magneten für Einwanderer. Auf der Route der Industriekultur, einem 400 Kilometer langen Rundkurs, auf dem Touristen das industrielle Erbe der Ruhrregion erleben können, ist das Thema allerdings nahezu abwesend. Kein Vergleich zu Liverpool. Das Thema *Black Heritage* ist auf der Homepage bereits als zweites historisches Highlight nach dem Maritime Museum aufgeführt, und 2007 hat die Stadt mit dem International Slavery Museum nicht nur die Verstrickung in den transatlantischen Sklavenhandel thematisiert, sondern dabei auch einen neuen musealen »Leuchtturm« in Europa geschaffen.

Im Internetauftritt der Stadt Köln wiederum kommt ein Drittel der Bevölkerung einfach nicht vor: Weder in der »Kölschen« Geschichte noch in den aktuellen Kulturterminen sind Einwanderer präsent – das Wort »multikulturell« erzielt, als Suchbegriff eingetragen, keinen Treffer. Auf der Seite von Birmingham, der zweitgrößten Stadt des Vereinten Königreichs mit einem ähnlich hohen Anteil von ethnischen Minderheiten wie Köln, spielen die Einwanderer dagegen in nahezu jeder Rubrik eine Rolle. Unter

Tanz wird etwa prominent die Agentur Sampad erwähnt, die sich um die Verbreitung und Weiterentwicklung der südasiatischen Kunst kümmert. Unter Festivals findet man das hinduistische Rathayatra-Fest ebenso wie Eid Mala, eine 2001 erstmalig aufgelegte Feier der »islamischen Kultur« in der Stadt. Und selbstverständlich wird auf Balti hingewiesen, eine Curry-Variante, die viele Einwohner Birminghams gar nicht zu Unrecht für eine lokale Erfindung halten.

Die deutschen Metropolen kommunizieren nach innen und nach außen weiterhin eine Homogenität, die in ihnen nicht mehr wohnt. Berlin macht da auf seiner Homepage keine Ausnahme. Während man aber die sogenannten Ruhrpolen auf der »Route der Industriekultur« vergeblich sucht, finden in Berlin zumindest Ausstellungen statt, die die Nachbarschaft des Verschiedenen und die Geschichte der Migration betonen. 2009 wurde im Ephraim-Palais in Mitte die Schau mit dem schönen Titel »My, berlinczycy! Wir Berliner!« gezeigt, die sich mit der polnischen Präsenz in Berlin befasste, die bis ins 19. Jahrhundert zurückreicht.[3] In Berlin ist Vielfalt im Übrigen längst zu einer Attraktion geworden. In den Straßen von Stadtteilen wie Kreuzberg werden insbesondere die jüngeren Touristen stetig mehr, was zweifellos am dezidiert »multikulturellen« Image liegt.

In der offiziellen Vermarktung der Stadt aber spielt Kreuzberg keine Rolle. Ebenso wenig wie der rechtsrheinische Stadtteil Mühlheim in Köln, ein Quartier, das Kreuzberg sowohl von der demographischen wie der sozialen Zusammensetzung nicht unähnlich ist. Dabei wäre es für die Stadt Köln sinnvoll, die postmodernpompösen türkischen Restaurants in der Mühlheimer Keupstraße offensiv zu vermarkten. Solche Restaurants sind deutsch-türkische »Hybride«, die auf Briten, Franzosen oder Niederländer ziemlich überraschend wirken können. Aber es geschieht nichts. Die grundsätzliche Wahrnehmungsstörung liegt darin, diese Teile der Stadt zwar durchaus als zugehörig, aber primär als sozial marginal und problematisch zu betrachten – als Stiefkinder, die man den Personen, die den Dom sehen wollen, dann doch lieber nicht zumutet. Personen mit Migrationshintergrund gelten als Sonderbereich, als Hinzugekommene, Traditionsgebundene, Hilfsbedürftige. Als irgendwie nicht normal.

Nun kann kein Zweifel daran bestehen, dass das Thema Einwanderung derzeit auf der Tagesordnung steht und die Bundesrepublik sich in einem bedeutenden Prozess der Veränderung befindet. Allerdings ist die Behandlung des Themas Interkultur im Bericht der Enquete-Kommission »Kultur in Deutschland« ziemlich ernüchternd. Ich war selbst zu diesem Thema als Experte im Bundestag eingeladen und hatte mir aufgrund der verständigen Runde doch etwas mehr erwartet, aber offenbar steht einem großen Wurf immer noch ein erhebliches politisches Tauziehen in Sachen Migration entgegen. Das Thema Interkultur taucht auf gerade einmal neun von nahezu 500 Seiten auf – das entspricht nicht ganz der Virulenz des demographischen Wandels. Man handelt es ab unter der Rubrik »Förderbereiche von besonderer Bedeutung«, in einem Kapitel mit der Überschrift »Migrantenkulturen/Interkultur«.[4] Bei der Anhörung hatte ich versucht, darauf hinzuweisen, man dürfe diese beiden Begriffe nicht miteinander verwechseln. »Migrantenkulturen«, was auch immer das sein mag, hätte in der betreffenden Rubrik durchaus ein Unterpunkt sein können – Interkultur jedoch ist ein Prinzip für die gesamte Gesellschaft: die berühmte Querschnittsaufgabe. Zudem wird Interkultur ausschließlich auf Einwanderung bezogen – ein breiteres Verständnis wie in den Diversity-Ansätzen wäre deutlich fruchtbarer.

In besagtem Kapitel würdigen nun die Autoren den Beitrag von Menschen mit Migrationshintergrund für die Kultur in Deutschland ausdrücklich. Jedoch mit solchen Bemerkungen: »Heute sind zum Beispiel viele deutschtürkische Regisseure oder Autoren bekannte Repräsentanten, die für die Widersprüche des

Stoffes Integration spezifische Darstellungen gefunden haben.«[5] Offenbar befassen sich die Kulturproduzenten nichtdeutscher Herkunft primär mit dem Thema Integration. Doch wäre ihre Themenstellung wirklich so wenig universell, ließe sich kaum erklären, weshalb Fatih Akin zu *dem* internationalen Gesicht des deutschen Filmes geworden ist. Hierzulande nimmt man jedoch weiterhin oft an, Künstler mit Migrationshintergrund könnten nur über sich selbst sprechen; zur Abstraktion, zur Darstellung des Allgemeinen scheinen sie nicht in der Lage zu sein.

Schließlich dürfen in dem Kapitel auch die Mängel der Einwanderer nicht fehlen. Zu den »Integrationsdefiziten«, die Menschen mit Migrationshintergrund »aufweisen«, gehören nach Ansicht der Verfasser auch »Schwächen in Bildung und Ausbildung« sowie »eine höhere Arbeitslosigkeit«. Das klingt so, als seien diese Probleme individuelle Versäumnisse der Migranten. Als Haupthindernis in Sachen Integration gilt aber die mangelnde Beherrschung der deutschen Sprache. Diesem Thema ist fast eine ganze Seite gewidmet, ohne dass die Zielrichtung klar würde. Nur wenige Zeilen später betonen die Verfasser schließlich, die Bibliotheken seien die Orte, »die von Migranten am stärksten genutzt werden«. Belege für diese Behauptung finden sich nicht, aber sie lässt sich schwerlich mit der Feststellung mangelnder Sprachbeherrschung vereinbaren.

Schon die ausführliche Erwähnung der Defizite deutet darauf hin, dass Interkultur im Kulturbereich eine Rolle übernehmen soll bei der Lösung gesellschaftlicher Probleme. »Mit Hilfe künstlerischer Projekte«, heißt es dann auch ausdrücklich, »kann der soziale Integrationsprozess wirksam unterstützt und gefördert werden.« In einem anderen Kapitel zum Thema »interkulturelle Bildung«[6] wird darauf hingewiesen, kulturelle Bildung solle einen »zentralen Beitrag« leisten für den »Zusammenhalt der Gesellschaft über alle Schichten, Generationen und Herkunftskulturen hinweg«. Für die »Randgruppen« stellt Kultur offenbar eine

Art Schmiermittel der Integration dar. Ein solch instrumentelles Kulturverständnis würde man in Bezug auf die »deutsche« Kunst wohl kaum zu hören bekommen.

Nun ist es angesichts knapper Kassen erlaubt und notwendig, über eine neue Legitimation von Kultur nachzudenken. Aber sind Kunst oder Theater nicht hoffnungslos überfordert, wenn sie die Aufgaben der Schule übernehmen und dann auch noch für den Zusammenhalt der Gesellschaft sorgen soll? Wenn es um Interkultur im Kulturbereich geht, kommen enorme Ansprüche zusammen: Sie soll Bildung vermitteln, Perspektive geben, den Dialog befördern und am Ende noch Fundamentalismus und Gewalt verhindern.

Und selbstverständlich, ohne allzu viel zu kosten. In der Kulturförderung wird Interkultur, wenn überhaupt, immer noch fast durchweg als Sonderthema verhandelt: Es gibt einen Topf für »interkulturelle Kunstprojekte«. Doch was ist das eigentlich? Sollen hier all die Personen mit den komischen Namen ihre Anträge stellen? Am Ende sind es dann diese Personen, die sämtliche Differenz aushalten sollen. Doch was haben Personen russischer, italienischer, polnischer und algerischer Herkunft gemeinsam außer der Tatsache, dass sie sich von der »Norm« abheben? Warum soll ausgerechnet ihre Kunstproduktion den Dialog befördern, während ein großer Teil der Kulturförderung letztlich unausgesprochen eine einheimische Parallelgesellschaft füttert?

Sicher ist das eine polemische Zuspitzung, aber für solche Polemik gibt es durchaus Anlass. Die Zeit drängt. Die Verfasser des Berichtes der Enquete-Kommission scheinen allerdings zu glauben, sie hätten noch sehr viel Zeit. Ein Blick auf ihre Handlungsempfehlungen zeigt, dass da weitere Berichte erstellt und Studien angeregt werden sollen. Zudem will man Dialoge führen mit Repräsentanten der ethnischen Gemeinschaften, und auch ein Referat soll eingerichtet werden bei der Bundesbeauftragten für Kultur.[7] Da Interkultur im Bericht als Sonderthema verhandelt wird, das im Grunde nur Migranten betrifft, bleiben die Forderungen wolkig und konzeptlos. Es muss jedoch eine klare konzeptuelle Vorstellung von Zielen und Qualitätskriterien geben. In Deutschland steht für bestimmte, gesellschaftlich angesagte Themen oft plötzlich sehr viel Geld zur Verfügung. Dieses Geld verteilt man dann jedoch ohne Plan, durch ad hoc zusammengesetzte Jurys, deren Teilnehmer oft nicht einmal die entsprechenden Qualifikationen aufweisen. Der nachhaltige Effekt ist zumeist gleich null. Ohne überprüfbare Vorgaben – auch in Form von Quoten – wird sich nichts ändern. Dabei sollte die Legitimation für Interkultur eben nicht Integration sein, sondern Inklusion. Die Personen mit Migrationshintergrund sind ebenso Bestandteil der Bevölkerung wie jene ohne, und daher haben sie ein Anrecht darauf, dass die staatliche Förderung von Kultur, sei sie nun institutionell oder projektförmig, auch bei ihnen ankommt. Das ist in einer Demokratie eine Frage der Gerechtigkeit.

Man kann sicher auch sagen: Die Erwähnung von Interkultur im Bericht war ein erster Schritt. Nun bin ich kein Politiker, und mir persönlich geht es einfach nicht schnell genug. Es gibt einige Beispiele auf kommunaler Ebene, wo die Konzepte durchdachter und tragfähiger wirken. So spricht etwa die Stadt Mannheim in ihrem 2007 verabschiedeten »Handlungskonzept interkulturelle Kulturarbeit« ausdrücklich von *Migration Mainstreaming*. Die Autoren stellen klar, Interkultur müsse als Prinzip in den Kultureinrichtungen verankert werden, und es gelte, Menschen mit Migrationshintergrund den Zugang zu und die Teilhabe an diesen Einrichtungen zu erleichtern – auch im Bereich der Personalpolitik. Zudem will man die bereits vorhandene Vielfalt anerkennen und fördern sowie die interkulturelle Kompetenz von Veranstaltern und Besuchern stärken.

Diese Prinzipien lehnen sich stark an die Forderungen der »Stuttgarter Impulse zur kulturellen Vielfalt« an, die im Anschluss an den ersten Bundesfachkongress Interkultur verabschiedet wurden.[8] Diese wiederum beziehen sich auf das *Übereinkommen über den Schutz und die Förderung der Vielfalt kultureller Ausdrucksformen* der UNESCO aus dem Jahr 2005. Der Text dieses Übereinkommens ist stellenweise durchaus ambivalent, weil die Verfasser doch erheblich schwanken zwischen dem Bewahren von Vielfalt und Vielfalt als Bestandteil von so etwas wie Kreativwirtschaft. Dennoch handelt es sich um eine offizielle Verankerung von Vielfalt – und die Bundesrepublik hat diesen Text ratifiziert, was bislang noch nicht flächendeckend ins Bewusstsein gedrungen ist.

Ein anderes Beispiel für eine zukunftsorientierte Aneignung von Interkultur sind die Förderkriterien des Kulturreferats der Stadt München. Hier wurde eben kein Sonderbereich Interkultur geschaffen, man hat das Thema vielmehr in die allgemeinen Richtlinien eingebaut. Da heißt es: Kultur schafft bürgerschaftliches Engagement, Grenzüberschreitung, Nachwuchs, Austausch, Identifikation, Begegnung, Bildung und Gedächtnis. Und man formuliert die ausdrückliche Erwartung: »Die Kooperationspartner/innen und Zuschussnehmer/innen erhalten und stärken die kulturelle Vielfalt Münchens und verbessern deren öffentliche Wahrnehmung. […] Sie hinterfragen das identitätsbezogene Konzept der Interkulturalität und setzen damit die Unterschiede zwischen Kulturen neu zueinander ins Verhältnis. Sie regen damit zu Auseinandersetzungen an.«[9] Hier wird erfreulicherweise nicht auf Integration und Harmonie gedrängt, sondern auf Weiterentwicklung und auch auf Konfrontation. Nun habe ich die Beispiele Mannheim und München hier willkürlich herausgegriffen – auch an zahlreichen anderen Orten bewegt sich etwas. Allerdings ist Papier auch geduldig, insbesondere in Deutschland, und so ist es unbedingt notwendig, solche Konzepte nach einiger Zeit einer Überprüfung zu unterziehen, um herauszufinden, ob die Praxis der Einrichtungen und der Förderung sich tatsächlich verändert hat.

Im Grunde benötigen auch die Kultureinrichtungen als Institutionen das Programm Interkultur, das ich im letzten Kapitel skizziert habe. Eine soziologische Untersuchung würde schnell zeigen, dass hier meist ein bestimmter Typus bevorzugt wird: mittelständisch, bildungsbürgerlich, einheimisch, nichtbehindert. Über ihre Barrieren sind sich die Einrichtungen aber nur selten im Klaren. Als mein Vater vor 50 Jahren nach Deutschland kam und schließlich genügend Deutsch konnte, da ging er selbstverständlich ins Theater. Das Theater in Athen war zu jener Zeit ein populäres Vergnügen: Man besuchte es nach der Arbeit, die Sprache war der volkstümliche Dialekt, man aß dort, lachte und schrie. Ähnliche Erfahrungen kann man aktuell machen, wenn man in manchen afrikanischen Hauptstädten ins Theater geht. Nun kann man sich leicht ausmalen, wie mein Vater sich im Kreise des steifen Theaterpublikums in Deutschland gefühlt hat, wo jedes Hüsteln sanktioniert wurde. Er ist nie wieder ins Theater gegangen.

Hat sich in den letzten 50 Jahren wirklich etwas geändert? Zweifellos. Und dennoch sind gerade die hoch subventionierten städtischen Theater immer noch Orte, wo sich bestimmte Leute wie zuhause und andere Leute deplatziert vorkommen. Ich stamme selbst aus einem Elternhaus, in dem es überhaupt keine Bücher gab. Verfügbar waren Pferderomane wie *Black Fury*, die meine Schwester nach ihrer Heirat zuhause liegen ließ – ich habe sie gelesen. An der Bildung von »kulturellem Kapital« hatten meine Eltern nicht das geringste Interesse. Als Leute, die von Weltkrieg, Wanderung und Hungererfahrung geprägt wurden, galt ihr Hauptinteresse der finanziellen Sicherheit und dem sozialen Aufstieg. Mein Interesse an Kultur führte mich dann in Kreise, in denen Kultur aus vielen Gründen einen selbstverständlichen Bestandteil des Lebens ausmachte. Sie war Gewohnheit, Mittel zur Distinktion, häufig aber auch echtes Anliegen. Es gab einen antrainierten Wissensbestand und eine gewisse Nonchalance, mit der über Kultur parliert wurde, wodurch jedoch implizit Grenzen aufgerichtet wurden gegenüber Personen, deren Zugang schlicht erarbeitet war. Mich führten solche Gespräche damals in einen Zustand irgendwo zwischen Angst und Aggression.

Für viele Personen mit Migrationshintergrund ist das Theater weiterhin ein Raum, der auf ihrer *cognitive map* der Stadt gar nicht auftaucht. Es scheint per se den »Deutschen« zu gehören. Ein Besuch würde die meisten in den erwähnten Zustand zwischen Angst und Aggression katapultieren, denn viele wüssten wohl nicht, was anziehen, wie sich benehmen, was sagen. Ohne Beziehung zu einem Ort kann man aber auch nichts zu seiner Veränderung beitragen. Der Dramaturg Carl Hegemann erzählte einmal während einer Podiumsdiskussion, es sei in seiner Familie üblich gewesen, am Wochenende eine Aufführung im Stadttheater zu besuchen. Irgendwann hätte er es gehasst, irgendwann sei er nicht mehr mitgegangen, aber schließlich sei ihm dieser Ort dabei auch so sehr in Fleisch und Blut übergegangen, dass er in den sechziger Jahren versucht habe, dort eine Revolution anzuzetteln. Man braucht also eine Beziehung. Öffnung bedeutet in diesem Fall, den Ort auf der Karte bestimmter Leute einzuzeichnen. Dazu reicht es allerdings nicht, gemäß einer unausgesprochenen Quote mal etwas für »die Iraner«, »die Türken« oder »die Inder« auf die Bühne zu bringen. Notwendig ist vielmehr eine konsequente, konzeptuelle Veränderung in Bezug auf das Ensemble, das Publikum und auch die inhaltliche Agenda: Um wessen Vorlieben, Perspektiven und Probleme soll es im Theater gehen?

Nun sind viele Theater in den letzten Jahren in dieser Richtung ein großes Stück vorangekommen. Vor allem gab es eine Reihe von Versuchen, die Schwelle zwischen dem Raum des Theaters und jenem der Öffentlichkeit einzuebnen, und manche Häuser sind proaktiv in die Stadt hinausgegangen. Doch die Zusammenarbeit mit migrantischen Selbstorganisationen oder »ethnischen« Veranstaltern könnte intensiviert werden. So sind zum Beispiel viele Gruppen auf der Suche nach bezahlbaren Veranstaltungsräumen. Kommunale Kulturinstitutionen könnten solche Räume

zur Verfügung stellen und während der Events die Besucher gezielt im Dienste des eigenen Programms ansprechen.

Auch die Zeiten und die Verhaltensansprüche spielen eine beträchtliche Rolle. Fast alle Veranstaltungen finden abends statt. Sie erfordern Körperbeherrschung, man muss stillsitzen und sich auf einen anspruchsvollen Stoff konzentrieren. Wäre um diese Zeit nicht etwas mehr körperliche Auflockerung und Zerstreuung möglich, ohne zwangsläufig Qualität einzubüßen? Und wäre nicht etwas mehr zeitliche Variabilität denkbar? Verbunden mit Angeboten zur Einbeziehung oder Betreuung von Kindern? Hier sind, auch wenn es abgedroschen klingen mag, ganz einfach Kreativität und Flexibilität gefragt.

Leider gibt es nur wenige Dramaturgen mit Migrationshintergrund. Das liegt nach meiner Erfahrung nicht daran, dass aufgrund mangelnder Qualifikationen keine zur Verfügung stehen, sie werden in der Regel einfach nicht bewusst gesucht. Und wenn doch, dann nimmt die Suche gleich instrumentelle Züge an: Man erwartet, dass diese Personen in Rekordzeit ein entsprechendes Publikum anziehen. Ein Publikum freilich, über das man so gut wie gar nichts weiß. Zwar gab es in der Folge der Sinus-Studie »Die Milieus der Menschen mit Migrationshintergrund« in NRW erstmals eine Untersuchung über die kulturellen Präferenzen dieser Menschen und ihre Kulturnutzung, aber die Erkenntnisse waren noch sehr allgemein. Jedenfalls konnte man dort nachlesen: »Ethnische Zugehörigkeit, Religion und die eigene Zuwanderungsgeschichte bzw. die der Eltern sind nicht milieuprägend und identitätsstiftend, allerdings beeinflussen sie die Alltagskultur«.[10] Deutlich wird, dass sich das Publikum mit Migrationshintergrund keineswegs auf die Herkunft festgelegen lässt, obwohl viele Personen bestimmte Interessen haben, die mit Migration zusammenhängen.

Sowohl für die Veränderung des Ensembles als auch für jene des Publikums sind konkrete Zielsetzungen notwendig, durchaus auch Quoten. Bei einer Veranstaltung des Goethe-Institutes meinte der Münchener Kulturdezernent in Bezug auf Quoten, man könne ja schlecht beim Verkauf einer Eintrittskarte die ethnische Herkunft abfragen. Nun sind solche Fragen durchaus üblich, wenn etwa britische Kulturinstitutionen Künstler einladen, denn diese Einrichtungen müssen belegen, dass sie der ethnischen Vielfalt gerecht werden. Das ist zweifellos ein problematisches Verfahren, aber da in Deutschland die Herkunft fast grundsätzlich eine prominente Rolle spielt, wäre nichts dagegen einzuwenden, wenn die Personen mit Migrationshintergrund ausnahmsweise einmal davon profitieren könnten. Und was das Publikum angeht: Verfahren der Marktforschung können problemlos die jeweiligen Hintergründe von Personen berücksichtigen, ohne dass die Befragung wie eine Identitätskontrolle wirkt. Allerdings muss man keineswegs bei jeder Veranstaltung einer Ideologie der Vermischung folgen; manchmal haben Personen eben spezielle Interessen. Wenn man sie fördert, dann eben im Ausgleich gegen die Förderung anderer spezieller Interessen. Man kann jedoch nicht eine Gruppe mit ihren speziellen Interessen als Mainstream betrachten.

Viele Veränderungen haben auch ohne Quoten längst stattgefunden, etwa in der selten geförderten Populärkultur. So gab es etwa in der Leserpoll der Zeitschrift *Groove*, die sich mit elektronischer Musik beschäftigt, im Jahr 2007 eine kleine Revolution: Nach Jahren der ungebrochenen Dominanz wurde DJ Sven Väth von Ricardo Villalobos entthront. Der Sohn chilenischer Exilanten hatte im Techno neue Wege beschritten, neue Materialien verwendet und auch neue Beziehungen über den Atlantik geknüpft. Im Gegensatz zur Hochkultur, wo die Herkunft von Schriftstellern wie Feridun Zaimoglu, Wladimir Kaminer oder Ilja Trojanow immer wieder eine Rolle spielt, ist die von Villalobos im Techno-Bereich kaum der Rede wert – ebenso wenig wie bei dem DJ Murat Tepeli oder anderen. Nun ist die Techno-Szene per se international. So schreibt Tobias Rapp über den sogenannten »Easyjetset«, der sich am Wochenende in den Clubs der Hauptstadt trifft: »Man stelle sich vor einen beliebigen Berliner Club an einem beliebigen Abend in die Schlange: Gut die Hälfte der Leute, die mit einem warten, sind aus dem Ausland. Man hört Englisch, Französisch, Italienisch, Spanisch.«[11] Allerdings hört man Türkisch nur selten, und es ist manchmal besser, diese Sprache in der Schlange zu vermeiden. Ansonsten steigt die Wahrscheinlichkeit, an der Tür abgewiesen zu werden. Das bestätigt auch ein Blick in die wichtigen Clubs in Kreuzberg: Die lokale Vielfalt der Straße spiegelt sich drinnen überhaupt nicht wider.

Kultur im Einwanderungsprozess

Über das Thema Kultur im engeren Sinne in diesem Kapitel noch einmal genauer zu sprechen, ist auch deswegen so wichtig, weil Kultur für die Einwanderer selbst stets eine große Rolle gespielt hat. Um es mit den Worten Stuart Halls zu sagen: Kultur war im Prozess der Migration deswegen so bedeutend, »weil die schwarzen Einwandererkinder in den fünfziger und sechziger Jahren in Großbritannien, die ja extremen Rassismen ausgesetzt waren, regelrecht von der Kultur gerettet wurden. Es waren Bob Marley und der Rastafarianismus, die sie vom sozialen Selbstmord abhielten. Im Gegenzug entdeckten wir dann, dass auch die englische Kultur niemals eine organische Einheit gewesen ist, sondern aus widersprüchlichen Teilen zusammengeflickt war.«[12]

Ähnlich verhielt es sich auch in Deutschland, man denke etwa an die sogenannte Arabesk-Musik oder die Bedeutung von Musikern wie Stelios Kazantzidis für die griechische Diaspora in ganz Westeuropa. Hinzu kam, dass die Behörden der Bundesrepublik den »Gastarbeitern« den Bereich der Kultur gewissermaßen als Spielfeld anboten. Für die Migranten zuständig war in vielen Kommunen erstaunlicherweise das Kulturreferat, und noch heute hat ein großer Teil der Selbstorganisationen der Einwanderer auf die eine oder andere Weise mit Kultur zu tun. Das rührt daher, dass den Einwanderern der Weg zur Staatsbürgerschaft lange Zeit versperrt blieb und politisches Engagement sogar ausdrücklich unerwünscht war. Der performative Raum für die Aktivitäten der Einwanderer wurde somit strukturell auf das Feld der Kultur verschoben – eine Kultur, die nominell mit dem »Heimatland« verknüpft war. Dieser Heimatbezug wurde von den deutschen Behörden sogar gefördert, schließlich ging man davon aus, die Migranten würden irgendwann zurückkehren. Diese Verengung des Raums hatte Auswirkungen: Wie eine Studie des Zentrums für Türkeistudien ergab, waren in Nordrhein-Westfalen die Migrantenselbstorganisationen im Jahr 1999 am häufigsten auf dem Feld Kultur tätig – 90 Prozent gaben an, sie machten Angebote in diesem Bereich.[13]

Noch heute können Ereignisse im Bereich der Kultur mehr Menschen mobilisieren als etwa der Abbau von Rechten. 2007 rief die alevitische Gemeinde Deutschland in Köln zu einer Demonstration auf, und zwischen 20 000 und 40 000 Menschen kamen. »Unsere Geduld ist am Ende«, konnte man unter anderem auf den Schildern der Protestierer lesen, oft aber auch die ersten Worte des Grundgesetzes: »Die Würde des Menschen ist unantastbar.« Auslöser der Kundgebung war die Folge »Wem Ehre gebührt« der beliebten Sonntagabendserie *Tatort* – gedreht übrigens von Angelina Maccarone, einer Regisseurin, die selbst Migrationshintergrund hat. Darin ging es um einen Fall von Missbrauch in einer Familie mit türkisch-alevitischem Hintergrund. Der Inhalt sorgte für große Empörung, weil die Unterstellung des Inzests zu den gängigen Klischees über Aleviten gehört; allerdings nicht bei der deutschen Mehrheitsbevölkerung, sondern bei den überwiegend sunnitischen Muslimen in der Türkei sowie bei vielen türkischen Einwanderern in der Bundesrepublik. Die kulturelle Gemengelage in der Einwanderungsgesellschaft kann also ziemlich kompliziert sein.

Die erwähnten kulturellen Angebote der Vereine haben noch heute häufig etwas mit Folklore zu tun. In der Gründungsphase vieler Vereine fanden sich unter dem Dach der Kultur jedoch ganz unterschiedliche Aktivitäten. Ein gutes Beispiel bieten hier die Griechischen Gemeinden. Alles begann mit Informationsabenden, bei denen griechische Studenten, Wissenschaftler und Arbeiter zusammenkamen, um über die politische Situation in Griechenland und Zypern sowie über die Probleme der »Gastarbeiter« mit Wohnen, Sprache, Bildung und dem Ausländerrecht zu sprechen. Der Begriff Gemeinde sei also kein Ausdruck für eine religiöse Gemeinschaft, schreibt Haris Katsoulis, der ehemalige Vorsitzende einer der ersten Griechischen Gemeinden in Ludwigshafen, er bedeute so viel wie »Versuch einer gemeinsamen Bewältigung gemeinsamer Probleme«.[14]

Was also vom Namen her wie eine heimatkulturell-religiös ausgerichtete Organisation wirkt, entpuppt sich bei näherem Hinsehen als Praxis, die den Begriff Kultur neu definierte. Denn Kultur wurde, erstens, in einen größeren Kontext gestellt. Die Arbeit der Griechischen Gemeinden bettete sie in einen Zusammenhang, der Alltag (Wohnen), Chancenverteilung (Bildung), Arbeit und Recht umfasste – und dabei selbstverständlich den Aspekt der Benachteiligung der Einwanderer nicht unthematisiert ließ. Das stand im krassen Gegensatz zum damals in der Mehrheitsgesellschaft kursierenden Kulturbegriff, der eher idealistisch aufgeladen war. Zum einen wurde Kultur häufig auf das künstlerische Feld im weitesten Sinn eingeschränkt – auf ein quasi universelles Reich der hehren Gedanken. Zum anderen wurde Kultur mit Nationalität, »Rasse« oder Ethnizität verkoppelt und, wie oben erwähnt, als eine Art »Schicksal« betrachtet. Die kulturelle Praxis der Griechischen Gemeinden und auch vieler anderer Selbstorganisationen beinhaltete also eine wesentliche Weiterentwicklung des Begriffs Kultur in Richtung eines Kulturbegriffs, der Kultur als »gesamte Lebensweise« (Raymond Williams) bzw. als »Landkarte von Bedeutungen« (Stuart Hall) verstand. Also eben nicht als unausweichliches Schicksal, sondern im Gegenteil als ein Feld der Intervention.

Zweitens verstand man Kultur in der Praxis als etwas, das Grenzen überschreitet. Durch den doppelten Bezug auf die politische Situation im Herkunftsland sowie auf die Probleme des »Gastarbeiter«-Lebens in Deutschland entstand de facto ein neuer Raum. Die Aktivisten waren auf beiden Schauplätzen dezentriert: Als politische Subjekte befanden sie sich weder in Griechenland noch in Deutschland, sondern in einem »Zwischenreich« (Salman Rushdie) bzw. in einem »transstaatlichen Raum«.[15] Zwar wird dieser Raum von Machtverhältnissen durchzogen und begrenzt, doch nichtsdestotrotz bietet er ein Potential für die Entfaltung unterschiedlichster Tätigkeiten. Während man in der Bundesrepublik die Situation der »zweiten Generation« gerne auf die Formel des zerrissenen Lebens »zwischen zwei Kulturen« brachte, hatte bereits die erste Generation einen ganz neuen Raum eröffnet; einen Raum, der keine Entscheidung zwischen dem einen und dem anderen erforderte und in dem unterschiedliche Formen der Abwesenheit in der konkreten Praxis lebbar gemacht wurden. Diese Räume und die darin angelegten Erweiterungen des Kulturbegriffs wurden oft unsichtbar gemacht, indem man die kulturellen Äußerungen von Personen mit Migrationshintergrund schlicht als Ausdruck ethnischer Traditionen betrachtete. Tatsächlich gibt es auch bestimmte Versionen von Interkultur, die im Grunde die Uhr permanent zurückdrehen, weil sie zum millionsten Mal Themenklassiker wie »Heimat« oder »Wurzeln« bemühen.

Nun war Ethnizität immer schon fiktiv in dem Sinn, als das staatliche Streben nach Homogenisierung und auch der Widerstand dagegen im 19. Jahrhundert dafür sorgten, dass oft durchaus willkürlich ausgewählte Elemente zu einer Tradition zusammengefasst wurden. Die Expansion des Westens sowie die Einwanderung haben die Karte der »Hybridität« noch weitaus komplizierter gemacht. Auch scheinbar traditionelle Formen der Ethnizität besitzen performative Momente, die erst in einem bestimmten Kontext ihre Bedeutung erhalten. Ein Beispiel ist das Kopftuch, das wie kaum ein anderes kulturelles Phänomen in den letzten Jahren für Aufregung gesorgt hat. Man kann sagen, das sei ein ausschließlich religiöses Phänomen, doch gerade die immense Symbolkraft zeigt, dass es im Feld eines erweiterten Kulturverständnisses verortet werden muss.

Yasemin Karasoglu hat schon Ende der neunziger Jahre in ihren Interviews mit »Kopftuch-Studentinnen« türkischer Herkunft[16] gezeigt, dass ihr Kopftuch keineswegs ausschließlich mit religiöser Traditionalität und weiblicher Unterordnung zu tun hat. Das zeigt sich schon am Kopftuch selbst: Es handelt sich nicht um die hergebrachte Kopfbedeckung der Mütter, die den Haaransatz frei lässt und unter dem Kinn geknotet wird, sondern um den sogenannten *Türban*, welcher das gesamte Haar und auch die

Schultern verhüllt. Dieses Kopftuch hat in der Türkei keine spezielle Bedeutung, sondern es wird heute weltweit von Musliminnen der jüngeren Generation getragen. Es hat mit Türkischsein also überhaupt nichts zu tun, im Gegenteil: oft handelt es sich um eine Möglichkeit, den nationalen Zuschreibungen zu entgehen. Auch die Islamvorstellungen sind nicht traditionell. Der überwiegende Teil der Studentinnen stammt aus Arbeiterfamilien, in denen die Religion kaum praktiziert wurde. Im Tragen des Kopftuchs kommt daher oft eine Art »sanfte Revolution« gegen die Eltern zum Ausdruck.

In den Interviews stellen die jungen Frauen ihre Entscheidung für das Kopftuch als strikt individuell und auch emanzipativ dar. Das Tuch soll nach ihren Aussagen dafür sorgen, dass nicht das weibliche Äußere, sondern die Persönlichkeit Beachtung findet. Darüber hinaus garantiert es den jungen Frauen Respekt. Alle Bedeutungen, die von den Frauen selbst mit dem Tragen des *Türban* verbunden werden, sind in höchstem Maße modern und »integriert«. Man mag diese Aussagen anzweifeln, doch hier ist eine im Hinblick auf sexuelle und ethnische Differenz aktive Subkultur entstanden, die via Stil Einwände formuliert. Die Frauen erwarten, dass man sie gerade in ihrer sichtbaren Unterschiedlichkeit akzeptiert.

Um solche minoritären Ausdrucksformen zu beschreiben, hat Homi Bhabha den Begriff der »Hybridität« geprägt. Dabei geht es nicht einfach um die Vermischung oder die freie Kombination von Kulturelementen aller Art, sondern um einen komplizierten Prozess der »Verdoppelung«. Bhabha zitiert ein Gedicht der britischen Autorin Meiling Jin, in dem sie davon spricht, sie habe eine »geheime Kunst« gelernt, die »Unsichtbarkeit«. Diese bewahre sie davor, vom hegemonialen »Du« gesehen zu werden, während sie selbst jedoch weiterhin sehen könne: »Nur meine Augen werden bleiben, [...] verwandeln deine Träume in Chaos.«[17] Das ist mit Verdoppelung gemeint. In einer zweifachen Bewegung schmiegt sich die beschriebene Person durch Mimikry der hegemonialen Vorstellung von sich selbst an und ersetzt gleichzeitig metonymisch das vorgebliche Ganze (das Ich) durch einen Teil (das Auge).[18] Sie wird also nicht, auch nicht auf verborgene Weise, identisch im traditionellen Sinne: Sie bewohnt einen »dritten Raum der Absenz«, der genau zwischen der Behauptung von so etwas wie Identität und ihrem Hinterfragen liegt.

Tatsächlich macht das Kopftuch auf eine seltsame Weise unsichtbar. Eine Bekannte, die ein Kopftuch trägt, hat mir einmal erzählt, sie ernte oft Erstaunen, wenn sie zu sprechen beginnt. Offenbar erwarten die meisten Einheimischen, die arme Frau mit dem Kopftuch spreche nur radebrechend Deutsch. Sie sind fassungslos, wenn sie sich akzentfrei und elaboriert ausdrückt. Der Anblick des Kopftuches scheint evident – alles ist klar. Doch meine Bekannte spricht eben nicht von dem Ort aus, an dem sie gesehen wird. Diese Spaltung bedeutet nicht, dass hinter dem Bild einfach ein befreites, nichtunterdrücktes Ich heraustritt. Die in den Interviews geäußerte Modernität der »Kopftuch-Studentinnen« ist nicht etwa die befreite Identität »hinter« dem Schleier, die man nur freilegen muss, und schon verwandeln die Frauen sich in Mitglieder der Mehrheitsgesellschaft.

Hier ist wiederum ein neuer Raum entstanden. Die Frauen besitzen keine »tiefe«, stimmige Identität; sie sind weniger als eins und doppelt, sie spalten die scheinbar gegebene einfache Differenz auf. Sie sorgen für Aufregung, weil sie die herrschenden Vorstellungen von Differenz in Frage stellen, weil sie den »voyeuristischen Blick« stören, der kulturelle Differenz in einem sichtbaren Objekt einhegen möchte,[19] weil ihre sichtbare Äußerung auf der Grenze zwischen Behauptung und Infragestellung balanciert. Kulturelle Artikulation bewegt sich also stets im Spannungsfeld von Anspruch und Abweisung, Diskriminierung und Ausweichen, des »Einen-im-Anderen«.

Schaut man auf Kultur in der Migrationsgesellschaft, dann ist der wirklich interessante Aspekt nicht jener des »Dialogs« zwischen den Kulturen, sondern jener der Nähe des scheinbar Verschiedenen. Insofern ist der Begriff Parallelgesellschaft äußerst unproduktiv. Denn in der Postmoderne zeichnet sich Kultur durch Diversifizierung aus, durch die Produktion von Differenz, die sich nicht grundsätzlich auf einen gemeinsamen Nenner bringen lässt. Die Clubnächte mit türkischer, griechischer oder iranischer Musik, die »ethnischen« Diskotheken, Kneipen und Restaurants; die kleinen Läden, die U-Bahn-Fahrkarten, Lebensmittel, Musik und Bücher anbieten; die afrikanischen Friseursalons, die Videos aus Nollywood verkaufen; der vietnamesische Großhandel mit seinen spezifischen Produkten – dieses ganze kulturalisierte Durcheinander ist keineswegs ein Nischenphänomen, es ist mittendrin. Es handelt sich um kreative Formen der unternehmerischen Selbsteingliederung in die Gesellschaft. Die Stadt lebt von ihren Heterotopien, von all den scheinbar »fremden« Orten, die dennoch benachbart sind. Und die Stadt ist per se ein Ort, dessen Charme in seiner Unübersichtlichkeit besteht. Und je weniger man die Produktion überblicken kann, desto interessanter und anziehender wirkt die Stadt.

Aber auch für die Kultur im engeren Sinne gilt, dass sie die Differenz, das Unbequeme, das Inkommensurable und auch das Unkontrollierte braucht. Wenn man alles, was anders ist und sich entzieht, einem Diktat der Transparenz unterwerfen will, dann bekommt man am Ende nur *Big Brother* – und zwar in beiden Bedeutungen des Begriffs. Wollen wir in die fünfziger Jahre zurück oder vorwärts in die Zukunft? Im Übrigen beinhaltet die Anerkennung der Vielheit keineswegs, man müsse jede Form von kultureller Äußerung gutheißen. Ich bin kein Relativist. Ich mag bestimmte Formen der »tiefen« deutschen Kultur nicht, ebenso wenig wie viele flache Schlager. Ich kann den größten Teil der griechischen Popmusik nicht hören und bin für Folklore fast im Allgemeinen nicht zu haben. Ich halte mit einem Urteil auch

nicht hinter dem Berg. Kritik bedeutet Veränderung. Und wenn jemand die Kultur anruft, um andere Gruppen abzuwerten, oder wenn Personen um der vorgeblichen »Rettung« ihrer Kultur willen andere Menschen bedrohen oder verletzen, dann gibt es nicht den geringsten Grund für Toleranz. Niemand behauptet, Kultur sei prinzipiell etwas Gutes. Aber bis die Grenze des Tolerierbaren erreicht wird, müssen die Ausdrucksformen der Vielheit der Ausgangspunkt von interkultureller Kulturpolitik sein.

Rap und Theater

Seit mindestens 15 Jahren gehört zum Repertoire jedes fortschrittlichen Jugendzentrums ein Rap-Workshop. Zweifellos entstammen diese Kurse einem Bedürfnis. Gerade Jugendliche mit Migrationshintergrund haben sich schon früh für Hiphop aus den USA interessiert, weil es sich um die exemplarische Musik einer Minderheit handelt. Zugleich ist dieses Bedürfnis jedoch von Pädagogen erzeugt worden. Rappen gilt unterdessen als erprobtes Instrument in Sachen »kultureller Bildung«. In den Tagen der Begeisterung für »Multikulti« wurde Rap vielfach gefördert – die Rapper der ersten Stunde durften sich als Beispiele für kulturelle Bereicherung feiern lassen.

Nun gab es jedoch das Problem, dass die »Straße«, der Inbegriff von Hiphop, in Deutschland weniger aufregend ist als in den Vereinigten Staaten. Es gibt keine vergleichbaren Ghettos, keine *drive by shootings* mit großer Artillerie und auch keine Tradition eines schwarzen Style. Die eigenen Erlebnisse mit Kleinkriminalität, Drogen und Knast ließen sich nur bedingt mit Glamour umgeben. Was lag da näher, als sich aus dem Repertoire der US-Rapper zu bedienen? Bis heute klingt ein großer Teil des deutschen Hiphop schlecht und abstrakt; das gilt für die Musik wie auch die Texte. Eben so, als würde einem dürftigen Erfahrungskosmos mit Hilfe der im Jugendzentrum erworbenen Rap-Skills die ganz große Westcoast-Lackierung verpasst. Am Ende hat jene Mischung zwischen pädagogischem Bemühen und medialem Einfluss mit Bushido und seinen Kollegen genau den Typ Gangster erzeugt, vor dem sich das Bürgertum fürchtet – nicht zuletzt, weil er als Abbild des gefährlichen kriminellen Ausländerjugendlichen gilt.

Seit den neunziger Jahren werden in pädagogischen Theaterprojekten Rap-Musicals oder Revuen über »die Straße« inszeniert. Das war anfangs eine gute Idee: Ausgehend vom konkreten Alltag, konnten sich Jugendliche mit popkulturellen Ausdrucksmitteln wie eben Rap, Breakdance oder auch schmeichelnden R'n'B-Gesangsparts das Theater aneignen, eine klassische Form der E-Kultur. Allerdings hat sich diese Herangehensweise in den vergangenen Jahren kaum verändert. In Berlin etwa ist 2008 unter der Ägide des Komponisten Todd Fletcher das Stück *Streets of Wedding* entstanden. Wieder einmal ging es um »die Straße«. Am

Anfang wurden die Jugendlichen dazu aufgefordert, selbst Themen für das Stück einzubringen. Derweil wissen Jugendliche aus »Problemvierteln« sehr genau, was man von ihnen erwartet. Von erwachsenen Profis mit der Forderung konfrontiert, mal über sich zu berichten, reproduzieren sie oft kaum mehr als die Klischees ihrer Schwierigkeiten. »Mobbing, Macho-Kultur, Parallelgesellschaft, Probleme zuhause«, zählt Todd Fletcher auf – eben »von der Straße auf die Bühne«, wie es in der *taz* hieß.[20]

Exakt den gleichen Titel hatte über ein Jahr später ein Text in der *Frankfurter Allgemeinen Sonntagszeitung* über den Hauptdarsteller des Stückes *Arabboy*, das im Theater Heimathafen Neukölln aufgeführt wurde. Die Verfasserin forscht mit rührseliger Penetranz nach Übereinstimmungen zwischen dem Leben des Schauspielers und seiner Figur, um am Ende festzustellen, Hüseyin Ekici sei im Gegensatz zum »Arabboy« die Integration gelungen.[21] Mit der Realität haben solche Stücke in einem ähnlich eingeschränkten Sinn zu tun wie die Hiphop-Produktionen des mittlerweile abgewickelten Labels Aggro Berlin. Die meisten Menschen gehen jedoch nach wie vor vom Gegenteil aus.

Rappen scheint nun für Jugendliche aus »sozialen Brennpunkten« so überaus geeignet zu sein, weil man voraussetzt, dass diese Jugendlichen zu nichts anderem fähig sind als dazu, vollkommen authentisch zu sein. Insbesondere im Fall von Einwandererkindern gilt: Egal was sie reden oder tun, immer ist es entweder ein Ausdruck der jeweiligen Tradition oder es ist eben ein Bericht vom Leben auf »der Straße«. Zu einer echten künstlerischen Bearbeitung ihrer Erlebnisse scheinen diese Jugendlichen nicht in der Lage zu sein; sie können nichts darstellen – stets erzählen sie die Geschichte ihres eigenen Lebens.

Jüngst haben auch die städtischen Theater die Jugendlichen aus der Unterschicht entdeckt. Dabei ging es ganz bewusst darum, die Mauern der Schauspielhäuser zum sie umgebenden urbanen Raum zu durchbrechen. An den Münchener Kammerspielen beispielsweise gab es bereits 2004 das Projekt *Bunny Hill* mit Bewohnern des Stadtteils Hasenbergl, am Essener Grillo-Theater entstand das Stück *Homestories* mit Jugendlichen aus Katernberg. Die Choreographin Constanza Macras hat zusammen mit ihrer Tanzcombo und Teenagern aus Neukölln zwei Stücke erarbeitet: *Scratch Neukölln* (2003) und *Hell on Earth* (2008). Einen ähnlichen, aber »soziologischeren« Ansatz verfolgte auch das ungemein erfolgreiche Stück *Schwarze Jungfrauen* von Günther Senkel und Feridun Zaimoglu, welches nach Angaben der Autoren auf Interviews mit »Kopftuchträgerinnen« basierte. Man kann diese Öffnung der Hochkulturinstitutionen gar nicht genug würdigen, doch auch hier bleibt das Problem, dass die Jugendlichen mit Migrationshintergrund meist auf »die Straße« reduziert werden bzw. dass ihr Leben als Rohstoff zur Belebung des Theaters dient. Sie selbst haben wenig davon. Irgendwann endet das Projekt, und kaum einer von den Mitwirkenden bleibt als Schauspieler am Theater. Zudem geht es weiterhin um die ästhetischen Bedürfnisse eines bildungsbürgerlichen Publikums, denn es gelingt mit solchen Stücken nur sehr begrenzt, die sogenannten bildungsfernen Schichten ins Theater zu locken.

Der Festlegung auf Authentizität können die Jugendlichen aber erstaunlicherweise nicht einmal entgehen, wenn sie nicht das eigene Leben, sondern den deutschen Kanon spielen. In der Creative Factory am Gemeinschaftszentrum in Mannheim-Jungbusch inszeniert die Dramaturgin Lisa Massetti mit Jugendlichen Stücke von Friedrich Schiller – angepasst an deren Ausdrucksformen und Interessenlagen. Wegen der Qualität ihrer Arbeit wurde die Gruppe seit 2003 mehrfach zu den Schiller-Tagen am Nationaltheater eingeladen. Es gab viel Anerkennung. Doch der *Mannheimer Morgen* titelte: »Viel mehr als nur Theater: ›Creative Factory‹ bringt die Straße auf die Bühne«. In diesem Sinne wurde die Arbeit an Schiller auch lange Zeit nicht aus Töpfen der Kultur gefördert, sondern vom Programm »Lokales

Kapital für soziale Zwecke«. Und im Gegensatz zu den anderen Gruppen erhielt die Factory bei den Schiller-Tagen zunächst kein Honorar. Mittlerweile hat sich die Situation jedoch ein wenig verändert. Das letzte Stück, *ZarteSehnsuchtSüssesHoffen* (2009), wurde aus den Kulturtöpfen der Kommune und des Landes gefördert, und bei den freien Theatertagen in Mannheim, dem Festival »Schwindelfrei«, erhielt das Stück den ausgeschriebenen Theaterpreis.

Das ist eine erfreuliche Entwicklung, denn es wäre verheerend, wenn sich »die Straße« als einschränkendes Pendant der »Tradition« herausstellen würde. Schließlich geht es darum, gerade den Jugendlichen andere Rollen aufzuzeigen, einen anderen Horizont als den ihres »eigenen Lebens«. Dabei muss man aber auch jenen Jugendlichen, die nicht aus einheimischen Mittelschichtsfamilien stammen, zugestehen, dass sie zu symbolischem Ausdruck fähig sind, dass ihre Kleidungsgewohnheiten, Frisur- und Bartkreationen, ihre musikalischen Interessen und alternativen Wissensbestände durchaus das Ergebnis individueller ästhetischer Entscheidungen darstellen, also Symbolisierungen sind und sich nicht reduzieren lassen auf Tradition oder Straße. Zudem beschränken sich ihre Möglichkeiten nicht auf Rap und Breakdance. Wenn es aber um Rap und Breakdance geht, dann gilt es, diese Kunstformen ernst zu nehmen und sie nicht von vornherein nur auf ihre Tauglichkeit für pädagogische Maßnahmen abzuklopfen.

Selbstverständlich brauchen Jugendliche Anregung und auch Anleitung. Und hier sind die Schulen und die Institutionen der Hochkultur gefragt – und zwar im Sinne einer konsequenten Öffnung in Sachen Interkultur. Und da kann es nicht nur um den eigenen Alltag gehen, sondern eben auch um die ästhetischen Qualitäten und den Kanon der Hochkultur. »In Schul-AGs ist Theater voll langweilig«, meinte eine Mitwirkende der genannten Creative Factory, »da kriegen nur die Besseren eine große Rolle. Hier gibt es keine Hauptrollen.« Die Möglichkeiten zur Partizipation sind im Feld der Hochkultur immer noch gering. Viele Jugendclubs in den städtischen Theatern inszenieren mit einer handverlesenen Anzahl von zehn bis fünfzehn Jugendlichen ein bestimmtes Stück. Oft ist diese Art von Bildungsarbeit vergleichsweise traditionell und hierarchisch strukturiert sowie an Personen orientiert, die von Haus aus die nötigen Voraussetzungen mitbringen.

Hier sind mehr Phantasie und auch mehr Ergebnisoffenheit gefragt. Ebenso wie beim Tanz geht es darum, andere Ausdrucks- und Bewegungsqualitäten nicht einfach als Defizite zu betrachten, sondern als Motor der Veränderung. Und darum, die Tempel der Kunst zu verlassen. Die Adaption von Schillers *Räubern*, die die Creative Factory auf die Bühne brachte, zeichnet sich auch durch die Körpersprache der Akteure aus – vor allem die männlichen Körper scheinen ununterbrochen unter Spannung zu stehen. Gleichzeitig wird das Stück aus dem Theaterraum an verschiedene Orte im Viertel verlegt, auf Baustellen, Brachen und Hinterhöfe. Die »Führung« übernimmt eine Figur, die sich als Hausmeister eines Theaters zu erkennen gibt und penetrant den Unterschied zwischen Schillers Text und der Inszenierung herausstreicht.

Ein anderes Beispiel bietet Peer Damminger vom Kinder- und Jugendtheater KIT'Z, der mit Schülern einer Realschulklasse in Ludwigshafen *Romeo und Julia* aufführen wollte. Doch der Text war einfach zu schwierig. Anstatt aufzugeben, sattelte man um: In einem Film erzählen die Jugendlichen nun die Handlung nach und diskutieren über die für sie wichtigen Punkte. Das eigentliche Stück inszenieren sie als reines Action-Theater – mit dem Körper, weitgehend ohne Worte. Hochkultur wird so auf erstaunliche Weise in Bewegung versetzt.

Ähnlich wie beim *Community Dance* werden hier Ansätze der Avantgarde auf ein neues Terrain geführt. Allerdings darf man die Arbeit auch nicht idealisieren. Nicht immer sind da phantastische Potentiale, die es bloß freizulegen gilt – oft ist auch jene Disziplin notwendig, die Royston Maldoom bei der Arbeit an *Rhythm is it!* durchaus autoritär einforderte. Das kann anstrengend sein. In *Rhythm is it!* gibt es eine schöne Szene, in der sich eine Kollegin von Maldoom verzweifelt darüber beschwert, sie habe noch nie mit Jugendlichen mit so wenig Körpergefühl und -beherrschung arbeiten müssen. Ständige körperliche Unruhe und Zerstreutheit kann die Proben tatsächlich schwer belasten.

In der Dokumentation *Mit eigenen Worten* über die Arbeit der Creative Factory erzählt einer der Darsteller dem Regisseur Mario di Carlo, er habe beim Theater vor allem eins gelernt: sich zu konzentrieren und Verantwortung zu übernehmen. Viele der Jugendlichen leiden vor allem darunter, kein geregeltes Alltagsleben zu haben. Sie lassen sich ohne besondere Perspektive durch den Tag treiben – da ist Pünktlichkeit schlicht nicht notwendig. Oft stellt sich Zuverlässigkeit erst ein, wenn ihnen die Initiatoren der Projekte Vertrauen schenken, ihnen das Gefühl geben, ernst genommen und gebraucht zu werden und nicht nur Material zu sein für eine pädagogische Maßnahme. Gefahren bleiben. Im Film sieht man Lisa Massetti händeringend hinter der Bühne stehen: »Wenn Sinan nicht kommt«, sagt sie, »sind wir im Arsch.«

Derzeit wird im Bereich der Hochkultur viel ausprobiert, aber die systematische interkulturelle Öffnung der Kulturinstitutionen wird wohl noch einige Zeit auf sich warten lassen. Bis dahin ist die Unterstützung und Förderung von Heterotopien weiter notwendig. Ich habe bereits darauf hingewiesen, dass Interkultur meistens Bestandteil von Projektförderung ist und kaum strukturell geförderte Stützpunkte hat. In diesem Sinne sind Orte wichtig wie das von Lale Konuk in eine Bühne der Kulturen umdefinierte ehemalige Arkadas-Theater im Kölner Stadtteil Ehrenfeld oder das 2008 unter der Ägide von Shermin Langhoff neu eröffnete Ballhaus Naunynstraße in Kreuzberg. Hier wird, wie es beim Ballhaus heißt, »postmigrantisches Theater« inszeniert, in dem oftmals auch »Leben« auf die Bühne gebracht wird, aber aus einer anderen, identifikatorischen Perspektive.

Klassentreffen. Die zweite Generation oder *Ferien Lager. Dritte Generation* sind nicht nur großartige Stücke; sie wirken auch als Geschichtsstunden und Empowerment. Zudem ist es verdammt lustig, wenn der bekannte Berliner Grünen-Abgeordnete Özcan Mutlu von seinen Mitspielern vom Podest geholt wird, weil er als Politiker mal wieder große Reden schwingen muss, oder wenn Jugendliche Integrationspolitik spielen und dabei auf der Bühne des Ballhauses Sätze sagen wie: »Und deswegen ist die Teilnahme an deutschen Regelangeboten der Nutzung zuwandererspezifischer Spezialangebote vorzuziehen.«

Allerdings bergen die »Spezialangebote« auch Gefahren. Zum einen die der Überlastung – trotz geringer Mittel soll etwa die Bühne der Kulturen in Köln-Ehrenfeld quasi für alle »Kulturen« zuständig sein. Zum anderen ist es möglich, dass solche Angebote die Unbeweglichkeit der Kulturinstitutionen unterstützen: Es wird doch schon alles gemacht, heißt es dann hinter den Kulissen so manches Mal, »die« haben doch schon ihr Theater.

Die Öffnung der Medien

Zu Beginn des Jahres 2009 sorgte auch in Deutschland der Film *Die Klasse* von Laurent Cantat für Furore. Der Film spielt fast ausschließlich in einer Schule im 20. Pariser Arrondissement, einer Gegend, die von ihrer sozialen Zusammensetzung nicht einfach ist, deren Situation aber keineswegs vergleichbar ist mit einigen der Pariser Banlieues. Es geht um einen jungen Lehrer, der eine Klasse unterrichtet, in der sich fast durchweg Kinder mit Migrationshintergrund finden. In vielen Besprechungen der hiesigen Zeitungen waren die Rollen klar verteilt. Es ist der Lehrer, der einen Kampf führt gegen die »Bankrott-Erklärung« der Schule (*Berliner Zeitung*) oder die »totale Katastrophe der schulischen Erziehung« (*Frankfurter Allgemeine Zeitung*); gegen Schüler, die den Unterschied zwischen Imperfekt und Indikativ nicht kennen und auch nicht kennenlernen wollen, weil sie nicht primär am Lernen, sondern an Machtkämpfen interessiert sind.

In der *Frankfurter Rundschau* brachte Heike Kühn dagegen Verständnis für die Schüler auf: »Diesen Jugendlichen mangelt es nicht an Phantasie oder Aufmerksamkeit. Sie richten sie nur auf etwas anderes, auf latenten Rassismus oder die Verkennung ihrer Wirklichkeit.«[22] Tatsächlich kann man *Die Klasse* auch anders sehen. Vom pädagogischen Standpunkt scheint es eher die Schule zu sein, in der vieles nicht stimmt. Etwa die »Passung« zwischen Lehrer- und Schülerschaft, denn ein Blick ins Lehrerzimmer zeigt ausschließlich weiße Gesichter. Zudem benehmen sich die Schüler nicht anders als Generationen von Jugendlichen vor ihnen. Sie beschweren sich, der Stoff sei nicht nahe genug am Leben, so wie in den Grammatikbüchern würde doch niemand reden, und der Lehrer nehme ihre Probleme einfach nicht ernst.

Der Migrationshintergrund bedingt nur, dass der Lehrer spezifische Probleme eben nicht nachvollziehen kann. Und obwohl er sich wirklich bemüht, beginnen bei diesem besonderen Mangel an Verständnis seine Fehler. Als er mit der Mutter eines akut schwierigen Schülers mit malischem Hintergrund ein Gespräch führen will und sie kein Französisch spricht, da lässt er den Bruder des Jungen und später den Jungen selbst übersetzen. Warum zieht er keine neutrale »Kontaktperson« hinzu? In der Folge zeigt sich, dass er die ganze Situation des Schülers nicht begreift – andere Schüler müssen sie ihm erklären. In einer hilflosen Lage beschimpft er eine Schülerin als »Schlampe« – ohne das ganze Ausmaß einer solchen Beleidigung nachvollziehen zu können.

Warum kommt die Perspektive der Schüler im überwiegenden Teil der Berichterstattung nicht vor? Warum zeigen viele Rezensenten nur Empathie dem Lehrer gegenüber? Der naheliegende Grund ist die soziale und ethnische Herkunft der Medienmacher selbst. In einer Befragung unter den Journalisten von 245 Tageszeitungen in Deutschland hat sich gezeigt, dass nur rund ein Prozent der Mitarbeiter Migrationshintergrund hat und dass bei 84 Prozent der Zeitungen die einheimischen Journalisten unter sich bleiben. Beim Rundfunk sieht es nur unwesentlich besser aus – Schätzungen gehen von zwei bis drei Prozent aus.[23] Diese Journalisten identifizieren sich also in erster Linie mit dem Lehrer, und da Qualifikationsmaßnahmen in interkultureller Kompetenz in deutschen Zeitungsredaktionen alles andere als üblich sind, stellt diese Perspektive auch niemand in Frage. In Anbetracht dieser Zahlen wundert es denn auch nicht, dass die Dichte der Klischees weiterhin recht hoch ist. Die Problemaspekte dominieren, und die gelebte Normalität fehlt häufig; auch das nicht zuletzt, weil viele Journalisten in einer rein einheimischen »Parallelgesellschaft« leben.

Nun steht die Welt der Medien unter erheblichem Veränderungsdruck. Die Zeitungen leiden unter Auflagenschwund, was nicht zuletzt damit zu tun hat, dass sie ihre Leserschaft aus einem schrumpfenden Pool rekrutieren. Denn an Orten, an denen die Personen mit Migrationshintergrund ein Drittel bis die Hälfte der Bevölkerung ausmachen, kann man kaum überleben, wenn man diese Gruppe nicht anspricht. Allerdings versucht man das oft genug nicht einmal – diese Personen stehen einfach nicht auf der Agenda. Ein beliebter Mythos sagt: Sie lesen nicht, sie schauen nur fern, und wenn sie fernsehen, dann Programme aus der Heimat. Wie alle bisherigen Untersuchungen gezeigt haben, treffen solche Behauptungen nicht zu, doch der Mythos hält sich hartnäckig.

Nun sind die Zeitungen in privater Hand und nur ihr ureigenstes Überlebensinteresse kann sie dazu zwingen, sich in Richtung Interkultur zu bewegen. Beim Rundfunk verhält es sich allerdings ein wenig anders, denn der Rundfunk, selbst der private, muss in Deutschland gewisse Auflagen erfüllen. Der öffentlich-rechtliche Rundfunk soll gemäß Rundfunkstaatsvertrag die »internationale

Verständigung, die europäische Integration und den gesellschaftlichen Zusammenhalt in Bund und Ländern fördern«. Diesem Auftrag wird man sicher nicht gerecht, wenn ein bedeutender Teil der Bevölkerung in den Redaktionsräumen und im Programmangebot nicht vorkommt. In den Vorschriften für den privaten Rundfunk heißt es: »Die bedeutsamsten politischen, weltanschaulichen und gesellschaftlichen Kräfte und Gruppen müssen in den Vollprogrammen angemessen zu Wort kommen; Auffassungen von Minderheiten sind zu berücksichtigen.« Ich hab nicht gezählt, aber bei den Privaten scheint zumindest im Programm die Präsenz von Personen mit Migrationshintergrund etwas höher zu sein, allerdings hauptsächlich im Sektor der Unterhaltung. Es mangelt nicht an *Superstars*, *Topmodels* oder *Sommermädchen* nichtdeutscher Herkunft.

Für die Kontrolle der öffentlich-rechtlichen Medien sind in Deutschland die Rundfunkräte verantwortlich, in denen zumindest der Theorie nach die »gesellschaftlich relevanten Gruppen« repräsentiert sein sollen. In der Realität bestehen sie aus Abgesandten der Landesregierungen, der Parteien, Verbände und Kirchen, wobei der Anteil von Personen sehr hoch ist, die auf die eine oder andere Weise mit dem Staat zu tun haben. Nun sind die besagten Gruppen ein schwieriges Rechtskonstrukt, doch allein die Gleichbehandlung der Verbände sollte garantieren, dass man in den Räten auch Vertreter von Migrantenorganisationen findet. Das ist aber so gut wie nirgendwo der Fall. Beim WDR in Köln gibt es immerhin eine Person mit Migrationshintergrund, die tatsächlich als »Vertreter aus dem Kreis der ausländischen Mitbürgerinnen und Mitbürger« fungiert. Ein Drittel der Bevölkerung, Tendenz steigend, lässt sich aber auf Dauer nicht durch schlichte Abwesenheit oder *tokenism*, also »Alibi-Personen«, repräsentieren. In den europäischen Nachbarländern ist die Lage nicht unbedingt besser, aber es gibt ein höheres Bewusstsein für die Notwendigkeit des Wandels. In Frankreich kontrolliert der Conseil supérieur de l'audiovisuel (CSA), also die Behörde, die für die Vergabe der Frequenzen zuständig ist, auch, ob die Repräsentation der Vielfalt gewährleistet ist. Im Gesetz für die Chancengleichheit vom 31. März 2006 wurde ausdrücklich festgelegt, dass auch im Bereich des Audiovieduellen Maßnahmen gegen Diskriminierung eingeleitet werden müssen.

Der CSA hat im November 2008 dann eine Untersuchung veröffentlicht, die zeigt, dass Personen, »die nicht als weiß gesehen werden«, vor allem in Spielfilmen und Serien dramatisch unterrepräsentiert sind. Dabei sei die *fiction francaise* gerade deshalb relevant, weil sie, so der Bericht, mitwirke an der Konstruktion eines »kollektiven nationalen Imaginären«. In Nachrichtensendungen und Journalen ist die Situation aber kaum besser. Seit dem Erscheinen des Reports führt der CSA nun Gespräche mit den Rundfunkanstalten und arbeitet an einem »Barometer der Vielfalt«, welches die Fortschritte messen soll. Sollten diese sich nicht innerhalb eines bestimmten Zeitrahmens einstellen, behält die CSA sich juristische Maßnahmen vor – die Einführung von Quoten wird in dem Bericht nicht ausgeschlossen.[24] Darüber hinaus fördert in Frankreich das Centre National de la Cinématographie (CNC) fiktionale Filme, die Diversität abbilden. Das entsprechende Programm heißt »Images de la diversité«, Bilder der Vielfalt.[25] Die Produktion solcher Bilder wäre auch in Deutschland dringend vonnöten.

Anmerkungen

1 Vera Allmanritter: »Audience Development oder: Migranten als Publika in deutschen Kulturinstitutionen«, Vortrag beim zweiten Theorie-Praxis-Diskurs des NRW-Programms *interkultur.pro*, Düsseldorf, 02. Dezember 2008, online verfügbar unter {www.interkulturpro.de/ik_pdf/ik_audience_1208.pdf} (Stand August 2009).
2 Tamara McLorg: »The history of community dance in the UK«, Vortrag beim Laboratorium can do can dance, Hamburg, 28. August 2006, online verfügbar unter {www.candocandance.de/history.html} (Stand August 2009).
3 Vgl. Robert Traba: *Wir Berliner! Geschichte einer deutsch-polnischen Nachbarschaft*, Projekt des Zentrums für Historische Forschung Berlin der Polnischen Akademie der Wissenschaften, Leipzig: Koehler & Amelang 2009.

4 Deutscher Bundestag (Hg.): *Kultur in Deutschland. Schlussbericht der Enquete-Kommission des Deutschen Bundestages*, Regensburg 2008, S. 308 ff., online verfügbar unter {http://dip21.bundestag.de/dip21/btd/16/070/160 7000.pdf} (Stand August 2009).
5 Ebd., S. 311.
6 Ebd., S. 608 ff.
7 Ebd., S. 316.
8 Vgl.: Beirat des ersten Bundesfachkongresses Interkultur (Hg.): »Stuttgarter Impulse zur kulturellen Vielfalt«, Stuttgart 2006, online verfügbar unter {www.unesco.de/fileadmin/medien/Dokumente/Kultur/Stuttgarter_Impulse_zur_kulturellen_Vielfalt.pdf} (Stand August 2009).
9 Kulturreferat der Landeshauptstadt München (Hg.): »Förderung von Kunst und Kultur. Unsere Förderkriterien«, online verfügbar unter {www.muenchen.de/Rathaus/kult/kulturfoerderung/foerderkriterien/220478/index.html} (Stand August 2009).
10 Sinus Sociovision (Hg.): »Die Milieus der Menschen mit Migrationshintergrund in Deutschland. Inkl. Special ›Kulturelle Präferenzen und Gewohnheiten‹«, Düsseldorf 2008, online verfügbar unter {http://interkulturpro.de/ik_pdf/ikp_Kernergebnisse_Studie_Migranten.pdf} (Stand August 2009).
11 Tobias Rapp: *Lost and Sound. Berlin, Techno und der Easyjetset*, Frankfurt am Main: Suhrkamp 2009, S. 80.
12 Christian Höller: »Terrains der Verstörung«, Interview mit Stuart Hall, in: *Texte zur Kunst* 24 (November 1996), S. 51.
13 Zentrum für Türkeistudien/Institut für Politikwissenschaften der Westfälischen Wilhelms-Universität Münster (Hg.): *Selbstorganisation von Migrantinnen und Migranten in NRW*, Düsseldorf 1999, S. 44.
14 Haris Katsoulis: *Bürger zweiter Klasse. Ausländer in der Bundesrepublik*, Frankfurt am Main: Campus 1978, S. 194.
15 Vgl. Thomas Faist: »Grenzen überschreiten. Das Konzept transstaatliche Räume und seine Anwendungen«, in: Ders. (Hg.): *Transstaatliche Räume*, Bielefeld: Transcript 2000.
16 Vgl. Yasemin Karakasoglu-Aydin: »›Kopftuch-Studentinnen‹ türkischer Herkunft an deutschen Universitäten. Implizierter Islamismusvorwurf und Diskriminierungserfahrungen«, in: Heiner Bielefeldt/Wilhelm Heitmeyer (Hg.): *Politisierte Religion. Ursachen und Erscheinungsformen des modernen Fundamentalismus*, Frankfurt am Main: Suhrkamp 1998.
17 Zit. nach Homi Bhabha: *Die Verortung der Kultur*, Tübingen: Stauffenburg Verlag 2000, S. 68.
18 Im englischen Original ist dies ein phonetisches Wortspiel mit »I« und »Eye«.

19 Ebd., S. 74.
20 Johannes Gernert: »Von der Straße auf die Bühne«, in: *die tageszeitung* (6. März 2008), online verfügbar unter {www.taz.de/regional/berlin/aktuell/artikel/1/von-der-strasse-auf-die-buehne/} (Stand August 2009).
21 Julia Schaaf: »Von der Straße auf die Bühne«, in: *Frankfurter Allgemeine Sonntagszeitung* (31. Mai 2009), S. 55.
22 Heike Kühn: »Differenzen im Schulzimmer«, in: *Frankfurter Rundschau* (15. Januar 2009), online verfügbar unter {www.fr-online.de/in_und_ausland/kultur_und_medien/feuilleton/1659598_Differenzen-im-Schulzimmer.html} (Stand August 2009).
23 Vgl. die Aufsätze Rainer Geißler/Kristina Enders/Verena Reuter: »Wenig ethnische Diversität in deutschen Zeitungsredaktionen« und Miltiadis Oulios: »Weshalb gibt es so wenig Journalisten mit Einwanderungshintergrund in deutschen Medien?«, in: Rainer Geißler/Horst Pöttker (Hg.): *Massenmedien und die Integration ethnischer Minderheiten in Deutschland*, Band 2, Bielefeld: Transcript 2009.
24 Vgl.: Le Conseil supérieur de l'audiovisuel (Hg.): »Le Conseil supérieur de l'audiovisuel veut promouvoir la diversité dans les médias audiovisuels«, Paris 2008, online verfügbar unter {www.csa.fr/upload/dossier/Promotion_diversite_dans_medias.pdf} (Stand August 2009).
25 Vgl. Centre national du cinéma et de l'image animée (Hg.): »Images de la diversité«, Paris 2007, online verfügbar unter {www.cnc.fr/Site/Template/T11.aspx?SELECTID=2599&ID=1719&t=3} (Stand August 2009).

Schluss

2009 hat die Integrationsbeauftragte des Bundes zum ersten Mal ein Indikatorenset getestet, um demnächst ein *Monitoring* betreiben zu können: Anhand bestimmter Tatbestände wie Rechtsstatus, Arbeitsmarktintegration, Bildung, Einkommen oder Wohnen soll überprüft werden, wie die Entwicklung in Sachen Integration voranschreitet.[1] Die Europäische Union, die ein äußerst praktisches Verständnis von Integration hat, forciert dieses Projekt. Im *Handbuch zur Integration für Entscheidungsträger und Praktiker* wird Integration als Prozess beschrieben, der sich konzentriert auf »Ergebnisse in puncto soziale und wirtschaftliche Mobilität, Bildung, Gesundheit, Wohnsituation, Sozialdienste und gesellschaftliche Teilhabe«.[2] Nun sollten beim *Monitoring* eigentlich die Auswirkungen politischer Maßnahmen überprüft werden, die solche Ergebnisse herbeiführen sollen.

Das Indikatorenset der Beauftragten misst jedoch nicht den Erfolg von Integrations*politik*, also von konkreten Maßnahmen, sondern schlicht den Abstand der Bevölkerung mit Migrationshintergrund zum einheimischen Teil, ohne zu sagen, woraus sich die Ungleichheiten ergeben und was man dagegen unternehmen kann. Im Grunde ähnelt das Ganze den herkömmlichen Berichten »zur Lage der ausländischen Bevölkerung«, die zuvor im Hause der Ausländerbeauftragten erstellt wurden. Allerdings enthält der Bericht eine Reihe von Informationen, die darauf hindeuten, dass es vor allem die Bundesregierung ist, die ihre elementarsten Hausaufgaben in Sachen Integration nicht gemacht hat.

Das betrifft in erster Linie den Rechtsstatus der Einwanderer. Es gibt in Deutschland fast sieben Millionen Ausländer, wobei die durchschnittliche Aufenthaltsdauer dieser Personen bei beachtlichen 17,7 Jahren liegt. Das führt zu der absurden Situation, dass in manchen Stadtteilen ein Drittel oder mehr der Bewohner kein

Wahlrecht hat, obwohl sie im Durchschnitt fast zwei Jahrzehnte in der Bundesrepublik leben. Zudem sind die Einbürgerungszahlen seit 2000 mit Ausnahme von 2006 kontinuierlich gesunken. Im Verhältnis zur Zahl der »Ausländer«, die schon über zehn Jahre in Deutschland leben, liegt die Quote aktuell bei gerade mal 2,9 Prozent. Das ist im Vergleich zu anderen großen Einwanderungsländern sehr niedrig. Nun suggeriert der Bericht, die Verantwortung dafür läge bei den Personen mit Migrationshintergrund, denn Einbürgerung, so heißt es dort, sei »ein Indikator für die Integrationsbereitschaft«. Kein Wort darüber, dass die Regierung seit dem Jahr 2000 den Zugang zur Staatsangehörigkeit konsequent erschwert hat. Ich empfehle die Lektüre des Staatsangehörigkeitsgesetzes, ein Buch mit inzwischen stolzen 315 Seiten. Über 100 Seiten widmen sich dem 2008 eingeführten Einbürgerungstest, dazu kommen 50 Seiten Verwaltungsvorschriften und noch einmal 70 Seiten »Anwendungshinweise« des Innenministeriums. Ein veritables Willkommensgeschenk.

Man kann auf diese Schieflage nicht oft genug hinweisen. Für ein »Integrationsland« (Angela Merkel) verhält sich die Bundesrepublik weiterhin wenig inklusiv, was die Regelung der Mitgliedschaft betrifft. Zudem wird die Verweigerung gegenüber mehrfachen Staatsangehörigkeiten der Tatsache nicht gerecht, dass in der Parapolis immer mehr Menschen mobil sind und an mehreren Orten zugleich leben. Da aber die Entstehung einer Bürgerrechtsbewegung, die hier auf Veränderung drängt, in absehbarer Zeit nicht zu erwarten ist, bleibt der Fokus des Wandels auf den Städten. Und hier, wo der Wandel am unmittelbarsten spürbar ist, geschieht auch am meisten in Sachen Interkultur.

Tatsächlich ist das Lokale oft ein starker Identifikations- und Bezugspunkt. Die lokalen Angelegenheiten sind weniger abstrakt, man kann sie vor der Haustür erleben, und Veränderungen machen sich deutlicher und auch schneller bemerkbar. Der Anteil der Frauen etwa ist in der Kommunalpolitik wesentlich höher als auf Landes- oder Bundesebene. Allerdings gilt es darauf hinzuarbeiten, dass die Bewohner der Städte oder bestimmter Viertel ein Bewusstsein dafür entwickeln, dass sie in einem Boot sitzen, weil sie eine gemeinsame Zukunft vor sich haben. Notwendig ist ein minimales Maß an Gemeinsinn für den miteinander geteilten Raum und miteinander geteilte Interessen.

Die herkömmlichen Formen der repräsentativen Demokratie – das ist keine neue Diagnose – erreichen die Menschen in zunehmendem Maße nicht mehr. Dafür gibt es eine Reihe von Gründen: Viele Menschen sind enttäuscht über die Politik der Parteien; sie sind zynisch geworden, weil sie das Gefühl haben, von Politikern nicht mehr vertreten, sondern vor allem belogen zu werden; manche haben schlicht das Interesse an der Politik verloren. Ich selbst habe seit mehr als zehn Jahren nicht mehr gewählt. 1998 hatte ich meine Stimme den Grünen gegeben, ohne allzu hohe Erwartungen. Doch dann wollte mir partout nicht einleuchten, dass ich mit der Wahl einer angeblich pazifistischen Partei nur ein Jahr später zu einem Unterstützer der Bombardierung Belgrads wurde – offenbar kann man nicht einmal mehr ein Mindestmaß an Berechenbarkeit erwarten. Die Parteien selbst haben in den letzten Jahrzehnten auch massiv an Mitgliedern verloren, weil sie die politische Partizipation an die »Ochsentour« des Aufstieges in der eigenen Hierarchie binden. Für viele Menschen stellt sich daher auch die Frage, wie man jenseits von Wahlen politisch noch etwas tun kann.

Ich glaube nicht, dass die Menschen schlicht das Interesse an der Politik verloren haben. Die Leute zeigen erheblichen Einsatz, wenn es darum geht, in ihrem Viertel konkret etwas zu verändern. Wenn es gilt, die Straßen sicherer zu machen, den Müll zu beseitigen, Grünanlagen und Radwege auszubauen, Streichelzoos zu erhalten oder bestimmte Großbauprojekte anzupassen oder gar zu verhindern. Dabei handelt es sich meist um Anliegen, die viele Personen quer zu Unterscheidungen wie Migrationshintergrund etwas angehen. In dieser Situation könnte die lokale Demokratie die Möglichkeiten der Teilhabe ausweiten, indem sie das Prinzip der Bürgerkonsultation stärker verankert.

Das ist vor Ort nicht immer einfach, doch wenn die Parapolis kompliziert ist, dann benötigt sie eben auch komplizierte Verfahren. Zudem sind die Werkzeuge für Konsultationen ziemlich ausgereift. Jedenfalls geht es darum, die Bewohner an den vielen kleinen Entscheidungen in ihrer Umgebung teilhaben zu lassen – und zwar unabhängig von ihrem Hintergrund oder ihrer Staatsangehörigkeit. Dabei kommt es darauf an, sich realistische Ziele zu stecken, die Haltung der Professionellen ständig im Hinblick auf Ausschlussmechanismen zu hinterfragen, die Personen nicht mit zu hohen Ansprüchen an Häufigkeit, Zeit sowie Wissen zu überfordern und die richtigen Orte für Treffen zu finden. Ein Panorama der Voraussetzungen, Verfahren und Fallstricke bietet hier etwa das Partizipationshandbuch des Schottischen Parlaments.[3]

In Deutschland haben Vertreter der Umwelt- und Friedensbewegung solche Ansätze entwickelt, man denke an Robert Jungks Idee der Zukunftswerkstätten. Auch das Quartiersmanagement, wie es im Rahmen des Programms *Soziale Stadt* durchgeführt wird, liegt auf dieser Route, wobei die partizipativen Momente noch ausbaufähig wären. Konsultationen können dazu beitragen, Fähigkeiten zu verbessern, Kompetenz, Selbstbewusstsein und auch das Gefühl der Zugehörigkeit zu stärken. Außerdem kommt es in den Zeiten knapper Finanzmittel und nachlassender Steuerungsfähigkeit darauf an, so viele Menschen wie möglich »mitzunehmen«, um den Wandel voranzutreiben.

Frühere Beispiele zeigen, dass man durch die Beteiligung der Bürger kritische Situationen in Stadtvierteln überwinden kann. Das zeigt das Beispiel der Siedlung Kölnberg im Kölner Süden, die Ende der achtziger Jahre aufgrund von Vernachlässigung, Drogenhandel und Kriminalität nahezu außer Kontrolle war – dort haben die Bewohner durch ihr Engagement in Sachen Sicherheit, Sauberkeit und Erneuerungsmaßnahmen dem Viertel eine neue Perspektive gegeben.[4] Partizipation darf jedoch nicht nur der Krisenbewältigung dienen, sie muss auch eine Kraft der Gestaltung sein. Das funktioniert aber nur dann, wenn die beteiligten Personen nicht als Alibis herhalten müssen, sondern wenn ihre Anregungen tatsächlich in Projekte einfließen oder sie real etwas zu entscheiden haben. Sonst dreht der Zynismus nur eine weitere Runde.

Konsultationen sind Teil dessen, was man das Recht auf einen Ort nennen könnte. Und sie sind Teil eines zukunftsorientierten Urbanismus, der sich an Potentialen und nicht an Problemen orientiert. Selbst wenn man die auch in Deutschland verbreitete Idee der »kreativen Stadt« angesichts der sozialen Verwerfungen ein wenig zu optimistisch finden mag, so scheint die grundsätzliche Herangehensweise doch richtig. Entwicklung lässt sich nicht nur in Begriffen der Ansiedlung oder mehr und mehr der »Rettung« von Industrieunternehmen denken oder der Realisierung von Infrastrukturmaßnahmen und institutionellen »Leuchttürmen«, sondern auch in jenen der Entfaltung des Vermögens der Individuen. Die Politik muss überprüfen, wo in ihrem Einflussbereich Potential verschleudert wird, und solcher Verschwendung mit entsprechenden Maßnahmen begegnen. Gleichzeitig gilt es dort anzusetzen, wo die Bürger bereits Initiative zeigen.

Auch wenn die allgemeine Wahrnehmung nur leere Kassen sieht, zirkuliert in der Bundesrepublik Deutschland sehr viel Geld. Für die Arbeit in den Stadtteilen etwa gibt es eine ganze Reihe von Trägern und Programmen (Jugendmigrationsdienste, Xenos, »Lokales Kapital für soziale Zwecke«, »Bildung, Wirtschaft, Arbeit im Quartier« etc.), bei denen man Mittel beantragen kann. Vom Ansatz her sind diese Programme eher im beschriebenen Sinne von Integration an der Kompensation der Defizite bestimmter Personengruppen orientiert, aber sie beinhalten zumeist Bürgerbeteiligung. Das Problem ist, dass Projekte oft auf irgendwelche Förderrichtlinien zugeschnitten werden müssen, die wiederum in den Behörden am grünen Tisch entstehen – wobei man dort so manches Mal nur kurzfristig darauf reagiert, was gerade in den Medien hochkocht. Zudem fehlt es an Koordination, was dazu führt, dass die Projekte bisweilen untereinander konkurrieren. Und schließlich ist durch die Kurzfristigkeit der Förderung die Kontinuität oft nicht gewährleistet. Zweifellos hat langfristige Strukturunterstützung den Nachteil, dass Personen sich in Nischen gemütlich einrichten können, doch in den letzten Jahren ist das Kind mit dem Bade ausgeschüttet worden. An Geld mangelt es oft nicht, an Konsequenz und Effizienz schon.

Nun soll die kreative Stadt auch eine interkulturelle Stadt sein, und bei Interkultur liegt der Schwerpunkt nicht auf der Erhaltung des Bestehenden, es geht vielmehr um die Aktivierung und Neukomposition von Differenzen. Diese Formen der Reorganisation finden eher nicht in der großen Öffentlichkeit statt, sondern vor allem in den zahlreichen Mikro-Öffentlichkeiten der Städte. Würde man angesichts der demographischen Vielheit von einem gewöhnlichen städtischen Schulhof aus Verbindungslinien ziehen zu Orten jenseits der Grenzen, zu denen die Schüler ganz selbstverständlich Kontakte pflegen, so würde ein immenses Netz entstehen. Die Frage ist nur: Wird dieses Netz genutzt? Werden die unterschiedlichen Ressourcen anerkannt und so kanalisiert, dass etwas Neues entstehen kann?

Zur Zeit eher nicht. Denn die unausgesprochene Behauptung einer deutschen Norm führt zu einer arroganten Vernachlässigung von Potentialen. Aber die konservierende Anerkennung der Differenz, die gewöhnlich von denjenigen reklamiert wird, die sich am Multikulturalismus orientieren, bringt die Gesellschaft ebenfalls nicht weiter. Wenn man früher an manchen Schulen die Fahnen der Herkunftsnationen der Schüler aufhängte, um gegenseitige Wertschätzung auszudrücken, so wirkte das meist trennend und rückwärtsgewandt.

Die Mikro-Öffentlichkeiten – Kitas, Schulen, Jugendzentren, Arbeitsplätze, Sportvereine etc. – sind Orte der selbstverständlichen Begegnung, an denen ununterbrochen über Zusammenleben, Gerechtigkeit und Toleranz verhandelt wird. Ob diese Begegnung auch tatsächlich bewusst gefördert und entsprechend begleitet wird, das sei dahingestellt. Tatsächlich brauchen wir mehr solche Orte, wir brauchen die erwähnten Infrastrukturen der Vielfalt. Es geht dabei nicht um repräsentative Orte, um Leuchttürme der Interkultur, obwohl auch diese nicht schaden würden, sondern um Plattformen und Möglichkeitsräume.

Auch wenn sich mein eigenes Interesse am Gartenbau doch sehr in Grenzen hält, sind die Interkulturellen Gärten, die überall in Deutschland entstanden sind, doch sehr gute Beispiele für solche Orte. Im Vordergrund steht dabei ein gemeinsames Interesse, nämlich der Garten, zu dessen Gestaltung alle Beteiligten ihre unterschiedlichen Wissensbestände einbringen können. Als solche Plattformen können auch Räume mit multifunktionaler Nutzung dienen. So wie im Im Peepul Centre in der britischen Stadt Leicester, einem Paradeprojekt städtischer Regeneration. Dort wird den sogenannten bildungsfernen Schichten der Weg zu Kunstproduktion und -konsum erleichtert, da sich hier neben Theater-, Tanz-, Comedy- oder Fotografie-Gruppen, die Angebote zur Teilnahme machen und Aufführungen oder Ausstellungen organisieren, auch Kindertagesstätten, Fitness- und Massageräume, Restaurants und Cafés finden. Zudem kann man für Veranstaltungen, Konferenzen oder Hochzeiten auch Räume mieten. Durch die multifunktionelle Nutzung wird die Schwelle abgesenkt; der Zugang zu Kunst kann quasi im Vorbeigehen stattfinden. Zudem kann die Kinderbetreuung drängende Zeitprobleme lösen helfen.

Das Peepul Centre ist dabei ein »soziales Unternehmen«; es kann seine sozialen Angebote durch Einnahmen finanzieren. Der Name »Peepul« geht zurück auf eine Baumart, die man auf dem indischen Subkontinent findet, und spielt gleichzeitig an auf das englische Wort *people*, Leute. Geleitet wird das Zentrum von Rita Patel, einer Aktivistin indischer Herkunft, die bereits in den späten siebziger Jahren in Leicester ein Frauenprojekt gründete.

Rita Patel ist auch ein Beispiel für einen *intercultural innovator*.[5] Solche Personen spielen eine strategische Rolle im Prozess des lokalen Programms Interkultur. Es handelt sich dabei um Aktivisten, Organisatoren oder Künstler, doch auch die Gründer von Kneipen, Clubs oder Restaurants können interkulturelle Innovatoren sein. Oft weisen die Biographien dieser Menschen Brüche auf, sie mussten sich häufig gegen Rassismus und andere Widrigkeiten durchsetzen und haben dabei eine innovative Herangehensweise entwickelt, die sich nicht mit den üblichen Grenzziehungen und »Schubladen« aufhält. In ihrer Selbstwahrnehmung sehen sie sich oft als Einzelgänger oder Rebellen, weil sie nicht in die institutionellen Routinen gepasst haben und unter einem Mangel an Anerkennung litten. Im Rahmen des Projektes *Intercultural Cities* wird die Unterstützung solcher Erneuerer als Motoren des Wandels nachdrücklich empfohlen.

Genau das wäre auch in Deutschland dringend geboten, denn hierzulande ist der Wille zum produktiven Umgang mit Kritik oft wenig ausgeprägt. Lieber lässt man die Unbotmäßigen immer wieder gegen die Wand laufen, man kanzelt sie als nervtötende Randfiguren, Meckerer ab und behandelt sie als Personen, die »zu laut«, »zu schnell«, in jedem Fall »zu …« sind oder aber »noch nicht«: noch nicht gebildet, erfahren, geschickt genug usw. Der Ausschluss und die paternalistische Haltung führen dazu, dass solchen Personen oft kaum eine andere Möglichkeit bleibt, als sich irgendwann abgeschliffen dem Apparat zu fügen. Doch dieses Vorgehen, und das erweist sich täglich, verhindert Innovationen. Nun hat die Wiederholung des Immergleichen funktioniert, als das Umfeld noch einigermaßen stabil war. Doch im sich rasant verändernden System der Globalisierung kann man sich so viel

Beharrungsvermögen schon aus rein ökonomischen bzw. utilitaristischen Motiven nicht mehr erlauben.

Die beschriebenen Erneuerer besitzen eine Disposition, die der niederländische Architekt Aldo van Eyck einmal als »in-between awareness«, als Bewusstsein-im-Zwischen bezeichnet hat. In einem Manuskript aus dem Jahr 1962 spricht er davon, die Moderne habe sich an den falschen Alternativen abgearbeitet; es gehe jedoch darum, in einem Raum des »In-between«, den van Eyck durch die Metaphern der Türschwelle und des Atmens verdeutlicht, sogenannte »Zwillingsphänomene« zur Entfaltung zu bringen: das Individuum und das Kollektiv, den Einzelnen und die Familie, die wenigen und die Masse, die Teile und das Ganze, das Innen und das Außen, das Bewahren und die Veränderung. Er träumte von der Entstehung eines Sensoriums, das in der Lage ist, simultan assoziative Bedeutungen zu entdecken.[6] Seine frühen Projekte verdeutlichen, was er damit meinte: van Eyck wurde vor allem mit seinen Kinderspielplätzen bekannt, die er in Amsterdam ins »In-between« choreographierte, in die zugigen, unbelebten Ecken der engen Stadt. Die Spielplätze sorgten durch ihre bloße Präsenz dafür, dass der Raum in der Umgebung sich neu arrangierte.[7] Das ist eine schöne Illustration für mein Verständnis von Interkultur als Zwischenkultur. Die Gestaltung erforderte eine Sensibilität für das, was bereits da ist, die mannigfaltigen Produktionen der Vielheit, die Routen der Parapolis.

Die ewige Suche nach dem Eigenen ist dagegen so unkreativ wie langweilig. Interessanter ist es, sich einer Stadt anzunähern, die sich »in einem Prozess der Symbiose, der Amalgamierung, der Umgestaltung« befindet. Solche Städte haben das, was Alejo Carpentier einmal den »dritten Stil« genannt hat, »den Stil der Dinge, die keinen Stil haben«.[8] Tatsächlich sind die Städte auch in Deutschland längst zu Orten geworden, die sich nicht mehr zusammenfügen lassen, deren Praxis sich nicht länger definieren oder vereinheitlichen lässt. Einheit, Einigkeit sind Fiktionen.

Und sie sind auch nicht erstrebenswert. Die Realität eines »dritten Stils« und die Aussicht darauf, dass er sich immer weiter verbreiten wird, zeigen noch einmal, dass es in diesem Buch nicht allein um Migranten ging. Die Fragestellung war universell, aber nicht abstrakt: Die Ausgangspunkte stammten aus meinem persönlichen Erfahrungsbereich, und die Haltung war durchweg parteiisch.

Am Ende betrifft jedes Nachdenken über Interkultur immer das Ganze. In Deutschland ist der Gedanke der Gemeinschaft von der Vergangenheit beherrscht. Noch immer gilt das Prinzip der »Schicksalsverbundenheit« – man sieht eine Gruppe vor sich, die in der Vergangenheit gemeinsam etwas durchlitten und durchgestanden hat und die stolz auf ihre Leistungen blickt. Doch in der Parapolis gibt es keine gemeinsame Vergangenheit mehr. Die historischen Fäden verlaufen in alle möglichen Richtungen, nicht nur zu Hermann dem Cherusker. Was existiert, ist die gemeinsame Zukunft. Es ist egal, woher die Menschen, die sich zu einem bestimmten Zeitpunkt in der Polis aufhalten, kommen und wie lange sie sich dort aufhalten. Wenn erst einmal die Zukunft im Vordergrund steht, dann kommt es nur noch darauf an, dass sie jetzt, in diesem Moment anwesend sind und zur gemeinsamen Zukunft beitragen.

Anmerkungen

1 Institut für Sozialforschung und Gesellschaftspolitik/Wissenschaftszentrum Berlin für Sozialforschung (Hg.): *Integration in Deutschland. Erster Integrationsindikatorenbericht*, Berlin 2009, S. 31, online verfügbar unter {www.bundesregierung.de/nsc_true/Content/DE/Artikel/IB/Anlagen/2009-06-10-indikatorenbericht,property=publicationFile.pdf/2009-06-10-indikatorenbericht} (Stand August 2009).
2 *Handbuch zur Integration für Entscheidungsträger und Praktiker*, a. a. O., S. 8.
3 The Scottish Parliamant (Hg.): *Participation Handbook,* Edinburgh 2004, online verfügbar unter {www.scottish.parliament.uk/vli/participationHand

book/Participation_Handbook_6th_August_2004.pdf} (Stand August 2009).
4 Vgl. Anne Power: *Estates on the Edge. The Social Consequences of Mass Housing in Northern Europe*, Houndmills: Palgrave Macmillan 1999, S. 169ff.
5 Vgl. Phil Wood/Charles Landry/Jude Bloomfield: *Cultural Diversity in Britain. A toolkit for cross-cultural cooperations*, York: Joseph Rowntree Foundation 2006, online verfügbar unter {www.jrf.org.uk/sites/files/jrf/1922-cultural-diversity-britain.pdf} (Stand August 2009).
6 Vgl. Aldo van Eyck: »The child, the city, the artist. An essay on architecture. The in-between realm«, in: Ders.: *Writings. The Child, the City and the Artist. Collected Articles and Other Writings 1947-1998*, Amsterdam: Sun Publishers 2008, S. 53ff.
7 Vgl. Ingeborg de Ronde/Liane Lefaivre (Hg.): *Aldo van Eyck. Playgrounds*, Rotterdam: NAi Publishers 2002.
8 Alejo Carpentier: *Stegreif und Kunstgriff. Essays zur Literatur, Musik und Architektur in Lateinamerika*, Frankfurt am Main: Suhrkamp 1980, S. 20f.

Bildnachweis

Alle Fotos in diesem Band stammen vom Autor (© Mark Terkessidis 2009).